U0812548

中国建设会计学会

CHINA CONSTRUCTION ACCOUNTING INSTITUTE

THE REPLACEMENT OF THE BUSINESS TAX WITH A VALUE-ADDED TAX IN CONSTRUCTION INDUSTRY

建筑业营改增

秦玉文 主 编

王春龙 薛克庆 卞显敏 副主编

中国建设会计学会 总策划

江苏凤凰科学技术出版社

图书在版编目(CIP)数据

建筑业营改增 / 秦玉文主编. — 南京 ：江苏凤凰科学技术出版社，2016.5
ISBN 978-7-5537-6321-7

Ⅰ. ①建… Ⅱ. ①秦… Ⅲ. ①建筑企业－增值税－税收管理－研究－中国 Ⅳ. ①F812.423

中国版本图书馆 CIP 数据核字(2016)第 091205 号

建筑业营改增

主　　编	秦玉文
项目策划	凤凰空间/翟永梅
责任编辑	刘屹立
特约编辑	翟永梅

出版发行	凤凰出版传媒股份有限公司 江苏凤凰科学技术出版社
出版社地址	南京市湖南路 1 号 A 楼，邮编：210009
出版社网址	http://www.pspress.cn
总　经　销	天津凤凰空间文化传媒有限公司
总经销网址	http://www.ifengspace.cn
经　　销	全国新华书店
印　　刷	天津泰宇印务有限公司

开　　本	710 mm×1 000 mm　1/16
印　　张	20.5
字　　数	298 000
版　　次	2016 年 5 月第 1 版
印　　次	2016 年 5 月第 1 次印刷

标准书号	ISBN 978-7-5537-6321-7
定　　价	68.00 元

编委会

参编单位　中国建筑工程总公司

陕西建工集团总公司

中国建筑一局(集团)有限公司

中国中铁股份有限公司

中铁一局股份有限公司

中铁大桥局股份有限公司

北京住总集团有限责任公司

河北省建设会计学会

新中大软件股份有限公司

天扬君合税务师事务所

徐州市国际税收研究会

中瑞岳华税务师事务所有限公司

北京华政税务师事务所

前言

【一】

2011 年 10 月 26 日，国务院召开常务会议，决定在全国开展营业税改征增值税试点，简称营改增。

所谓营改增，就是把现行缴纳营业税的企业、单位或个人，改成缴纳增值税的企业、单位或个人。

目前，我国法定税种有 19 个，扣除暂时停止执行的固定资产投资方向调节税，实际执行的为 18 个。其中，营业税和增值税同属于流转税性质。本次营改增之前，我国的第一产业和除了建筑业之外的第二产业，绝大部分都已经实行了征收增值税的办法。经过这次开展营改增试点，营业税原有的 9 个税目，基本上都将改为缴纳增值税。

我国自 1979 年建立并开始征收增值税。30 多年来，先后在立法（如制定颁发《中华人民共和国增值税暂行条例》）、扩围（扩大增值税征收范围）、转型（由生产型增值税转变成消费型增值税）等方面进行过多次改革。本次营改增，是又一次大动作、大改革。

营业税是价内税，是以单位或个人取得的含税营业额为计税基础，缴交双方的征收管理和会计核算工作都相对比较简单。但从国家整个社会生产过程来说，经过一道生产过程，形成一道销售额，就要缴纳一道营业税，明显地存在着重复纳税问题。

增值税是价外税，其基本原理是只向单位或个人创造的增值额（增加值）征税。一般来说，企业、单位或个人的销售额，都是由增加值和中间投入两部分构成。增值税只向增值额（增加值）征税，不对生产经营中购进的货物、劳务、服务等中间投入征税，避免了营业税存在的重复征税问题。

但是，增值税作为价外税，实际采取的是以销项税减进项税的方法纳税，与营业税相比较，对于应税企业和征管部门来说，核算和征收管理的工作量都成倍增加。

我国之所以加快推进营改增试点，从大局上看，一是为了加快调整税收结构，不断强化增值税的主体税种地位。目前，在国家财政收入中，增值税已经占到财政税收收入的60%以上。通过这次改革，增值税在财政税收收入中的比重将会有更大幅度的提升。二是要加快与国际惯例接轨。自从1954年法国开创征收增值税的历史以来，目前世界上已有170多个国家征收增值税，征收增值税已经是大多数国家的通行做法。特别是"一带一路"战略的实施，显露出我国在包括税收在内的很多方面加快与世界经济接轨的强烈愿望。三是要借实施营改增，减轻企业税负，推动经济发展。前些年，特别是2008年以来，我国出现了经济偏冷问题，为了推动经济发展，回应社会上"减轻税负""放水养鱼"的呼声，决定加快实施"一举两得"的"营改增"试点。

本次"营改增"与以往增值税"扩围"相比较，最大的特点是十分明确地提出"改革试点企业总体税负不增加或略有下降"，此条既是此次营改增的一项原则，也是一个基本要求。但要清楚地认识到，这里所说的"改革试点企业总体税负不增加或略有下降"，是一个全国、全行业企业的总体概念，并不完全适用于每一户单个企业。

【二】

营改增对建筑业影响是多方面的。仅从大的方面分析，一是它直接关系到企业营改增后实际的税负负担。本次营改增的一个重要原则是让"试点企业总体税负不增加或略有下降"。但广大企业、乃至社会有关方面，都十分担心税负不减反增。解决这个问题，既要从政策层面采取必要的过渡政策，改革计价规则，同时还要在操作层面做好企业自身内部的营改增准备。这是当前乃至今后一个时期，建筑业营改增遇到的最突出、最直接也是最大的显性问题。二是它能够促进企业加强内部管理和控制。营改增所带来的税负问题，不仅与政策层面的税率、税收政策措施、计价规则等有关，还与企业自身内部的管理和控制有关。建筑企业为避免和控制税负增加，必然要适应营改增的要求，对工程投标报价、合同协议签订、项目施工管理、货物劳务服务采购、发票索取传递、财会管理核算、实施报税清缴等有关管理工作和管理环节重新进行全面诊断，有针对性地进行改革、完善和重建。这种伴随营改增所产生的加强企业管理的外部推动力，必然会极大地促进企业的转型升级。三是它可以推动建筑业生产方式的转变。由于营改增后进项税额可以抵扣，这个特点将会变成一种无形的推动力，推动建筑企业不断改革内部管理体制和运行机制，由大而全逐步走向大而专或小而专，逐步提高企业内部和外部两个方面的专业化协作生产水平，推进建筑服务施工生产的标准化、工厂化、装配化，即建筑工业化，最终助力于建筑业生产方式的彻底转变。

建筑业营改增对促进企业转型升级和建筑业生产方式转变的影响作用是间接的、长期的，也是潜在的。充分认识到这些影响，有利于提高我们推动、参与营改增的信心、积极性和主动性。同时，充分重视和解决好关系企业营改增后税负负担的实际问题，才能够真正保证营改增平稳、顺利、健康进行。

【三】

自《营业税改征增值税试点方案》(财税〔2011〕110 号)文件下发以来，中国建设会计学会在力所能及的范围内，始终不渝地致力于做好建筑业营改增的准备工作。比如接受委托，进行建筑业营改增税负问题调研测算，力促改革建设工程造价计价规则，帮助企业做好自身内部的营改增准备工作等等。直到今天，我们又尝试编写了《建筑业营改增》一书，其目的不仅是要如实记录、总结建筑业营改增准备工作的全过程，更重要的是要传播我们四年来调研、归纳、总结的建筑企业操作实务。为此，本书在整体框架结构上，分为三部分。“第一部分　营改增实施前的准备工作”，主要是如实地记录和介绍了准备工作中“组织开展调研测算、推动改革计价规则、企业自身准备工作、实施前的模拟运转、吸纳试点企业经验”等五方面内容。“第二部分　建筑企业操作实务”，主要介绍了企业自身内部

“增值税管理基础条件、管理制度及合同范本修订要点、增值税的税务管理、风险控制与税收筹划、税收优惠政策、增值税的会计核算、‘走出去’税务架构规划、‘互联网＋’与营改增”等八方面内容，介绍了建筑企业自身营改增的操作实务。“第三部分　附录”，是本书注译。除了完整地附录了财税〔2016〕36号文件之外，还附录了营改增准备工作中形成的“关于企业税负问题及其有关政策建议的三个报告、两份签报”“建筑业营改增问题出国学习调研报告”，以及“关于做好建筑业企业内部营改增准备工作指导意见”等八份资料。读者阅读本书，可以对建筑业营改增整体情况和主要操作实务，有一个既全面又具体的了解。

【四】

我们有机会和条件编写此书，还要感谢住房和城乡建设部计划财务与外事司、建筑市场管理司和标准定额司，是他们的信任和委托，让我们得到了为建筑业改革发展提供服务的更好机会；是他们的领导和指导，使我们能够较为正确地做出有关判断和总结。在思考和编写此篇前言的时候，再次由衷地向他们表示感谢！

本书成稿于《全面推行营业税改征增值税试点的通知》（财税〔2016〕36号）文件下发之前，如文中有与新政策规定相抵触的内容，均以最新规定为准。

由于本书编写仓促，加之水平有限，无论是篇章结构，还是内容选取，乃至文字推敲，都难免存在问题，我们将诚恳接受读者的批评和建议，期望有机会予以校正和改进。

中国建设会计学会

2016年3月28日

目录

第一部分　营改增实施前的准备工作

第一章　组织调研测算 …… 3
第一节　起因与组织 …… 3
第二节　思路与实施 …… 4
第三节　数据汇总结果 …… 5
第四节　主要分析算式 …… 8
第五节　分析要点和基本结论 …… 9
第六节　政策建议及采纳情况 …… 11
第七节　新的测算和未来预测 …… 13
第二章　改革计价规则 …… 14
第一节　改革基本情况 …… 14
第二节　计价规则要点 …… 16
第三章　企业自身准备 …… 24
第一节　含义和必要性 …… 24
第二节　基本做法 …… 27
第三节　发展过程和突出代表 …… 31
第四章　开展模拟运转 …… 35
第一节　××省建工集团组织开展模拟运转案例实录 …… 35
第二节　××集团组织开展模拟运转案例实录 …… 79
第五章　吸取试点经验 …… 86
第一节　交通运输企业遇到的困难和采取的对策 …… 86
第二节　电信业遇到的困难和采取的对策 …… 89

第三节　试点企业经验对建筑企业的启迪 …………………………… 92

第二部分　建筑企业操作实务

第六章　增值税管理基础条件 ……………………………………… 97
第一节　机构和人员配备 ……………………………………………… 97
第二节　内部管理制度建设……………………………………………… 100
第三节　营业税“税会”差异清理……………………………………… 102
第七章　管理制度及合同范本修订要点……………………………… 106
第一节　管理制度修订要点……………………………………………… 106
第二节　合同范本修订要点……………………………………………… 111
第八章　增值税的税务管理……………………………………………… 116
第一节　增值税纳税人管理……………………………………………… 116
第二节　增值税的发票管理……………………………………………… 118
第三节　增值税的纳税申报……………………………………………… 122
第四节　税务管理操作实例……………………………………………… 129
第九章　风险控制与税收筹划…………………………………………… 133
第一节　增值税风险控制系统…………………………………………… 133
第二节　企业自身税收筹划　…………………………………………… 136
第三节　专业税务咨询与支持…………………………………………… 145
第十章　税收优惠政策…………………………………………………… 148
第一节　扶持初创企业成长……………………………………………… 148
第二节　促进小微企业发展……………………………………………… 150
第三节　鼓励高新技术…………………………………………………… 151
第四节　提倡节能环保…………………………………………………… 152
第五节　鼓励跨境服务…………………………………………………… 155
第六节　加快转制升级…………………………………………………… 156
第七节　支持其他各项事业……………………………………………… 157
第八节　税收减免的处理………………………………………………… 162
第十一章　增值税的会计核算…………………………………………… 167

第一节　会计核算原则及会计科目设置……………………………… 167
第二节　销项税额核算……………………………………………………… 171
第三节　进项税额核算……………………………………………………… 175
第四节　增值税减免核算…………………………………………………… 177
第五节　增值税缴纳核算…………………………………………………… 179
第六节　汇总纳税核算……………………………………………………… 180
第十二章　“走出去”税务架构规划………………………………………… 183
第一节　税务风险分析……………………………………………………… 183
第二节　税务架构切入点…………………………………………………… 186
第三节　税务架构解读 …………………………………………………… 190
第四节　“走出去”税务架构案例分析…………………………………… 195
第十三章　“互联网＋”与营改增…………………………………………… 205
第一节　“互联网＋”助力营改增落地…………………………………… 205
第二节　业务财务一体协同管理…………………………………………… 211
第三节　增值税发票、凭证的影像管理 ………………………………… 213
第四节　营改增信息化案例………………………………………………… 214

第三部分　附录

附录一:关于全面推开营业税改征增值税试点的通知 …………… 219
附录二:关于组织开展建筑业及相关企业营业税改征增值税问题调研工作的通知……………………………………………………………… 281
附录三:建筑施工企业“营改增”调研测算情况简要报告 ………… 287
附录四:关于《对“建筑业营改增实施办法和过渡性政策规定”的建议》的报告……………………………………………………………… 292
附录五:关于对《关于全面推进营改增试点的汇报》稿的意见 …… 301
附录六:致国务院领导同志的两份签报 ………………………………… 303
附录七:赴法、德两国进行增值税问题学习调研情况报告………… 308
附录八:中国建筑业协会 中国建设会计学会印发《关于做好建筑业企业内部营改增准备工作的指导意见》的通知 ……………………… 313

第一部分

营改增实施前的准备工作

组织调研测算
改革计价规则
企业自身准备
开展模拟运转
吸取试点经验

第一章　组织调研测算

第一节　起因与组织

1.由财政部和国家税务总局制发的《营业税改征增值税试点方案》(财税〔2011〕110 号)和《关于在上海市开展交通运输业和部分现代服务业营业税改征增值税试点的通知》(财税〔2011〕111 号文件,即“一个办法两个规定”)下发以后,上海市自 2012 年 1 月 1 日开始正式进行营改增试点。一些建筑企业的管理者,首先是上海市建筑企业的有关同志提出了营改增对建筑企业税负影响的一些看法。同年 2 月,北京市为申报加入“试点”行列而对一些建筑企业进行调查时,更加引起了建筑企业一些领导和管理人员的重视,有人做了大致估算,认为如果按照 11%税率和一般纳税人计征方法进行营改增,建筑企业的税负不仅不会有所减轻,反而可能会有较大幅度增加。为此,北京市建委的有关同志首先提出了应该进行调研测算的想法。

2.2012 年 2 月,中国建设会计学会召开六届二次常务理事会议,研究决定,把调研测算“营改增对建筑企业税负的影响”问题,作为学会的重大课题和重点工作。一边研究制订调研测算方案,一边抓紧向住房和城乡建设部计划财务与外事司反映汇报。计划财务与外事司主管领导听取汇报后,肯定了调研测算的必要,还与建筑市场管理司、标准定额司一起,征求住房和城乡建设部政策研究中心和一些省市建设行政管理部门以及有关学会、协会的意见。经过认真研究,2012 年 4 月 5 日,住房和城乡建设部(以下简称住建部)以《关于组织开展建筑业及其相关企业营业税改征增值税问题调研工作的通知》(建办计函〔2012〕205 号)文件,印发了《"建筑业及相关企业营业税改征增值税问题"调研方案》。

3. 调研方案明确,在住房和城乡建设部计划财务与外事司、建筑市场管理司、标准定额司的领导下,委托中国建设会计学会牵头,与住房和城乡建设部政策研究中心及相关学会、协会一起,具体组织开展建筑业营改增税负问题调研测算的各项具体工作。

第二节　思路与实施

为了科学有效地开展调研测算,中国建设会计学会首先用了一个多月时间,聘请了多名具有实际岗位经验的总会计师反复研究,共同设计了调研测算的总体框架。

1. 细化了调研测算的目的和任务。明确主要目的和任务是按照 11%增值税率和一般计税方法,测算出营改增对建筑企业税负的影响及其轻重程度,找出原因,提出政策建议。

2. 确定以独立的建筑企业为调研测算对象。以企业 2011 年(组织测算的开始时间是 2012 年 4 月)一个年度的财务数据为准,以查账方法主要统计企业在这个年度里的可扣除进项税额的进项业务发生额、实际取得的以进项税发票为依据所累加的进项税税额。

3. 为提高测算数据的科学性和可信性,同时也为了便于汇总分析,设计了统一填报的三张测算表。其中表一用于区分企业性质、规模,并填列 2011 年实际营业税的纳税情况。表二用于专门测算增值税情况。在"行"中,列出了可扣除进项税额的所有成本项目。在"列"中,分别填报"三类数据",其中第一列是当年实际发生的可扣除进项税额的进项业务发生额;第二列是以假设实际发生的进项业务发生额都能取得进项税发票为前提,用其乘以国家规定的相应税率,作为进项税额的理论模拟测算数;第三列是根据企业当年实际拿到的进项税发票,所累加的进项税额实际数。表三是补充表，主要对固定资产、无形资产、临时设施、周转材料净值以及分包工作量等做调查，以便分析税改衔接时点中可能遇到的问题。

4.采取重点和一般相结合的方法，抽样调查不同经营规模、不同生产类型、不同活动地区的百户以上企业，进行统一部署，分别填表，统一汇总；与此同时，还要求每个省市自治区的建设行政主管部门，组织辖区内的企业，普遍进行自我税负问题测算。

5.专门召集重点调研测算企业，以会议的形式，在北京进行了部署和填表培训。

6.在企业进行填表测算期间，分别组织和召开了多次、多种形式的座谈和研讨会。例如到上海建工、中国建筑科学研究院等单位进行座谈调研；请财政部税政司的有关同志参加在江苏镇江召开的 24 家企业调研测算汇报研讨会。

第三节　数据汇总结果

1.各省、直辖市、自治区和各专业协会推荐的重点调研测算企业共 145 户，最后上报调研测算资料的是 78 户，其中有 5 户企业因数据不全而没有采用；另有 9 户企业虽然没有列入重点调研测算名单，但他们自愿上报了调研测算资料。增减变动后，总计汇总调研测算资料的企业共有 82 户，其中属于建筑服务的建筑施工公司 66 户，建筑劳务企业 10 户。其余与建筑业相关的其他服务业和建筑机械租赁公司没有纳入汇总表。

2.为了慎重起见，在上述调研测算之后，又重点补充测算了北京、上海等 5 个省市的 16 家房屋和市政工程建筑施工企业，以及中国铁路工程总公司等 28 家中央所属的专业工程建筑施工企业的税负情况。汇总的测算数据结果如下表所示：

抽样和补充调查测算数据汇总表 金额单位:万元

项目		66家企业合计	16家企业合计	28家企业合计	10家劳务企业合计	合计
应纳营业税经营总收入		19 338 382.00	5 369 979.36	8641 249.00	181 788.00	33 531 398.36
应缴营业税额		580 151.45	161 099.38	259 237.00	5486.00	1005 973.83
模拟测算	模拟销项税额	1916 416.19	532 160.12	856 340.00	16 926.00	3 321 842.31
	进项业务发生额	13 717 530.80	3700 525.39	6108 270.00		23 526 326.19
	进项业务发生额占经营收入比例	71.0%	60.0% (68.9%)	70.6%		70.2%
	进项税额	1 815 230.55	505 432.68	821 166.00		3141 829.23
	应缴增值税额	101 185.64	26 727.44	35 174.00	16 926.00	180 013.08
	应缴增值税与营业税增减比例	−82.6%	−83.4%	−86.4%	+208.5%	−82.1%

续表

项目		66家企业合计	16家企业合计	28家企业合计	10家劳务企业合计	合计
据实统计	进项税额	793 986.20	227 713.73	432 676.00		1454 375.93
	应交增值税额	1 122 429.99	304 446.39	423 664.00	16 926.00	1867 466.38
	应交增值税占经营收入的比例	5.8%	5.7%	4.9%	9.3%	5.6%
	应交增值税与营业税增减比例	+93.5%	+89.0%	+63.4%		+85.6%

注：表中16家企业模拟测算进项业务发生额占经营收入比例修订为68.9%。

3.从上表看出，根据对增值税发票的据实统计，企业税负增加，增加的比例是：66户企业为93.5%，16户企业为89%，28户企业为63.4%。根据假设都可以拿到进项税发票的理论模拟测算，企业可以减轻税负，减轻的比例是：66户企业为82.6%，16户企业为83.4%，28户企业为86.4%。这是一个十分矛盾的测算数据结果。

第四节　主要分析算式

为了在矛盾的测算数据结果中找出相对正确的结论，测算分析前主要统一了以下四点理论认识。

1. 增值额与增加值。

增值额是财会范畴的概念，而增加值是统计范畴的概念。无论是增值额还是增加值，都是指生产过程中新创造的价值。它可以按生产法计算，也可以按收入法计算。若按生产法计算，它等于总产出减去中间投入；若按收入法计算，它等于劳动者报酬，加生产税净额、固定资产折旧和营业盈余。

在现实工作中，建筑企业中的统计人员，一般都是按照生产法来计算和填报企业的增加值。而财会人员，一般都是按照收入法，即采取用劳动者报酬，加生产税净额、固定资产折旧和营业盈余来计算企业的增值额。作为企业的经营管理者，通常都是将增值额与增加值等同看待，即：增值额＝增加值。我们的测算分析毫无异议地使用了这个等式。

2. 销售额、增值额、中间投入额。

根据增值额与增加值的概念，并参照投入产出理论，我们确认并采用了以下等式：

销售额＝中间投入（购进的货物和劳务、服务）＋增加值

或者：

增加值＝销售额－中间投入（购进的货物和劳务、服务）

或者：

中间投入（购进的货物和劳务、服务）＝销售额－增加值

3. 增值税的实际纳税公式和理论验算公式。

①应交税费的实际计算公式是：

应纳税额＝销项税额－进项税额

其中：

销项税额＝[含税销售额÷(1＋11%)]×11%

进项税额＝购买货物或劳务的发票进项税额累加额

②在测算中采用的应纳税额的理论验算公式是：

应纳增值税额＝增值额×增值税率11%

4.营改增过程中营业税与增值税之间的关系。

按照本次营改增不增加企业税负的原则，在营业税与增值税之间，可建立以下关系式：

$$(1-X)\times 11\% \leqslant 1\times 3\%$$

式中：1——单位量。

X——单位总产值中可扣除进项税的进项业务发生额，如果用百分数表示，在经济学上叫做中间投入系数，或直接消耗系数。

$(1-X)$——单位总产值中的增值额。

按照此公式和11%的增值税率来计算，建筑业中间投入系数为72.73%。也就是说，若将建筑服务的增值税率定为11%，建筑企业的实际中间投入比例只有大于72.73%时，进项税的抵扣额才可以满足减轻企业税负负担的要求。否则，企业税负将不能减轻。

以上关系式，是分析研究中经常使用的主要算式。

第五节　分析要点和基本结论

面对十分矛盾的测算数据结果，在测算分析时，经过反复研究，最终确认了以下几点。

1.在测算中，以企业一个年度(2011年)的财务会计数字为准，以逐张发票累加的进项税发生额是最准确的实际数，是可靠的。它反映的是现实社会税收环境下和企业经营管理水平条件下的真实情况。虽然制定政策也要有一定的理论依据，但最基本的还是必须从实际情况出发。所以，相对比较看，以实际进项税发票累加数计算的税负情况是更为可信的。

2. 在测算中，以企业一个年度（2011 年）的财务会计数字为准，据实统计出来的"可扣除进项税额的进项业务发生额"是可靠的；再以这个可靠的进项业务发生额所计算的中间投入系数也是实际的、可靠的。从抽样调查测算数据汇总表所提供的数字看，66 户企业的中间投入系数为 71％，16 户企业为 60％（68.9％），28 户企业为 70.6％，均小于 11％税率下应该达到的 72.73％的临界值，所以，企业不能减轻税负是客观的、必然的。

3. 测算中所进行的理论模拟测算，是以十分理想的假设税收环境为前提的，即假设：①向建筑施工企业提供产品与服务的全社会各行业均实行了增值税；②建筑施工企业从事生产活动所购进的产品与服务，无一遗漏地均能取得进项税发票；③在进项税税率中，只有国家统一规定的 17％、13％、11％和 6％四档，不考虑简易计税法、进项税比例扣除法以及诸如节能减排免税优惠政策等实际问题。以上这些假设，不仅严重脱离了目前我国经济活动的现实实际，即使当今世界上的其他任何国家以及我国今后的任何时候和任何情况下，都是不可能实现的。因此，模拟测算的结果只能作为参考。

4. 建筑业存在着本行业的许多特殊性问题。比如：①甲方供料问题和就地取材的地方料问题；②由于工程结算和付款方式的特殊性所引起的纳税义务发生时间、纳税地点等问题；③税改时间点前后新老合同的衔接问题；④同一纳税企业中不同工程项目、不同时间段、不同内部核算单位之间的销项税与进项税的配比问题；⑤除了有改征增值税时间点前购置的固定资产的进项税额扣除问题，还有社会上其他行业没有的"主要材料、周转材料、临时设施"的进项税额扣除问题等。这些特殊性的问题，在营改增后的一段时期内，也会增加企业税负。

5. 根据对测算数据结果的慎重分析，我们的基本结论是：在当时情况下，建筑业按 11％税率和一般纳税方法进行营改增，总体上将使建筑施工企业税负增加是大概率事件；根据计算，税率将高出 2.8 个百分点左右。而增值税率为 8%则比较接近实际。

第六节　政策建议及采纳情况

根据建筑业营改增税负情况调研测算数据结果和最终分析结论，在吸收各方建议的基础上，先后向住建部报送了三份报告，并给国务院领导同志写了两次签报。其中：

1. 2012 年 9 月 24 日报送了《关于调研测算情况和有关意见建议的报告》（中建会字〔2013〕1 号）。提出的具体意见建议归纳起来有以下三方面，共 7 条。

第一，建议财税政策方面：

①鉴于建筑业具有产品不固定、跨地域经营、产业链比较长的特点，建议在全行业同步营改增，不在部分省市单独进行试点。

②鉴于建筑业的产业链比较长，建议尽量推后建筑业的营改增时间。

③建议在一定时期内，按照小规模纳税人的纳税方法计征增值税。

④在建筑产品计价结算方式（计价规则）没有彻底改变之前，建议对建筑业实行 3～5 年的"过渡期税率"政策，过渡期增值税率暂定为 8%。

⑤根据试点方案中关于"试点行业总体税负不增加或略有下降"的基本原则，建议在营改增后，对建筑施工企业增值税税负超过营业税的部分，实行即征即退的办法，以保证企业的实际税负不增加。

第二，建议造价管理方面：⑥尽快按照增值税是价外税的属性，研究改革建设工程造价计价规则。

第三，建议企业自身方面：⑦积极改革内部体制、机制，加强内部控制和制度建设，多方面做好企业自身内部的准备工作。

2. 2014 年 11 月 24 日报送了《关于〈对"建筑业营改增实施办法和过渡性政策规定"的建议〉的报告》（中建会字〔2014〕18 号）。提出的具体建议归纳起来共 10 条，其中，对于建筑业增值税的纳税人、纳税义务发生时间、纳税期、纳税地点和交税方法、商品混凝土的简易征收、砂石灰等地方料的进项税额、甲方供料的进项税额等 7 方面问题，提出了 7 条长期性政策规定的建议；对于老合同工程的纳税、生产用存量资产的进项税额扣除以及要求 3～5 年过渡期，实行即征即退等三方面问题，提出了 3 条过渡性的政策建议。

3. 2015 年 3 月 20 日报送了《关于对〈关于全面推进营改增试点的汇报〉稿的意见》(中建会字〔2015〕1 号)。 提出的具体建议有 3 条，即要求允许建筑企业全额抵扣贷款利息的进项税额和购建生产用不动产的进项税额，要求最少提前 2～3 个月颁发《试点方案》和相关政策规定。

4. 与此同时，中国建设会计学会还与中国建筑业协会、中国铁路建设总公司等 18 家协会和企业，向国务院领导报送了两份签报。

5. 吸纳情况。 在上述五份正式文件中，提出的意见建议涉及了财税政策、计价规则、企业自身等三方面，共 20 多条。依据和参考这些意见建议，住建部先后以建计函〔2013〕3 号、建计函〔2014〕314 号和建办计函〔2015〕249 号等文件，及时函告了相关部门。其中，在财税政策方面，关于推后建筑业营改增试点时间、老工程老办法征税(简易征收)、允许作为不动产的临时设施的进项税额当年一次抵扣、清包工和甲供工程可以简易征收、建筑服务地预交和企业机构所在地申报纳税相结合的办法等意见建议，已经被正式吸纳到财税〔2016〕36 号文件所附的办法和规定之中。改革计价规则方面，已经完成并开始准备贯彻实施。与此同时，建筑企业自身内部的准备工作，由开始时不被重视，到逐步得到重视，现在大多数企业开始“跑步入场”，认真学习营改增法规政策、抓紧做好内部人力物力和设施配备、完善自身管理体制机制、筹划增值税征收管理具体操作业务的局面，越来越火热。

第七节　新的测算和未来预测

依据住建部领导与财税部门领导之间的多次沟通、协商、交流所达成的对建筑业拟采取的一些政策措施，2015 年末至 2016 年初，住建部计划财务与外事司主持了新的小规模、小范围的测算，委托中国建设会计学会对收集的数据进行整理分析。

这次新的小规模测算，收集了 10 家企业的基础数据，其中包括这些企业 2016 年新合同工程的数据，将“新增不动产进项税额分两年抵扣、老合同工程增值税简易征收、甲供材料额从销项税基数中扣除”等拟采取措施纳入测算分析。量化分析结果是：上述 10 家企业营改增后的平均税负增加 14.08%，其中，按企业个数计算，四家企业缴纳增值税的税负比同等情况下缴纳营业税有所下降，下降的幅度分别为 101.07%、40.38%、35.92%和 4.03%。

2016 年 3 月 5 日，李克强总理在人大会议上宣布，从 2016 年 5 月 1 日开始，我国将全面推行营改增，这将使建筑企业的外部税收环境变得越来越好。2016 年 3 月 23 日，财政部和国家税务总局又印发了《全面推行营业税改征增值税试点的通知》，在该通知所附的“一个办法、三个规定”中，给予建筑业以许多过渡性政策规定。另外，住建部已经宣布，建筑工程造价计价规则要进行彻底改革。这些有利条件叠加之后，可以预测，不仅数量庞大的小规模建筑企业的实际税负能切实得到降低，其余建筑企业的一般纳税人，可能在试点实施初期会有一些问题，但总体上看，那些自身内部营改增准备工作做得实、内部管理控制搞得好的绝大部分企业，其税负都会“不增加或略有降低”。我们预测，建筑业整个行业，税负不增加是大概率事件。

第二章　改革计价规则

第一节　改革基本情况

一、设立研究课题

为适应营改增的新情况，工程造价管理部门组织开展了“建筑业营改增对工程造价及计价体系的影响”的专项课题研究。2013 年 12 月，形成了一个有近 3 万字的《中期评估稿》。该课题的牵头研究单位是住房和城乡建设部标准定额研究所及上海市建筑建材业市场管理总站，技术支持单位是万隆建设工程咨询集团有限公司，参加单位有上海市城乡建设和交通委员会、北京市建设工程造价管理处、四川省建设工程造价管理总站、上海市建筑施工行业协会、上海建工集团股份有限公司、上海隧道工程股份有限公司、中国建筑一局（集团）有限公司、中国建筑第八工程局有限公司、舜杰建设（集团）有限公司、中国建设银行上海市分行（造价中心）、北京时代建业建设项目管理有限公司等十余个单位。

二、确定价税分离原则

现行营业税下的工程计价规则，是由《建筑安装工程费用项目组成》（建标〔2013〕44 号）所规定的。按照这个文件，建筑安装工程招标投标的工程造价＝人工费＋材料费＋施工机具使用费＋企业管理费＋规费＋利润＋税金。其中，税金一项包括营业税应纳税额和附加税费两部分，按照合并税率 3.36％或 3.3％、3.18％（建筑业营业税税率 3％。附加税费中城市维护建设税为：纳税地在市区的税率7%，县城、镇的税率5%，不在市区、县城或镇的税率1%。全国统一教育费附加3%；地方教育费附加2%。以上税费率之和分别为12%、10%和6%。营业税税金与附加税费合并税率为3.36%或3.3%、3.18%）计算标价和结算工程价款（结算价格），完全体现了营业税是价内税的属性。

营改增之后，增值税是价外税。根据这个变化，该研究报告提出要以“价税分离”为指导，改革现有的计价规则，其基本思路是：①在招标投标时，以不含税的工程预算项目费用之和，计算出不含税的工程项目价格，并以此不含税的工程项目价格乘以相应增值税率（11%）计算出销项税，把不含税价格与销项税相加，作为招标投标的标价；②在实际结算工程价款时，对于那些不是以合同价加设计变更等不可预见费全包的项目，采取以不含税的预算成本支出，加上用这个不含税的预算成本支出乘以适用税率（11%）所计算出来的销项税之和，结算工程价款。

三、实施准备

2016年2月19日，《住房和城乡建设部办公厅关于做好建筑业“营改增”建设工程计价依据调整准备工作的通知》（建办标〔2016〕4号），明确了建筑业营改增后建筑安装工程的计价规则，即工程造价＝税前工程造价×（1＋增值税税率11%），税前造价中各费用项目均以不包含增值税可抵扣进项税额的价格计算。增值税下的工程计价规则适应了增值税税制要求及其价外税本质属性，适用于建筑安装工程费计算各阶段，既是工程建设项目投资估算、概算、预算中建筑安装工程费的计算规则，也是施工招标最高投标限价、投标报价的计算规则。

投标报价一般以人工、材料、机械台班单价乘以消耗量计算人工费、材料费、机具使用费等直接费，再以人工费、人机费或直接费乘以相应费率计算综合管理费、规费、利润以及安全文明施工费、夜间施工增加费等措施费。增值税下计价规则相对于现行营业税下计价规则的变化主要在于各项费用计算所采用价格（费率）形式的不同：营业税下税前造价以含税价格（费率）计算，而增值税下税前造价以不含可抵扣进项税额的除税价格（费率）计算。建筑业营改增后，建筑业企业投标报价必须正确掌握除税价格的确定方法。

四、意义

运用“价税分离”的计价规则进行招标投标和结算工程价款，彻底打破了具有计划经济色彩的一直用3%营业税率进行招标投标和结算工程价款的规定，充分体现了增值税是价外税的属性。增值税率的高低，从理论上说，对建设工程造价和建筑企业的税负都不应该产生太大影响。它要求工程造价管理工作更加精细化、动态化，最终实现市场化。

第二节　计价规则要点

按照改革后的建设工程造价计价规则，建筑业企业投标报价和验工计价时，必须掌握和使用除税价格的正确方法。

一、主要进项业务税率

建筑业企业主要进项业务税率如下表所示。购进建筑材料主要适用17%税率；购进一般纳税人销售自产的商品混凝土以及砂、土、石料和砖、瓦、石灰等材料，现行主要选择简易征收3%征收率（随着建筑业营改增，商品混凝土选择一般计税方法，即使含税价格升高但除税价格降低）；购进原木、原竹以及园林绿化工程用乔木、灌木、竹类植物和树苗、花卉、植物种子等农产品适用13%税率或13%扣除率；购进小规模纳税人（包括个体工商户以外的其他个人）销售的建筑材料适用3%征收率。接受加工、修理修配劳务和有形动产租赁服务适用17%税率；接受交通运输业服务适用11%税率。

序号	税目	税率	备注
一	一般计税方法适用税率	税率	
(一)	购进(二)以外的货物	17%	
(二)	购进下列货物： 1.粮食、食用植物油。 2.自来水、暖气、冷气、热水、煤气、石油液化气、天然气、沼气、居民用煤炭制品。 3.图书、报纸、杂志。 4.饲料、化肥、农药、农机、农膜。 5.国务院规定的其他货物： (财税〔2009〕9号) (1)农产品，是指种植业、养殖业、林业、牧业、水产业生产的各种植物、动物的初级产品； (2)音像制品； (3)电子出版物； (4)二甲醚	13%	
(三)	接受加工、修理修配劳务	17%	
(四)	接受交通运输业、邮政业、建筑业和基础电信服务	11%	已试点营改增
(五)	接受租赁服务	17%或11%	
(六)	接受研发和技术服务、信息技术服务、文化创意服务、物流辅助服务、鉴证咨询服务、商务辅助服务、其他现代服务、部分生活服务、广播影视服务以及增值电信服务	6%	
二	简易计税方法适用征收率	征收率	
(一)	购进小规模纳税人销售的货物或接受小规模纳税人提供的增值税应税劳务和服务	3%	

续表

序号	税目	税率	备注
(二)	购进一般纳税人销售自产的下列货物: (财税〔2009〕9号,财税〔2014〕57号修正) 1. 县级及县级以下小型水力发电单位生产的电力; 2. 建筑用和生产建筑材料所用的砂、土、石料; 3. 以自己采掘的砂、土、石料或其他矿物连续生产的砖、瓦、石灰(不含黏土实心砖、瓦); 4. 用微生物、微生物代谢产物、动物毒素、人或动物的血液或组织制成的生物制品; 5. 自来水; 6. 商品混凝土(仅限于以水泥为原料生产的水泥混凝土)	3%	

二、投标报价要素价格的确定

投标报价中直接费以人工、材料、机械台班单价等要素价格乘以消耗量计算。建筑业营改增后,消耗量不会发生变化,但要素价格应为除税价格。投标报价前应认真调查、搜集要素价格信息,从而确定要素除税价格。各地、行业造价管理机构发布的要素价格信息是计算投标报价的重要参考,但发布的价格信息若未明示为除税价格,一般指含税价格,需要将含税价格调整为除税价格。

1. 人工价格。

工日单价的组成内容是生产工人每工日工资总额(工资、津贴和奖金)。造价管理机构发布的工日单价信息,不含进项税额,不需调整,可以直接参考。建筑业企业根据掌握的劳务分包价格确定人工价格时,应按以下两种情况计算。

(1)以现行营业税下的劳务分包价格为基础时,此时劳务分包价格一般包括分包企业营业税,应予扣除,即劳务分包除税价格=现行劳务分包价格×(1－营业税税率3%)。

(2)以全面实施营改增后的劳务分包价格为基础时,因为劳务分包亦改为增值税,劳务分包除税价格＝劳务分包含税价格/(1＋增值税税率)。

2. 材料价格。

材料价格组成内容包括材料原价、运杂费、运输损耗费、采购及保管费,即为工地价。购进建筑材料和接受交通运输业服务适用不同税率,材料除税价格应按以下方法确定。

(1)"两票制"材料,指建材供应商就收取的货物销售价款和运杂费向建筑业企业分别提供货物销售和交通运输两张发票的材料,或建筑材料工厂交货且建筑业企业委托运输企业运输。为降低供应材料含税价格,销售税率高于交通运输业11%税率的建材倾向于"两票制"供货。"两票制"材料应根据调查掌握的材料原价和运输费分别计算其除税价格后,确定投标报价的材料除税价格。"两票制"材料除税价格＝{[材料含税价格/(1＋材料适用税率)＋运杂费/(1＋11%)]×[1＋运输损耗率(%)]}×[1＋采购保管费费率(%)]。

(2)"一票制"材料,指材料供应商就收取的货物销售价款和运杂费合计金额向建筑业企业仅提供一张货物销售发票的材料。"一票制"材料除税价格＝{材料供应含税价格/(1＋材料适用税率)×[1＋运输损耗率(%)]}×[1＋采购保管费费率(%)]。

采购保管费费率,主要包括材料的采购、供应和保管部门工作人员工资、办公费、差旅交通费、固定资产使用费、工具用具使用费及材料仓库存储损耗费等,建筑业企业应结合企业实际参照现行营业税下的费率适当调增取定。

运输损耗率,指材料运输过程所发生损耗量与消耗量的比率。运输损耗率营改增后无变化。材料运输损耗若由供应商承担,则运输损耗率按"0"计算。

对于以农产品收购发票或者销售发票上注明的农产品买价和13%的扣除率计算的进项税额的建筑材料,材料除税价格计算式中的"含税价格/(1+税率)”应替换为“买价×(1-扣除率)”。

造价管理机构若同时发布材料含税价格和除税价格，则除税价格可以直接参考。若只发布含税价格信息，可按以下步骤计算除税价格。①扣除采购保管费(简称“采保费”)，采保费=采保费前含税价格×采保费费率(%)，采保费前含税价格=含税价格-采保费。②“一票制”材料，采保费前除税价格=采保费前含税价格/(1+材料税率)；“两票制”材料根据掌握的运输费或材料原价信息合理区分，采保费前除税价格=(采保费前含税价格-运输费)/(1+材料税率)+ 运输费/(1+11%)。③材料除税价格=采保费前除税价格+采保费。

3. 施工机具台班价格。

施工机具台班单价一般由造价管理机构根据《建设工程施工机械台班费用编制规则》和《建设工程施工仪器仪表台班费用编制规则》列入工程定额基价计算，有的地区、行业工程计价定额甚至以“机械费”一项列入定额基价。根据《住房和城乡建设部办公厅关于做好建筑业营改增建设工程计价依据调整准备工作的通知》(建办标〔2016〕4 号)，2016 年 4 月底前，各地区、行业工程计价定额中的机械台班单价和“机械费”将调整到位。

建筑业企业自有施工机具台班单价费用组成、将现行营业税下含税台班单价调整为增值税下除税台班单价方法如下表所示。其中“营改增”前购入机械的折旧费、仪器仪表摊销费不应调整。

序号	营业税下费用	增值税下单价组成调整
1	机械台班单价	
1.1	台班折旧费	营改增前购入的机械，台班折旧费不调整
		营改增后购入的机械，营业税下台班折旧费/(1+税率)。税率一般为 17%
1.2	台班大修费	以接受修理修配劳务调整：营业税下台班大修费/(1+17%)

续表

序号	营业税下费用	增值税下单价组成调整
1.3	台班经常修理费	考虑部分外修和购买零配件费用比例予以调整：营业税下台班经常修理费×[(1－外修外购比例)＋外修外购比例/(1＋17%)]
1.4	台班安拆费	按自行安拆考虑，台班安拆费一般不调整
1.5	台班场外运输费	以接受交通运输业服务调整：营业税下台班场外运输费/(1＋11%)
1.6	台班人工费	组成内容为工资总额，台班人工费不调整
1.7	台班燃料动力费	以购进货物适用的相应税率或征收率调整：营业税下台班燃料动力费/(1＋税率)。其中自来水税率13%，县级及县级以下小型水力发电单位生产的电力征收率3%，其他燃料动力的适用税率一般为17%
1.8	台班车船税费	税收费用，台班车船税费不调整
2	仪器仪表使用费	
2.1	摊销费	营改增前购入的仪器仪表，摊销费不调整
		营改增后购入的仪器仪表，营业税下摊销费/(1＋税率)。税率一般为17%
2.2	维修费	以接受修理修配劳务调整：营业税下维修费/(1＋17%)

有形动产租赁已先于建筑业试点营改增，建筑业企业以现行施工机械租赁价格计算除税台班单价，公式为：除税台班单价＝机械租赁台班单价/(1＋17%)，租赁台班单价中不含台班人工费、台班燃料动力费的，则应相应增加。

三、投标报价相关费率的确定

投标报价中综合管理费、利润、规费以及安全文明施工费、夜间施工增加费、二次搬运费、冬雨季施工增加费、已完工程和设备保护费等措施费一般以计算基数乘以相应费率计算。现行营业税的计算基数包括进项业务进项税额，相应费用本身也包括了进项业务进项税额。建筑业“营改增”，造价管理机构将发布适应计算基数和相应费用均扣除进项税额后的费率，投标报价可直接参考。建筑业企业应根据现行营业税下的实际费用数据，确定增值税下的相应费率。增值税下相关费用费率=[现行营业税下费用发生数/(1+平均税率)]/[计算基础/(1+平均税率)]。

1. 综合管理费。

综合管理费是指建筑业企业组织施工生产和经营管理所需的费用，主要组成内容包括管理人员工资、办公费、差旅交通费、固定资产使用费、工具用具使用费、劳动保险和职工福利费、劳动保护费、检验试验费、工会经费、职工教育经费、财产保险费、财务费、税金以及城市维护建设税、教育费附加、地方教育附加和其他等内容，实际上综合包括了建造成本中的间接费用、期间费用中的管理费用、财务费用以及附加税费等内容。现行营业税下综合管理费中包含进项税额可扣减的费用内容及适用税率如下表所示，其他费用内容均无进项税额。综合管理费的平均税率应综合分析确定。

序号	营业税下的费用	增值税下的费用调整
1	办公费：是指企业管理办公用的文具、纸张、账表、印刷、邮电、书报、办公软件、现场监控、会议、水电、烧水和集体取暖降温(包括现场临时宿舍取暖降温)等费用	以购进货物适用的相应税率扣减，其中购进图书、报纸、杂志适用的税率13%，接受邮政和基础电信服务适用的税率11%，接受增值电信服务适用的税率6%，其他一般为17%
2	固定资产使用费：是指管理和试验部门及附属生产单位使用的属于固定资产的房屋、设备、仪器等的折旧、大修、维修或租赁费	除房屋的折旧不予扣减外，设备、仪器的折旧、大修、维修或租赁费以购进货物或接受修理修配劳务和租赁有形动产服务适用的税率扣减，均为17%

续表

序号	营业税下的费用	增值税下的费用调整
3	工具用具使用费：是指企业施工生产和管理使用的不属于固定资产的工具、器具、家具、交通工具和检验、试验、测绘、消防用具等的购置、维修和摊销费	以购进货物或接受修理修配劳务适用的税率扣减，均为17%
4	检验试验费	以接受试点营改增的部分现代服务业适用的税率6%扣减

2. 利润及规费。

利润是指建筑企业完成所承包工程获得的盈利。规费是指按国家法律、法规规定，由省级政府和省级有关权力部门规定必须缴纳或计取的费用，主要包括社会保险费、住房公积金和工程排污费等。规费和利润均不包含进项税额，平均税率为“0”。

3. 措施费。

安全文明施工费、夜间施工增加费、二次搬运费、冬雨季施工增加费、已完工程和设施保护费等措施费应根据其内容组成合理确定其平均税率。

第三章　企业自身准备

第一节　含义和必要性

一、含义

建筑企业自身内部的营改增准备工作，主要有以下四层含义。

1. 建筑企业是建筑行业的组成细胞。建筑业的营改增准备工作，是指营改增《试点方案》下发以后，按照其相关规定和基本精神，为确保营改增工作顺利健康实施，建筑业从行业到企业、从政策层面到操作层面所进行的一系列有组织的预备性工作，但不包括《试点方案》下发前的准备工作。

2. 建筑业的营改增准备工作，首先，若按照准备工作的工作主体来划分，它主要包括“政策层面的准备工作”和“操作层面的准备工作”两大部分；其次，若按照准备工作的具体内容划分，主要包括“完善财税政策、改革建设工程造价计价规则以及企业自身内部的准备工作”三项具体内容。

3. 作为建筑行业细胞的建筑企业，其自身内部的营改增准备工作，首先，若从建筑业与建筑企业之间的关系来看，建筑企业自身内部的营改增准备工作，是建筑业营改增准备工作的一个方面，是其组成内容中的一部分；其次，若从准备工作的工作方法来看，是指建筑企业自身有计划、有组织地学习有关政策法规，积极开展调查摸底和模拟运转，找出不适应增值税管理与核算的问题，有针对性地调整内部体制和机制，完善内部管理和控制，与此同时，保持与税务等管理部门的经常沟通和协调的系统性工作过程；再次，若从准备工作的具体内容上看，是指建筑企业内部为适应营改增的要求，对工程投标报价、合同协议签订、项目施工管理、货物劳务服务采购、发票管理传递、财会管理核算、实施报税清缴等有关管理工作和管理环节，重新进行全面过滤，有针对性地进行改革、完善和重建的系统性工作过程。

4. 建筑企业自身内部的营改增准备工作，其基本要点是，强调必须紧紧盯住企业的自身内部，同时要有针对性和系统性。

二、必要性

建筑企业自身内部的营改增准备工作不仅十分必要，而且也完全可以做到。其原因主要有以下几点。

1. 建筑企业自身内部的营改增准备工作，是建筑业营改增整体准备工作中不可缺少的组成部分之一。如前所述，我国2012年初自上海市开展营改增试点以来，中国建设会计学会接受住建部委托，对建筑业营改增进行调查研究，依据试点方案的有关规定和基本精神，从完善财税政策和改革建设工程造价计价规则两大方面，提出了确保建筑业营改增稳妥、顺利、健康发展的相关政策建议，对此，有关方面非常重视。比如，财税部门曾表示，准备在“过渡期”的政策规定上吸纳“老项目老办法”等一些政策建议；又比如，建设工程造价管理部门积极开展课题研究，已经提出了“价税分离”、改革建设工程造价计价规则方案，并下发文件，组织进行调整建设工程计价的准备工作。但是，仅有以上这些“政策层面”的准备工作是不够的，企业自身还必须从操作层面，提前对内部不适应增值税管理和核算要求的各种、各方面、各层次的管理工作进行调整、改革、完善乃至重建。比如，营改增之后，怎样投标报价？如何完善合同协议条款？怎样改进项目管理？修订完善哪些规章制度才能确保应该取得的进项税额不被遗漏等。如果这些企业自身内部操作层面的准备工作做得不好，就可能产生本不应该出现的进项税额抵扣不足的问题。这种问题，在实施了营改增的交通运输业和现代服务业中已经存在。对此，财税部门在其过去的有关总结中曾特别指出：营改增虽然使 95%的企业减轻了税负，但还是有 5%的税改企业税负增加。分析其中原因，财税部门指出主要是“企业自身内部准备工作不足，管理跟不上，拿不到应该可以拿到的进项税额”。已经实施了营改增的行业企业的这些宝贵经验，建筑行业一定要汲取。

2. 建筑企业自身内部的营改增准备工作，不仅能使企业自身稳妥、顺利、健康地进入营改增，还能够推动企业加强自身内部管理和控制，促进转型升级。仅从以上所说的建筑企业自身内部营改增准备工作的含义来看，这种准备工作的过程，实质就是企业自身诊断分析和完善加强内部管理与控制的工作过程。另外，由于营改增后进项税额可以抵扣，该特点将会变成一种无形的推动力，推动建筑企业不断改革内部管理体制和运行机制，提高企业自身内部的专业化生产水平，加快施工生产的工厂化进程，从而可以助力于建筑业生产方式的转变。

3. 据会计学会考察了解，法德两国建筑企业，均未关注增值税税率的高低（德国的建筑企业一般纳税人税率为 19%，法国为 20%），他们最注重、最关心的是如何加强自身内部管理以适应增值税的征管要求。他们认为，建筑业增值税税率的高低只决定销项税的税额多少，销项税在扣除进项税额之后，不管余额有多少，都要上缴给财政，与企业自身经济利益无关。而进项税额则不同，若进项税能合法足额取得，企业就能够获得更多的财政返还；若拿不到该拿的进项税额，企业的经济利益就会遭受损失。他们把这种销项税减进项税额的计税方法形象地解释为“在同一个企业，销项税上缴给财政，进项税额返还给企业”。正因为法德企业自己有这样的理解，不管过去还是现在，他们始终都把主要精力放在不断加强自身内部的管理工作上。法德企业持有这种态度，而国内建筑企业却对增值税税率问题有看法，分析原因，重要的不同是在增值税能否真正“价外计取”上。在法德两国，他们的投标报价一直都是执行着增值税的价外计算方法。而国内，直到目前，增值税的价外计算还只是“意见”和“准备”。但是，从发展趋势看，建设工程造价计价规则的改革是必然的。在这种情况下，建筑企业一定要有预见性，要学习借鉴国外企业的态度和做法，积极主动地做好自身内部的准备工作。

4.已经有一些企业，如中国中铁、陕西建工集团等，他们做了大量自身内部的准备工作，为大家做出了榜样。

第二节　基本做法

为了帮助和引导建筑企业做好自身内部的准备工作，中国建设会计学会在调查研究的基础上与中国建筑业协会一起，于2016年1月5日，共同制定了《印发〈关于做好建筑业企业内部营改增准备工作的指导意见〉的通知》(中建会字〔2016〕1号)，具体提出六条建议。其中第一条关于建筑企业自身内部营改增准备工作的必要性问题，已经在本章第一节中作了阐述，其余五条内容，是在总结一些建筑企业做好自身内部营改增准备工作的经验的基础上，归纳提炼了以下一些基本做法。

一、要把学习法规政策贯穿于准备工作的始终

长期以来，由于建筑业缴纳营业税而不缴纳增值税，因而建筑企业对增值税及其相关政策规定学习较少。在这种情况下，建筑企业要做好自身内部的营改增准备工作，必须加强学习。

首先，在学习对象上，应该领导带头，即企业主管经营管理的各级领导要带头先学、多学，有计划地组织、督促自身内部的税务、财会、经营、合同、材料、工程项目管理等业务管理人员进行学习。

其次，在学习内容上，重点强调三个方面：一是要学习《中华人民共和国税收征收管理法》《中华人民共和国增值税暂行条例》及其实施细则等根本性的法律法规；二是要学习财政部和国家税务总局制发的有关增值税征收管理的一系列基础性具体政策规定；三是要着重学习开展营改增试点以来财政部和国家税务总局颁发的有关文件，诸如《全面推进营业税

改征增值税试点的通知》(财税〔2016〕36 号)文件，以及国家税务总局颁发的一系列《公告》等。

除此之外，准备工作中的学习还要包括伴随准备工作的展开，为解决具体问题而有针对性地学习一些法规政策。比如，进项税额的抵扣问题，这其中有哪些进项税额不允许抵扣，对此，要查找新文件，也要参考老文件。这种伴随营改增准备工作的展开而有针对性地边工作、边学习的方式，也具有把学习法规政策贯穿于准备工作始终的重要含义。

二、要组织开展模拟运转，以保证把准备工作做得准确、全面和系统

所谓建筑企业营改增的模拟运转，是指建筑企业在实施营业税管理和核算的情况下，参照已经实施营改增行业企业增值税征收管理的规定，在本企业或者本企业的一些基层单位、工程项目上，进行全过程的增值税模拟管理和账外核算的简化说法。由于这种模拟运转是严格仿照实施增值税管理的实际情况操作的，所以能够对本企业的工程投标报价、合同协议管理、货物劳务采购、发票管理传递、会计稽核核算、实施报税清缴等各项管理工作进行全面过滤，能够准确、全面、系统地找出不适应增值税征收管理的各种实际问题，从而能够有针对性地做好自身内部的各项准备工作。鉴于此，我们曾经特别建议那些还没有系统开展自身内部营改增准备工作的企业，应尽量从组织开展模拟运转入手。

三、应对方案既要全面，又要突出重点，注重做实

本书成稿之前，建筑业营改增实施办法和相关政策规定尚未出台，加之企业之间现有自身内部管理水平差别较大，在这种情况下，面对诸多准备工作，既要全面制订应对方案，又要从实际情况出发，根据企业自身情况，突出重点，注重把准备工作做实。比如：

1. 关于增值税管理的基础条件准备问题。

企业是否需要增设内部税务管理机构，如何选配内部纳税业务管理

人员，购置哪些有关设备和相关税务管理软件等，所有这些，均要纳入企业整体工作计划，提前予以考虑和安排。

2. 关于完善“项目法施工管理”问题。

企业要对“项目法施工管理”机制中，有没有不适应进项税管理的地方；为适应增值税征收管理要求，以“项目法施工管理”为代表的某些内部管理体制和运行机制是否需要进行完善、怎么完善等许多问题，在准备工作中反复研究，做出方案，选择时机，付诸实施。

3. 关于投标报价问题。

尽管工程造价管理部门已经明确表态要按照“价税分离”的原则改革建设工程造价计价规则，但到目前还尚未贯彻执行。在这种情况下，一旦进入营改增，企业在承接新的工程、进行新的投标报价时，都不能套用老的“成本加取费系数”的不对称报价方法。企业对这点一定要把握住，并要统一思想。在这个前提下，企业再研究制定出“以自身内部盈亏平衡点为中枢神经”的投标报价策略原则和方法。

4. 关于合同协议问题。

这个问题与上述投标报价问题相类似。即在签订新的合同协议时，必须要有一些条文或文字能反映出营改增给甲乙双方相互关系带来的新变化，要有一些条文或文字能反映出增值税征收管理给甲乙双方权利义务带来的新要求，制定出通用合同条款的合同范本。

5. 关于某些长期性政策规定的具体解释和具体落实问题。

这个问题，是建筑企业总结了过去营业税征收管理的经验教训后，为解决缴交双方共同存在的“自由裁量权”而提出来的。其中最核心的内容是：怎样根据建筑业的特点，具体认定纳税人、纳税义务发生时间、纳税期、纳税地点，怎样具体进行进项税发票的认证和增值税的会计核算等。对于这些问题，企业要严格依据法律法规，考虑建筑业的特点，形成基本意见，拿出具体办法，并积极主动地与当地主管税务机关沟通、协商、确认。

四、要在模拟运转中验证有关政策建议的可操作性

过去几年来，建筑企业在进行政策层面的营改增准备工作中，曾提出过不少政策建议。这次在进行企业自身内部的营改增准备工作时，特别是在进行模拟运转中，要有选择地对某些政策建议的可操作性进行验证，有些要拟定出具体操作办法。比如：

1. 关于“老工程老办法”问题。

这个问题的基本含义是：以营改增的时点为界限，对营改增之后承担的新工程实行征收增值税的新办法，对营改增之前的老工程，仍然实行征收营业税或采取简易征收增值税的办法。毫无疑问，这项措施显然可以减轻企业本不应该增加的税负，对企业是公平的，但是实施起来一定要能够操作、便于操作。这其中最重要的是如何认定“老工程”，如何在实际操作中确保把新、老工程的进项税额和所用材料设备等严格划分清楚。对此，企业要主动拿出具体操作办法。一旦此建议被采纳，企业可以据此主动与当地主管税务机关协商，以便减少具体执行中的麻烦。

2. 关于“甲方供料”问题。

这个问题的基本含义是：在现实条件下，一些地方或建设项目确实还存在着无法避免的甲方供料问题。这种甲方供料的进项税额在甲方，由此，必将相应减少建筑企业的进项税额扣除，这是不合理的。对于此问题，学会曾经提出过不少意见建议。其中，如果采取“从销项税税基中等量扣除”的办法，这个“等量”的计量依据是什么，采取什么办法、在什么环节、用什么手续实现扣除？这个看似简单的问题，也要在准备工作中确定详细具体的操作办法。一旦建议被采纳，企业可以据此主动与当地主管税务机关沟通协商，以便能够顺利实施。

3. 关于“商品混凝土的增值税税率调整”问题。

这个问题的基本含义是：目前建筑市场上供应的商品混凝土增值税计征率为3%简易征收。这项政策，对于商品混凝土生产企业是没有任何争议的，但对购买其产品的下游建筑企业来说，由于进项税率低且抵扣

较难实现(需要税务部门代开专用发票)，相应减少了纳税抵扣，存在着事实上的不公平。全面考虑商品混凝土简易征税政策形成的历史原因，若将商品混凝土企业的简易纳税调整为一般计税办法，可不可行，有没有必要？企业要结合实际情况作出判断。

4. 关于“建筑劳务企业增值税率”问题。

学会曾经在有关政策中建议对建筑劳务企业实行简易纳税政策，计征率为3%。如果采纳这项建议，这对应该纳税的建筑劳务企业是有好处的，但对于使用其建筑劳务的下游建筑企业，到底会有什么影响、是正面的还是负面的、影响有多大，建筑企业要在实践中进行实际考察，包括对使用“劳务分包”和“劳务派遣”等不同劳务用工形式进行比较，从而拟定出本企业今后使用建筑劳务的策略方案。

五、企业自身加强领导

建筑企业自身内部的营改增准备工作是一项系统工程。企业领导亲自动手，以税务、财会等管理人员为骨干，成立有预算、合同、物资、设备、项目管理等各方管理人员参加的准备工作领导小组或办公室，与自身内部其他改革发展工作紧密结合，重点对营改增准备工作做出统一计划并具体组织实施。

第三节　发展过程和典型代表

一、发展过程

建筑企业内部自身的准备工作，是随着建筑业行业整体准备工作同时起步、同时展开并不断深入的。

1.2012年9月24日。在中国建设会计学会报送给住建部计划财务与外事司、建筑市场监管司、标准定额司的《建筑施工企业“营改增”调研测算情况简要报告》中就提出："对于企业自身，大家都认为必须认真学习、研究《营改增方案》和有关法律法规，在自身认真测算的基础上，从企业结构、内部制度、管理措施等方面做好税改的各项准备工作，使自身适应营改增。"

2.2013年4月15至16日。中国建设会计学会与浙江省建设会计学会、浙江省建筑业协会一起，在杭州举办了一期有495名特、一级企业同志参加的"建筑企业自身内部营改增准备工作培训研讨班"。该班除讲解了营改增有关政策、并通报了建筑业调研测算有关情况之外，着重交流、研讨了建筑企业应当做好的六项准备工作。一是"进行测算分析"。即在当时刚刚开展营改增试点的情况下，施工企业以上一年财务核算的实际数据资料为准，进行税负情况及其原因的测算分析。其目的不仅仅是提出政策建议，更重要的是发现自身问题，找出应对办法，做好自身内部准备。二是"组织模拟运转"。即在企业、企业的基层单位或一些建设项目上，假设已经营改增，在进行营业税管理与核算的同时，模拟进行增值税的管理与核算。这种办法，不仅测算更准，对于发现和找出企业自身不适应增值税征管要求的问题也更有针对性。三是"主动反映汇报"。即在当时情况下，企业对自身的测算分析和模拟运转情况进行归纳、整理和总结，形成报告，主动向有关方面汇报，为其决策提供参考。四是"完善体制机制"。即企业根据测算分析和模拟运转发现的问题，为适应增值税征管要求，对自身的经营模式、管理体制、运营机制进行改革、完善。五是"加强控制管理"。即企业为适应增值税征管要求，对企业内部的各项管理制度，包括会计核算等，重新进行修订或设计。六是"学习政策法规"。在当时情况下，主要是强调学习《中华人民共和国税收征收管理法》和《增值税征收管理暂行条例》及其"细则"，学习国家对试点行业企业的一系列具体政策规定。既能增长税务知识，增强纳税意识，又可以为将来贯彻落实建筑业营改增实施办法和相关政策规定打下基础。

3.2015年12月22日。经住建部有关司局同意，中国建设会计学会与中国建筑业协会一起，在北京主持召开了专家座谈会，听取陕西建工集团组织开展模拟运转情况和经验的重点汇报，以及中国中铁的简要汇报。与会专家和住建部相关司局领导经过座谈，在充分肯定陕西建工集团和中国中铁做法经验的基础上，商定制定《建筑业企业做好自身内部营改增准备工作的指导意见》，同时商定适当时机召开现场经验交流会，传播、推广陕西建工集团组织开展营改增模拟运转、把企业准备工作推向深入的有效做法。

4.2016年4月8日。即在《全面推开营业税改征增值税试点的通知》(财税〔2016〕36号)文件下发后，在住建部计划财务与外事司、建筑市场管理司、标准定额司的指导下，中国建设会计学会与中国建筑业协会一起，在西安召开了“新政解读和企业如何应对”的“宣贯、交流”现场会。会议以学习36号文件为轴心，交流新形势下企业如何应对的具体做法。这些做法，比过去更有针对性和现实性。会议作了归纳，建议企业在应对中主要抓好以下八点。一是要把学习法规政策贯穿始终；二是要尽快做好企业内部营改增必要条件的准备；三是抓紧对企业内部规章制度和合同范本进行修订(近期先做要点性质的修订)；四是做好经常性业务问题的税务筹划；五是在企业自身的税务管理中首先要特别重视税票管理；六是做好坚决执行新的计价规则的准备；七是做好营改增一入手就必不可少的会计核算等必做工作；八是加强领导，利用好社会咨询服务力量。另外，还要充分用好用足36号文件规定的有关政策，特别是对建筑业的各项政策。

二、典型代表

建筑业企业营改增的准备工作，问题提出很早，但发展很不平衡，总体上从不太重视到有所关心，再到后来广大企业一齐“跑步进场”，这其中经历了三、四年的时间。这期间，要感谢一些先知先觉的企业，他们在很多企业尚未感觉营改增是必然趋势的时候，埋头于自身内部的准备工作，带了好头，树立了榜样，为广大企业提供了宝贵经验。这之中有江苏、浙江的一些企业，也有中国建筑工程总公司等一些大型企业集团，等等。这其中，很具有代表性的是中国中铁股份有限公司和陕西建工集团总公司。

1. 中国中铁股份有限公司。他们把营改增作为推动自身完善体制机制、加强内部管理的强大动力；领导重视，亲自参与，专门设立项目课题，编印出几十万字的《中国中铁营改增操作手册》，成为指导企业平稳进入营改增的"得力"工具。

2. 陕西建工集团总公司。他们最可贵的是，在周密策划、仔细准备的基础上，在一些基层单位、一些有条件的工程项目上，提前有组织地开展了模拟运转。模拟运转之前，自己开展培训学习，自己制定模拟运转流程，解决模拟运转中的问题，总结模拟运转所得到的经验教训。他们的做法和经验经传播后，不仅为其他企业提供了如何应对的经验，而且提升了企业应对营改增工作的士气，树立了很好的榜样。

第四章　开展模拟运转

第一节　××省建工集团组织开展模拟运转案例实录

一、模拟运转的目的和任务

1. 测算实际税负。

通过对房建、安装、路桥、钢结构等不同专业、不同类型的工程进行模拟运转，测算出各类工程营改增后的真实税负。

2. 摆出实际问题。

通过模拟运行，找出影响税负的主、客观原因，以及对经营、生产和收入、成本、现金流的影响。

3. 引起全员重视。

通过模拟运行，自下而上，引起从项目经理部到法人层面等各层级管理人员的高度重视，以便转变观念，及时应对。

4. 锻炼财务队伍。

通过模拟运转，让部分财务人员熟悉并掌握增值税的业务核算、纳税申报，以及专票和普票的识别和审核等专业知识，为营改增后的账务处理做好准备。

5. 规范企业管理。

为营改增后合理调整企业战略、经营模式、组织架构，规范和完善企业管理流程、管理意识和管理习惯奠定基础。

二、模拟运转的业务流程

模拟运转的业务流程，一般情况下主要是从财税业务角度设计的。为了简化文字叙述，其流程以下图示意。

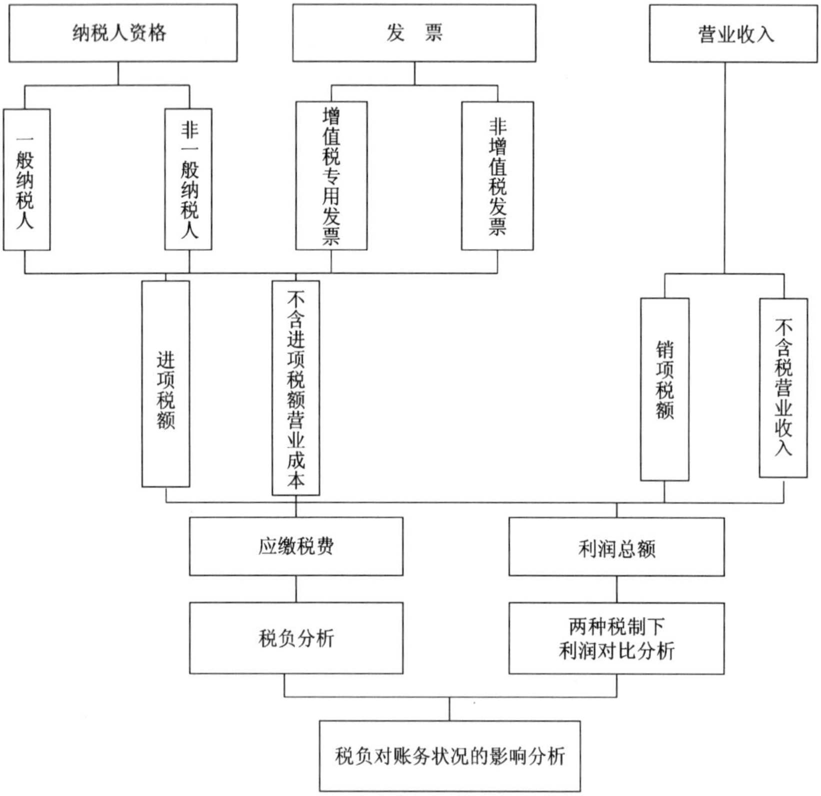

三、模拟运转的实施步骤

1. 选择模拟项目。

在新开工的项目中，选择施工条件较好、生产要素市场规范、管理团队素质高的项目作为模拟试点项目。

2. 配备财务人员。

对模拟试点项目配备工作能力较强、管理经验丰富、熟悉税收法规的会计人员负责项目账务核算。

3. 岗前业务培训。

对模拟试点项目生产、造价、材料、会计等人员进行营改增法规知识的岗前培训，包括营改增新政策、增值税的征税范围、一般纳税人与小规模纳税人的认定标准、税率与征收率、一般纳税人应纳税额的计算、小规模纳税人应纳税额的计算、增值税专用发票与普通发票的使用与管理、增值税与营业税的不同点等内容。搞清增值税是价外税，营业税是价内税，合同价是含税价，在增值税下收入、成本要按不含税价核算；要注意增值税抵扣的规定，哪些进项税额可以抵扣，哪些不可以抵扣。

4. 做好“分、供”方(即分包商和供货商)资格认定。

资格认定的主要内容如：

(1)一般纳税人和小规模纳税人认定标准。设计、勘察、检测、咨询、交通运输、动产租赁、工程分包等企业的年应征增值税销售额达500万元及以上的为一般纳税人。商贸企业执行年应征增值税销售额80万元以上，生产性企业50万元以上的为一般纳税人。未超过以上规定标准的纳税人为小规模纳税人。

(2)认定“分、供”方的纳税人资格。首先，对材料、设备、工具、家具、活动板房等物资供应商及已纳入营改增试点行业(交通运输业、部分现代服务业、铁路运输业、邮政服务业、电信业)的租赁、运输、分包等分供方，按能否提供自开增值税专用发票为判断标准，划分哪些是一般纳税人，哪些是小规模纳税人。其次，对尚未纳入营改增试点行业的分供方，包括劳务分包、专业分包等企业，按年不含税收入是否达500万元及以上为判断标准，自行界定哪些是一般纳税人，哪些是小规模纳税人。

项目财务人员应会同项目经理、项目副经理、材料采购、预算造价等人员，在调研、考察、招标等环节，掌握分供方的所属行业、年营业收入、税务关系、是否达到一般纳税人标准、能否提供增值税专用发票等信息，为认定“分、供”方的纳税人资格提供依据。

(3)对一般纳税人企业进行归类,如下表所示。

×××项目部一般纳税人分供方认定表

序号	分供方名称	认定标准
一、供应商		
二、劳务分包商		
三、专业分包商		
四、租赁商		

5.规范发票管理。

(1)采购环节:对材料、设备、工具、家具、活动板房等物资的采购,要求供应商必须提供销售发票,其中对供应商中一般纳税人企业,在模拟过程中要求其提供增值税普通发票。

(2)租赁环节:对设施料租赁、机械设备租赁分三种情况。一是租赁企业是一般纳税人企业的,要求其提供增值税专用发票或普通发票;二是租赁企业是小规模纳税人企业的,要求其提供增值税普通发票;三是尚未纳入营改增试点的企业,要求其提供地税网络在线通用发票。

(3)分包环节:对工程专业分包、劳务分包,应选择具有施工专业资质的法人企业作为分包商，分包合同中明确要求分包方提供工程所在地税务机关开具的建筑业发票进行分包结算，对总、分包工程营业税严格实行差额纳税。

6. 建立模拟台账。

在项目正常账务核算之外，另建一套营改增模拟台账，对项目资产、负债、收入、成本、费用等业务严格按增值税的有关规定进行模拟核算，设置“应交税费——应交增值税(进项税额、已交税费、销项税额、进项税额转出、转出未交增值税、转出多交增值税等)”“应交税费——未交增值税”等明细科目，其中：

1)营业收入＝当期含税收入÷(1＋11%)。

2)应交增值税(进项税额)按分供方提供的发票中所含增值税确认，其中：

(1)达到一般纳税人标准的劳务分包商提供的建筑业分包发票，税率按11%计算[进项税额＝发票金额÷(1＋11%)×11%]。

(2)达到一般纳税人标准的专业工程分包商提供的建筑业分包发票，税率按11%计算[进项税额＝发票金额÷(1＋11%)×11%]。

(3)达到一般纳税人标准的租赁商提供的租赁业发票，税率按17%计算[进项税额＝发票金额÷(1＋17%)×17%]。

(4)达到一般纳税人标准的生产、批发、零售、加工及修配等企业提供的材料、机械、设备等增值税发票，税率按17%计算[进项税额＝发票金额÷(1＋17%)×17%]。

(5)税法规定，按照简易办法依照3%征收率计算缴纳增值税的以下材料：①建筑用和生产建筑材料所用的砂、土、石料；②以自己采掘的砂、土、石料或其他矿物连续生产的砖、瓦、石灰；③自来水；④商品混凝土。其3%的增值税进项税额，不能抵扣。因此，各企业在模拟试点过程中，凡以上材料的增值税普通发票中所含进项税额为3%的，均不能作为进项税额核算。

(6)对小规模纳税人企业提供的与项目有关的采购、分包、租赁等业务发票，可视同税务机关代开的增值税专用发票，税率按3%计算[进项税额=发票金额÷(1+3%)×3%]。

3)应交增值税(销项税额)=当期含税收入÷(1+11%)×11%。

4)应交增值税(已交税金)按当期实际缴纳的营业税额确认。

5)应交增值税的其他明细科目按会计准则的规定核算。

6)项目会计按月对各分供方提供的各种发票进行复印，作为模拟核算当期增值税(进项税额)的票据。

7.模拟测算分析。

企业财务部门要协助项目会计做好营改增模拟核算工作，真实计算当期增值税的进项税额、销项税额、应交税费、已交税费等数据，按月编报营改增模拟试点项目月度财务信息表(如下表所示)，据此科学测算增值税实际税负是多少，统计增值税各月的税负变化情况。按季分析各类分供方中一般纳税人与小规模纳税人各占多少比例；发票中有多少可以抵扣进项税额，多少不可以抵扣；税制改革对项目投标、预(决)算、采购、分包、租赁等环节，以及收入、成本、利润、资金的影响；为企业充分运用税收政策、整合资源、优化流程、细化分工、转型升级，提出合理化意见和建议，并形成书面汇报材料，供企业决策层参考。

营改增模拟试点项目月度财务信息表

编制单位：　　　　　　　　　　年　月　日　　　　　　　　金额单位：万元

项目		栏次	本月数	本年累计	开工至今累计
税款计算	营业收入	1			
	销项税额	2			
	含税收入	3＝1＋2			
	进项税额	4＝5＋6＋7＋8			
	①采购进项税额	5			
	②租赁进项税额	6			
	③劳务分包进项税额	7			
	④其他分包进项税额	8			
	上期留抵税款	9		—	—
	进项税额转出	10			
	应抵扣税额合计	11＝4＋9－10		—	—
	实际抵扣税款	12(如 11＜2,则为 11,否则为 2)			
	应纳税额	13＝2－12			
	期末留抵税额	14＝11－12		—	—
税款缴纳	期初未缴税额	15			—
	本期已交税额	16			
	期末未缴税额（多缴为负数）	17＝13＋15－16			
	其中：欠缴税款(≥0)	18＝15－16			
税负分析	应缴增值税率	19＝13/3			
	营业税率	20	3.00%	3.00%	
	税率增减	21＝19－20			

财务负责人：　　　　　　　　　　　　　　　　项目会计：

四、模拟运行的发票、凭证

例：

陕西建工机械施工集团有限公司记账凭证

编制单位：蒲城县公安局业务技术用房南楼　　2015年5月8日　　第11号

摘　要	会　计　科　目	借方金额	贷方金额
蒲城县公安局项目购陕西宁金钢铁有限公司钢筋验收入库	原材料——钢材	197 501 20	
蒲城县公安局项目购陕西宁金钢铁有限公司钢筋验收入库	应交税费——应交增值税（进项税额）	33 575 20	
蒲城县公安局项目购陕西宁金钢铁有限公司钢筋验收入库	应付账款——陕西宁金钢铁有限公司		231 076 40
附单据：2 张	合计	231 076 40	231 076 40

记账：　　　　制单：×××

2015.05.08－0003

6100134620　**陕西增值税普通发票**　№ 02794780　6100134620 02794780

开票日期：2015年04月22日

校验码 52883 00856 13824 88850

购货单位
名　　称：陕西建工机械施工集团有限公司
纳税人识别号：610102220523364
地 址、电 话：金花北路406号 029-89331892
开户行及账号：兴业银行西安城东支行 456860100100066710

密码区
<70002594</-<8*92-0*3>/3727
+2>-04><782-939>-07*>-31<*8
8>401>>896/9-64>52-91+253>-
381<<4-5-6-<+828<4-><1>8<4+

货物或应税劳务名称	规格型号	单位	数量	单价	金额	税率	税额
螺纹钢	ф25	吨	32.78	2145.299 145 8	70 322.91	17%	11 954.89
螺纹钢	ф12	吨	12.785	2222.222 222 2	28 411.11	17%	4829.89
合　计					¥98 734.02		¥16 784.78
价税合计（大写）	⊗壹拾壹万伍仟伍佰壹拾捌圆捌角整				¥115 518.80		

销货单位
名　　称：陕西宁金钢铁有限公司
纳税人识别号：610184691105978
地 址、电 话：西安市新地区石家街甲字6号中企业钢留城北排300室 029-62796885
开户行及账号：西安银行威宁中路支行 412011680000036560

备注

收款人：　　复核：　　开票人：张泽　　单位：（章）

税总函（2013）474号东港股份有限公司

第二联：发票联　购货方记账凭证

6100134620　**陕西增值税普通发票**　№ 027947779　6100134620 02794779

开票日期：2015年04月27日

校验码 67423 72710 23337 01673

购货单位
名　　称：陕西建工机械施工集团有限公司
纳税人识别号：610102220523364
地 址、电 话：金花北路406号 029-89331892
开户行及账号：兴业银行西安城东支行 456860100100066710

密码区
>5+>9*118*1424*<<0-7+<<<985
43766651*>5/95>28/<238**6>>
6+*10/57089174809<-</19<+<8
<6-*0538/4111>5<<2/2/*662+*

货物或应税劳务名称	规格型号	单位	数量	单价	金额	税率	税额
线材	ф8	吨	7.96	2179.487 179 5	17 248.72	17%	2949.28
线材	ф10	吨	9.946	2179.487 179 5	21 677.18	17%	3685.12
螺纹钢	ф12	吨	5.114	2222.222 222 2	11 364.44	17%	1931.96
螺纹钢	ф14	吨	10.236	2222.222 222 2	22 746.67	17%	3866.93
螺纹钢	ф20	吨	9.003	2136.752 136 8	19 237.18	17%	3270.32
螺纹钢	ф25	吨	2.96	2145.299 145 3	5392.99	17%	1086.81
合　计					¥98 767.18		¥16 790.42
价税合计（大写）	⊗壹拾壹万伍仟伍佰伍拾柒圆陆角整				¥115 557.60		

销货单位
名　　称：陕西宁金钢铁有限公司
纳税人识别号：610184691105978
地 址、电 话：西安市新地区石家街甲字6号中企业钢留城北排303室 029-62796885
开户行及账号：西安银行威宁中路支行412011580000035560

备注

收款人：　　复核：　　开票人：张泽　　单位：（章）

税总函（2013）474号东港股份有限公司

第二联：发票联　购货方记账凭证

陕西建工机械施工集团有限公司

记账凭证

附件 1 张

2014 年 11 月 17 日　　字第 1 号

摘　　要	总账科目	明细科目	借方金额		√	贷方金额		√
付华商传媒博物馆钢构项目材料款	库存材料	钢构件	512 820.51					
付华商传媒博物馆钢构项目材料款	应交税费	应交增值税（进项税额）	87 179.49					
付华商传媒博物馆钢构项目材料款	银行存款					600 000	—	
合　　计			600 000	—		600 000	—	

领款人签章

会计主管　　审核　　记账　　出纳　　制证：×××

6100121170　　**陕西增值税普通发票**　　№ 00309876　　6100121170 00309876

开票日期：2014年11月17日

购货单位	名　　称：陕西建工机械施工集团有限公司 纳税人识别号：610102220523364 地 址、电 话：西安市金花北路406号　029-82058900 开户行及账号：兴业银行西安城东支行 456860100100066710	密码区：9>26981067<8+4>629971+999<* 140-+3-8<-<428>**16*750108/ 81>96*/20*24937*+2>-5/513-> 96/5524511>03-</35>/9--8669

货物或应税劳务名称	规格型号	单位	数量	单价	金额	税率	税额
钢构件		吨	107.142 90	4786.204 700	512 820.51	17%	87 179.49
合　　计					¥512 820.51		¥87 179.49
价税合计（大写）	⊗陆拾万圆整				¥600 000.00		

销货单位	名　　称：陕西炽圣钢结构工程有限公司 纳税人识别号：61011568387374X 地 址、电 话：西安市临潼区零口街办西 029-83902018 开户行及账号：中国农业银行西安临潼区秦陵南路分理处　26175801040004806	备注

收款人：　　复核：　　开票人：陆军　　单位：（章）

税总函（2011）645号东港股份有限公司

第二联：发票联　购货方记账凭证

陕西省机械施工公司

记 账 凭 证

2014 年 6 月 13 日

附件　1　张

字第　1　号

摘　要	总账科目	明细科目	借方金额		√	贷方金额		√
付华商传媒博物馆钢构项目材料款	库存材料	钢构件	769 230.77					
付华商传媒博物馆钢构项目材料款	应交税费	应交增值税（进项税额）	130 769.23					
付华商传媒博物馆钢构项目材料款	银行存款					900 000	—	
合　计			900 000	—		900 000	—	

领款人签章

会计主管　　审核　　记账　　出纳　　制证：×××

6100111170　**陕西增值税普通发票**　№ 00377625

610011117
00344625

开票日期：2014年07月17日

购货单位				密码区			
名　称：陕西建工集团机械施工有限公司 纳税人识别号：610102220523364 地 址、电 话：西安市金花北路406号 029-82058900 开户行及账号：光大银行西安友谊路支行 78560188000118493				417<*+40/>3+61+/0>+11<0*777 8853098116/<841787682*57+96 40-6-28+5<742-+<67+0<-673>6 *84<*<1/--*1*6/79916//-*3<9			
货物或应税劳务名称	规格型号	单位	数量	单价	金额	税率	税额
钢构件		吨	160.714 29	4786.324 786 3	769 230.77	17%	130 769.23
合　计					¥769 230.77		¥130 769.23
价税合计（大写）	⊗玖拾万圆整				（小写）¥900 000.00		
销货单位				备注			
名　称：陕西炽圣钢结构工程有限公司 纳税人识别号：61011568387374X 地 址、电 话：西安市临潼区零口街办西 029-83902018 开户行及账号：中国农业银行西安临潼区秦陵南路分理处 26175901040004806							

收款人：　　复核：　　开票人：陆军　　单位：（章）

税总函（2010）622号东港股份有限公司

第二联：发票联　购货方记账凭证

陕西建工机械施工集团有限公司

记账凭证

附件 1 张

2014年8月14日　　字第 1 号

摘要	总账科目	明细科目	借方金额		√	贷方金额		√
购原材料	原材料	主要材料	996 752.14					
	应交税费	应交增值税——进项税额	169 447.86					
	应付账款	海通能源集团有限公司				11 166 200	—	
合计			1 166 200	—		1 166 200	—	

领款人签章

会计主管　　审核　　记账　　出纳　　制证：×××

3300134140　　**浙江增值税专用发票**　　№ 14315147

开票日期：2014年08月14日

购货单位	名称：陕西建工机械施工集团有限公司 纳税人识别号：610102220523364 地址、电话：西安市金花北路406号 029-82058870 开户行及账号：兴业银行股份有限公司西安城东支行 456860100100066710			密码区	0*>+*0-245*94*144<9+5-8582727/906+/94--0</ 加密版木：01 845*1/0-6<*0>8809830-3300134140 35>75649*5>_2*8>>>>9<14315147		
货物或应税劳务名称	规格型号	单位	数量	单价	金额	税率	税额
管桩	PHC-AB600*110	米	6800	146.581 196 58	996 752.14	17%	169 447.86
合计					¥996 752.14		¥160 447.86
价税合计（大写）	⊗壹佰壹拾陆万陆仟贰佰圆整				（小写）¥1 166 200.00		
销货单位	名称：陕西炽圣钢结构工程有限公司 纳税人识别号：61011568387374X 地址、电话：西安市临潼区零口街办西 029-83902018 开户行及账号：中国农业银行西安临潼区秦陵南路分理处 26175901040004806			备注			

收款人：　　复核：　　开票人：　　单位：（章）

税总函（2013）248号东港股份有限公司

第二联：发票联　购货方记账凭证

五、模拟运转的四个案例

案例一　A项目

A房建项目，剪力墙结构，承建范围为×栋住宅楼、商业及地下车库，均为地下一层，地上33层。

该项目自开工至今，累计完成产值约1.08亿元（10 817.1万元），实际发生总成本约1.01亿元（10 156.81万元），实现毛利660.24万元，毛利率6.1%。按增值税率11%模拟测算（见附表三），含税收入10 817.1万元，不含税收入9745.16万元，销项税额1071.96万元，可抵扣增值税进项税额333.63万元，应交增值税738.33万元，实际税负为6.83%（为与营业税对比，实际税负按应交增值税与含税收入计算），见下表。由此可以看出，在营改增后，该项目税负大幅增加，将会发生较大亏损。

该项目实际成本中可抵扣进项税额的情况如下表所示（金额单位：万元）。

序号	成本项目	成本金额	可抵扣进项税额
1	人工费	2750.96	0.00
2	材料费	4843.13	283.78
3	机械使用费	274.59	0.00
4	专业分包	503.09	49.85

续表

序号	成本项目		成本金额	可抵扣进项税额
5	措施费	环境保护费	558.27	0
6		安全文明施工费		
7		临时设施费		
8		冬雨季及夜间施工费		
9		二次搬运费		
10		机械安拆及进出场费		
11		模板支架费		
12		脚手架费		
13		已完工程保护费		
14		施工排水降水费		
15		测量放线、定位复测、检测试验费		
16	规费和企业管理费	定额测定费	854.67	
17		社会保险费		
18		住房公积金		
19		意外伤害保险		
20		管理人员工资		
21		办公费		
22		差旅交通费		
23		固定资产及工具用具使用费		
24		劳动保护费		
25		工会经费		
26		职工教育经费		
27		财产保险费		
28		财务费用		
29		房产税、车船税、土地使用税、印花税		
30		其他		
31	税金		372.14	

续表

序号	成本项目		成本金额	可抵扣进项税额
32	总成本合计		10 156.88	333.63

根据模拟运行结果，分析认为影响该项目税负的因素如下：

1. 商品混凝土无法实现抵扣。该项目采用商品混凝土进行施工，而商品混凝土供应商基本采取简易征收的办法，所供应的1969.17 万元商品混凝土无法取得增值税专用发票。

2. 人工费无法实现抵扣。该项目共发生人工费 2750.96 万元，其中职工工资 341.72 万元，作业工人工资 1048.13 万元，劳务公司分包劳务 1361.12 万元，人工成本整体无法取得增值税专用发票。目前建筑业利润在降低，为了最大可能地争取利润，项目积极推进精细化管理和小班组作业，这些班组发生的人工成本基本无法取得任何类型发票。营改增后，若劳务公司的劳务分包可以进行增值税抵扣，则人工成本也将同比例增加。

3. 专业分包抵扣困难。随着项目管理的细化，分包的内容也在细分，该项目分包商共 21 家，分包总额 503.09 万元，因而大量的分包方规模较小，达不到增值税一般纳税人资格，无法取得增值税专用发票。该项目在模拟测算中，设定专业分包营改增后成为一般纳税人，并取得增值税专用发票，按照 11%的进项税率进行了抵扣。

4. 机械使用费方面，该项目共发生机械租赁费 274.59 万元，其中：外部租赁费 264.10 万元，自有机械费 10.49 万元，出租方达不到一般纳税人的条件，自有机械设备没有增值税专用发票，导致无法实行抵扣。

5. 措施费方面，该项目共发生措施费 558.27 万元，其中：模板支架费和脚手架租赁费 313.98 万元，为自然人挂靠租赁公司形式，无法出具发票；其余部分费用 244.29 万元，为企业内部费用，均不能取得增值税进项税额，影响了项目的整体税负。

6. 材料费方面，该项目共发生材料费 4843.09 万元，其中一般纳税人供应材料 1953.07 万元，小规模纳税人供应材料 216.96 万元，实行简易征收的商品混凝土 1969.17 万元，内部调入材料 131.72 万元，自然人（个人）供应砖、砂、石子 224.05 万元，材料人员工资 67.35 万元，其他零星采购 145.57 万元，采购保管费 135.20 万元。

材料零星采购方面，很难取得发票。该项目共有 24 家零星供货商，金额较小，采购种类繁多，大部分是经销部、个体工商户，无法取得增值税专用发票，不能实行抵扣。另外，该项目采购的地材（砂、石、砖等）均是从自然人处采购，无法获得任何发票；施工过程中发生的内部调入材料、材料人员工资、采购保管费、施工用水用电（施工用水、电全部用业主的水表、电表，业主扣收的水电费全部是收据）均不能取得可抵扣票据。

7. 规费、企业管理费方面，规费、企业管理费共发生 854.67 万元，政府性收费或企业内部发生的费用较多，无法取得增值税专用发票。

假设小规模纳税人企业能在其主管国税局代开增值税专用发票，则小规模租赁企业可抵扣进项税额 17.14 万元（588.57/1.03×3%）、小规模供应商可抵扣进项税额 6.31 万元（216.96/1.03×3%），该项目可抵扣增值税进项税额调整为 357.09 万元，应交增值税调为 714.88 万元（738.33－17.14－6.31），实际税负为 6.61%（口径同上），远高于营业税税率 3%。

综上所述，影响税负的主要原因是增值税进项税发票的取得很困难，主要体现在“商品混凝土等采用简易征收增值税的材料、地方材料、零星采购、人工费、水电费和企业账面资产难以抵扣进项税额，以及分供方（供应商、分包商、租赁商）中小规模纳税人偏多”等方面。

详细情况见附表一至附表三。

纳税人资格认定表（附表一）

项目：A 项目

单位：万元

序号	分供方名称	认定标准	发生额	税额（不含小规模纳税人）	备注
一、供应商					
1	陕西××实业有限公司	一般纳税人	132.96	19.31	钢材
2	陕西××物资有限公司	一般纳税人	701.94	101.99	钢材
3	陕西××商贸有限公司	一般纳税人	1006.06	146.17	钢材
4	陕西××工程建设材料设备有限公司	一般纳税人	39.31	5.73	钢材
5	西安××机电设备有限公司	一般纳税人	9.33	1.35	机电
6	××（上海）贸易有限公司	一般纳税人	22.59	3.28	木材
7	浙江××竹木有限公司	一般纳税人	40.88	5.94	木材
	小计		1953.07	283.78	
1	西安市未央区××五金物资供应站	小规模纳税人	0.64		五金

续表

2	西安市高新区××建材经销部	小规模纳税人	3.22		水泥
3	西安市沣东新城××建材厂	小规模纳税人	35.98		水泥
4	咸阳市渭城区××润滑油经销部	小规模纳税人	8.10		油化
5	西安市未央区××物资供应站	小规模纳税人	4.15		安全网
6	西安市雁塔区××民用型煤销售部	小规模纳税人	0.62		煤
7	西安市未央区××建筑材料供应站	小规模纳税人	2.25		电缆油漆
8	咸阳市秦都区××建材经销部	小规模纳税人	3.07		杂项
9	西安市雁塔区××建材经销部	小规模纳税人	100.18		木材
10	西安市长安区××劳保用品经销部	小规模纳税人	6.11		劳保用品
11	西安市未央区××五金电料经销部	小规模纳税人	3.43		五金电料
12	西安市未央区××建材经销部	小规模纳税人	18.03		杂项
13	西安市沣东新城××建材厂	小规模纳税人	5.93		防冻剂
14	西安市高新区××建材销售部	小规模纳税人	0.90		白水泥
15	西安市未央区××水暖建材供应站	小规模纳税人	6.94		油漆
16	西安市莲湖区××五金电子商行	小规模纳税人	1.83		五金
17	西安市未央区××建筑物资供应部	小规模纳税人	3.55		水料
18	西安市沣渭新区××建材厂	小规模纳税人	5.96		水泥

续表

19	西安市未央区××五金经销部	小规模纳税人	2.36		五金
20	西安市××五金水暖经销部	小规模纳税人	0.37		水暖
21	西安市国际港务区××建材经销部	小规模纳税人	0.09		杂项
22	西安××焊割材料有限公司	小规模纳税人	0.5		杂项
23	咸阳市秦都区××水泵经销部	小规模纳税人	0.06		杂项
24	西安市未央区××劳保物资供应站	小规模纳税人	2.59		劳保用品
	小计		216.96	0.00	
1	陕西××混凝土有限公司	简易征收	1969.17		商品混凝土
	小计		1969.17		
1	内部单位材料调入		131.72		
2	自然人供应砖、砂、石子		224.05		
3	材料人员工资		67.35		
4	其他零星采购		145.57		
5	采购保管费		135.22		
	小计		703.91		
	合计		4843.13	283.78	
二、分包商					

续表

1	陕西××建筑劳务有限公司	小规模纳税人	1361.12		劳务分包
2	西安××建筑劳务有限公司	小规模纳税人			
3	陕西××劳务分包有限责任公司	一般纳税人			
4	陕西××管理发展有限公司	小规模纳税人			
5	陕西××劳务公司	小规模纳税人			
6	西安××实业有限公司	小规模纳税人			
7	陕西××劳务有限公司	一般纳税人			
8	西安××建筑劳务装饰工程有限公司	小规模纳税人			
9	陕西××建筑劳务有限责任公司	小规模纳税人			
10	陕西××建筑劳务有限公司	小规模纳税人			
	劳务分包小计		1361.12	0.00	
1	咸阳××土方工程有限公司	小规模纳税人	503.09	49.85	专业分包
2	咸阳××土方工程有限公司	小规模纳税人			
3	陕西××建筑装饰有限公司	小规模纳税人			
4	西安市××建筑工程有限公司	小规模纳税人			
5	陕西××建设公司	小规模纳税人			
6	陕西××建筑有限公司	小规模纳税人			

续表

7	陕西××建设工程有限公司地基钻探队	小规模纳税人	503.09	49.85	专业分包
8	陕西××机械化基础工程有限公司	小规模纳税人			
9	陕西××建材有限公司	小规模纳税人			
10	咸阳××地基工程有限公司	小规模纳税人			
11	陕西××人防设备工程有限公司	小规模纳税人			
12	咸阳××保温材料有限公司	小规模纳税人			
13	陕西××装饰工程有限公司	小规模纳税人			
14	咸阳××建材工贸有限公司	小规模纳税人			
15	西安××建材科技开发有限公司	小规模纳税人			
16	陕西××建筑装饰工程有限公司	小规模纳税人			
17	西安市××节能门窗有限责任公司	小规模纳税人			
18	陕西××集成房屋有限公司	小规模纳税人			
19	咸阳××钢结构工程有限公司	小规模纳税人			
20	西安××机电科技有限公司	小规模纳税人			
21	咸阳××建筑材料检测有限公司	小规模纳税人			
	专业分包小计		503.09	49.85	
	合计		1864.21	49.85	

续表

三、租赁商					
1	陕西××模板有限公司	小规模纳税人	80.57		模板
2	西安市沣东新城××建材租赁站(西咸新区)	小规模纳税人	70.37		钢管租赁
3	西安××物资租赁有限责任公司	小规模纳税人	6.18		钢管租赁
4	西安市长安区××建筑物资租赁站	小规模纳税人	77.85		模板
5	陕西××工程技术有限公司	小规模纳税人	50.00		模板
6	西安××工程机械有限公司	小规模纳税人	29.00		模板加工
	设施料小计		313.98		
1	咸阳××工程机械租赁有限公司	小规模纳税人	264.10		机械
2	自有机械费用		10.48		机械
	机械租赁小计		274.59		
	合计		558.57	0.00	

营改增模拟试点项目进项税发票分类信息统计表(附表二)

单位名称:A 项目　　　　　　　　　　　　　　　　　单位:万元

增值税进项类型	增值税发票类型	增值税发票认定标准	开工至今累计数		
			开票数	其中:增值税发票(专用或普通)注明的进项税额	开票数占开工至今累计营业收入比例/(%)
各类材料、机械、设备及办公用品采购环节进项税发票	专用或普通发票(一般纳税人)、税率17%	商贸企业年应征增值税销售额80万元以上;生产性企业年应征增值税销售额50万元以上	1953.07	283.78	18%
	通用发票(小规模纳税人)	上述相应类型企业80万元、50万元以下	1719.49	—	16%
各类租赁环节进项税发票(机械设备、周转设施料、活动房等租赁性质)	专用或普通发票(一般纳税人)、税率17%	租赁性企业年应征增值税销售额500万元以上			
	通用发票(小规模纳税人)	租赁性企业年应征增值税销售额500万元以下	588.57	—	5%

续表

增值税进项类型	增值税发票类型	增值税发票认定标准	开工至今累计数		
			开票数	其中：增值税发票（专用或普通）注明的进项税额	开票数占开工至今累计营业收入比例/（%）
各类劳务分包环节进项税发票	建筑业发票（一般纳税人）、税率6%	劳务分包性企业年应征增值税销售额500万元以上			
	建筑业发票（小规模纳税人）	劳务分包性企业年应征增值税销售额500万元以下		—	
各类专业工程分包环节进项税发票	建筑业发票（一般纳税人）、税率11%	专业工程分包性企业年应征增值税销售额500万元以上	503.09	49.85	4.65%
	建筑业发票（小规模纳税人）	专业工程分包性企业年应征增值税销售额500万元以下		—	
合计	增值税专用或普通发票或建筑业发票		2456.16	333.63	23%
	通用发票		2308.07	—	21%

营改增模拟试点项目月度财务信息表(附表三)

编制单位:A 项目　　　　2015 年 09 月 30 日　　　　金额单位:万元

项目		栏次	本月数	本年累计	开工至今累计
税款计算	营业收入	1			9745.16
	销项税额	2			1071.96
	含税收入	3=1+2			10 817.12
	进项税额	4=5+6+7+8			333.63
	①采购进项税额	5			283.78
	②租赁进项税额	6			0.00
	③劳务分包进项税额	7			0.00
	④其他分包进项税额	8			49.85
	上期留抵税款	9		—	—
	进项税额转出	10			
	应抵扣税额合计	11=4+9−10		—	333.63
	实际抵扣税款	12(如 11<2,则为 11,否则为 2)			333.63
	应纳税额	13=2−12			738.33
	期末留抵税额	14=11−12		—	—
税款缴纳	期初未缴税额	15			—
	本期已交税额	16			275.83
	期末未缴税额(多缴为负数)	17=13+15−16			462.49
	其中:欠缴税款(≥0)	18=15−16			48.67
税负分析	应缴增值税率	19=13/3			6.83%
	营业税率	20	3.00%	3.00%	3.00%
	税率增减	21=19−20			3.83%

财务负责人:　　　　　　　　　　项目会计:

案例二　B项目

B房建项目，框剪结构，地下2层，地上34层，合同工期720天（开工时间2014年1月10日，竣工日期2015年12月30日）。

该项目自开工至今，累计完成产值约1.16亿元（11 558.32万元），实际发生总成本约1.09亿元（10 870.70万元），实现毛利687.58万元，毛利率5.95%。通过测算，该项目销项税额1145.41万元，可抵扣增值税进项税额518.81万元，应纳增值税额626.60万元，实际税负为5.42%，见下表。由此可以看出，在营改增后，该项目基本没有利润。

该项目实际成本中可抵扣进项税额的情况如下表所示（金额单位：万元）。

<table>
<tr><th>序号</th><th colspan="2">成本项目</th><th>成本金额</th><th>可抵扣进项税额</th></tr>
<tr><td>1</td><td colspan="2">人工费</td><td>3255.92</td><td>0.00</td></tr>
<tr><td>2</td><td colspan="2">材料费</td><td>5276.12</td><td>474.12</td></tr>
<tr><td>3</td><td colspan="2">机械使用费</td><td>404.50</td><td>0.00</td></tr>
<tr><td>4</td><td colspan="2">专业分包</td><td>450.98</td><td>44.69</td></tr>
<tr><td>5</td><td rowspan="11">措施费</td><td>环境保护费</td><td rowspan="11">401.38</td><td rowspan="11">0</td></tr>
<tr><td>6</td><td>安全文明施工费</td></tr>
<tr><td>7</td><td>临时设施费</td></tr>
<tr><td>8</td><td>冬雨季及夜间施工费</td></tr>
<tr><td>9</td><td>二次搬运费</td></tr>
<tr><td>10</td><td>机械安拆及进出场费</td></tr>
<tr><td>11</td><td>模板支架费</td></tr>
<tr><td>12</td><td>脚手架费</td></tr>
<tr><td>13</td><td>已完工程保护费</td></tr>
<tr><td>14</td><td>施工排水降水费</td></tr>
<tr><td>15</td><td>测量放线、定位复测、检测试验费</td></tr>
</table>

续表

序号	成本项目		成本金额	可抵扣进项税额
16	规费和企业管理费	定额测定费	684.20	0
17		社会保险费		
18		住房公积金		
19		意外伤害保险		
20		管理人员工资		
21		办公费		
22		差旅交通费		
23		固定资产及工具用具使用费		
24		劳动保护费		
25		工会经费		
26		职工教育经费		
27		财产保险费		
28		财务费用		
29		房产税、车船税、土地使用税、印花税		
30		其他		
31	税金		397.60	
32	成本合计		10 870.70	518.81

根据模拟运行结果，分析认为影响该项目税负的因素如下：

1. 人工费无法实现抵扣。该项目共发生人工费3255.92万元，其中职工工资201.15万元，作业班组工人工资886.99万元，劳务公司分包劳务2167.78万元，人工成本整体无法取得增值税专用发票。目前建筑业利润在降低，为了最大可能地争取利润，项目积极推进精细化管理和小班组作业，这些班组均为自然人承包,发生的人工成本无法取得任何类型发票。营改增后,若劳务公司的劳务分包可以进行增值税抵扣,则人工成本也将同比例增加。

2.该项目共发生材料费5276.12万元,其中一般纳税人供应材料3451.43万元,小规模纳税人供应材料1562.89万元,自然人(个人)供应砖、砂、石子231.26万元,采购保管费30.54万元。

该项目混凝土采用现场搅拌,所采购的水泥1104.92万元可以取得增值税专用发票,利于降低税负。在材料零星采购方面,很难取得发票。该项目多数供货商,金额较小,采购种类繁多,大部分是经销部、个体工商户,无法取得增值税专用发票,不能实行抵扣。另外,该项目采购的地材(砂、石、砖等)均是从自然人处采购,无法获得任何发票;施工过程中发生的材料人员工资、采购保管费、施工用水用电(施工用水、电全部用业主的水表、电表,业主扣收的水电费全部是收据)均不能取得可抵扣票据。

3.该项目安装工程实行分包,发生费用450.9万元,在模拟测算中,设定专业分包营改增后成为一般纳税人,并取得增值税专用发票,按照11%的进项税率进行了抵扣,共抵扣税款44.69万元。

4.该项目共发生机械租赁费404.50万元,其中:外部租赁费328.72万元,自有机械费75.78万元,出租方达不到一般纳税人的条件,自有机械设备没有增值税专用发票,导致无法实行抵扣。

5.该项目共发生措施费401.38万元,其中:模板支架费和脚手架租赁费205.11万元,为自然人挂靠租赁公司形式,无法出具发票；其余部分费用196.27万元，为企业内部费用，均不能取得增值税进项税额，影响了项目的整体税负。

6. 规费、企业管理费共发生684.20万元，政府性收费或企业内部发生的费用较多，无法取得增值税专用发票。

7. 假如小规模纳税人企业能在其主管国税局代开增值税专用发票，则小规模租赁企业（含机械、设施料）可抵扣进项税额17.75万元（609.61/1.03×3%）、小规模供应商可抵扣进项税额45.52万元（1562.89/1.03×3%），该项目可抵扣增值税进项税额调整为582.08万元，应交增值税调为563.33万元（626.60－17.75－45.52），实际税负为4.87%（口径同上），远高于营业税税率3%。

综上所述，由于B项目混凝土采取现场自拌，水泥可以进项税抵扣，所以其税负低于A项目。

详细情况见附表一至附表三。

纳税人资格认定表(附表一)

项目：B项目　　　　　　　　　　　　　　　　　　单位：万元

序号	分供方名称	认定标准	发生额	税额(不含小规模纳税人)	备注
一、供应商					
1	陕西××物资有限公司	一般纳税人	1721.81	250.18	钢材
2	陕西××工程建设材料设备有限公司	一般纳税人	124.24	18.05	钢材
3	西安××混凝土有限公司东成分公司	一般纳税人	188.39		商品混凝土
4	浙江××竹木有限公司	一般纳税人	56.86	8.26	木材

续表

5	西安市未央区××物资供应站	小规模纳税人	7.45		木材
6	山东××木业有限公司	一般纳税人	150.47	21.86	木材
7	西安市未央区××机电建材物资供应站	小规模纳税人	8.76		防护网
8	陕西××建材有限公司	小规模纳税人	1187.15		防水
9	西安××模板有限公司	小规模纳税人	57.64		模板
10	铜川××建材有限责任公司	一般纳税人	1104.92	160.55	水泥
11	陕西××工贸有限公司	一般纳税人	13.78	2.00	五金
12	刘红社	小规模纳税人	10.62		标砖
13	西安市莲湖区××工艺装饰部	小规模纳税人	9.42		标牌费
14	张小进	小规模纳税人	9.34		砂石
15	西安市浐灞生态区××建材经销部	小规模纳税人	123.65		方木
16	西安××环保科技有限公司	小规模纳税人	2.20		水泵
17	西安市灞桥区××环保工程设备厂	小规模纳税人	2.00		洗车机
18	西安市长安区××劳保用品经销部	小规模纳税人	3.81		劳保用品
19	西安市未央区××管业经营部	小规模纳税人	1.10		管材
20	西安××建筑工程设备有限公司	小规模纳税人	9.54		设备
21	西安市长安区××建材经销部	小规模纳税人	1.96		木材

续表

22	西安市长安区××建材经销部	小规模纳税人	3.05		五金
23	铜川市耀州区××水泥有限公司	一般纳税人	6.00	0.87	水泥
24	西安××建筑材料有限公司	小规模纳税人	6.22		杂项
25	陕西××建材有限责任公司	一般纳税人	46.42	6.74	加气块
26	蓝田县××建材经销部	小规模纳税人	92.86		标砖
27	陕西××建材有限公司	一般纳税人	34.51	5.01	水泥砂浆
28	陕西××钢结构有限公司	一般纳税人	4.00	0.58	活动房
29	西安××活动板房有限公司	小规模纳税人	9.94		活动房
30	西安××工程技术有限公司	小规模纳税人	4.14		
31	陕西××信息科技有限公司	小规模纳税人	2.20		监控设备
32	西咸新区沣东新城××建材厂	小规模纳税人	9.76		
	自然人供应砖、砂、石子		231.26		
	采购保管费		30.52		
	材料费合计		5276.12	474.12	
二、分包商					

续表

1	丹凤县××基建安装工程部	小规模纳税人	26.48		劳务分包
2	陕西××实业有限公司	一般纳税人	1933.74		
3	西安××建筑工程有限公司	小规模纳税人	4.43		
4	陕西××建筑劳务有限公司	小规模纳税人	13.15		
5	安徽××化学锚固有限公司	小规模纳税人	16.12		
6	西安××建筑基础工程有限公司	小规模纳税人	29.46		
7	咸阳××安装工程有限公司	小规模纳税人	128.05		
8	西安××建筑装饰材料有限公司	小规模纳税人	5.06		
9	陕西××装饰工程有限责任公司	小规模纳税人	11.26		
	劳务分包小计		2167.78		
	安装工程		450.98	44.69	安装工程
	专业分包小计		450.98	44.69	
	合计		2618.76	44.69	
三、租赁商					
1	西安市未央区××建筑租赁站	小规模纳税人	93.84		模板
2	西安市沣渭新区××租赁站	小规模纳税人	53.62		钢管
3	西安××模板有限公司	小规模纳税人	57.64		模板
	设施料租赁小计		205.10		
1	西安××基础工程有限公司	小规模纳税人	23.57		机械

续表

2	西安××电子科技工程有限公司	小规模纳税人	1.80		机械
3	陕西××建设开发有限公司	小规模纳税人	83.22		机械
4	西安××建筑机械有限公司	小规模纳税人	103.70		机械
5	陕西××技术咨询有限公司	小规模纳税人	44.81		机械
6	西安××建筑机械有限公司	小规模纳税人	40.20		机械
7	陕西××机械有限责任公司	小规模纳税人	31.40		机械
	自有机械使用费		75.78		机械
	机械租赁小计		404.50		
	合计		609.61		
	总计		8504.51	518.81	

营改增模拟试点项目进项税发票分类信息统计表(附表二)

单位名称：B项目　　　　　　　　　　　　　　　　　　　　单位:万元

增值税进项类型	增值税发票类型	增值税发票认定标准	开工至今累计数		
			开票数	其中：增值税发票（专用或普通）注明的进项税额	开票数占开工至今累计营业收入比例/（%）
各类材料、机械、设备及办公用品采购环节进项税发票	专用或普通发票（一般纳税人）、税率17%	商贸企业年应征增值税销售额80万元以上；生产性企业年应征增值税销售额50万元以上	3263.04	474.12	28.00%
	通用发票（小规模纳税人）	上述相应类型企业80万元、50万元以下	349.68	—	3.00%
各类租赁环节进项税发票（机械设备、周转设施料、活动房等租赁性质）	专用或普通发票（一般纳税人）、税率17%	租赁性企业年应征增值税销售额500万元以上			
	通用发票（小规模纳税人）	租赁性企业年应征增值税销售额500万元以下	322.48	—	3.00%

续表

增值税进项类型	增值税发票类型	增值税发票认定标准	开工至今累计数		
			开票数	其中：增值税发票（专用或普通）注明的进项税额	开票数占开工至今累计营业收入比例/(%)
各类劳务分包环节进项税发票	建筑业发票（一般纳税人）、税率6%	劳务分包性企业年应征增值税销售额500万元以上			
	建筑业发票（小规模纳税人）	劳务分包性企业年应征增值税销售额500万元以下		—	
各类专业工程分包环节进项税发票	建筑业发票（一般纳税人）、税率11%	专业工程分包性企业年应征增值税销售额500万元以上	450.98	44.69	3.90%
	建筑业发票（小规模纳税人）	专业工程分包性企业年应征增值税销售额500万元以下		—	
合　计	增值税专用或普通发票或建筑业发票		3714.03	518.81	31.90%
	通用发票		672.16	—	6.00%

营改增模拟试点项目月度财务信息表(附表三)

编制单位:B项目　　2015年09月30日　　金额单位:万元

项目		栏次	本月数	本年累计	开工至今累计
税款计算	营业收入	1			10 412.90
	销项税额	2			1145.41
	含税收入	3=1+2			11 558.32
	进项税额	4=5+6+7+8			518.81
	①采购进项税额	5			474.12
	②租赁进项税额	6			0.00
	③劳务分包进项税额	7			0.00
	④其他分包进项税额	8			44.69
	上期留抵税款	9		—	—
	进项税额转出	10			
	应抵扣税额合计	11=4+9−10		—	—
	实际抵扣税款	12(如11<2,则为11,否则为2)			518.81
	应纳税额	13=2−12			626.60
	期末留抵税额	14=11−12		—	—
税款缴纳	期初未缴税额	15			—
	本期已交税额	16			115.12
	期末未缴税额(多缴为负数)	17=13+15−16			511.48
	其中:欠缴税款(≥0)	18=15−16			
税负分析	应缴增值税率	19=13/3			5.42%
	营业税率	20	3.00%	3.00%	3.00%
	税率增减	21=19−20			2.42%

财务负责人:　　　　项目会计:

案例三　C项目

C项目合同签订时间2014年1月4日，开工时间2014年1月25日，竣工时间2015年12月20日，总日历天数695天，合同价款13 497.93万元。

按照集团公司的要求，C项目从2014年4月份开始"营改增"模拟试点，历时19个月。该项目累计统计报量含税收入约1.35亿元(13 523.38万元)，累计不含税收入约1.21亿元(12 183.23万元)。累计销项税额为1340.1万元，累计可抵扣进项税额为199.93万元。应纳增值税税额为1140.22万元(1340.15－199.93)，实际税负达8.43%。如下表：

单位：万元

项目		栏次	开工至2015年10月
税款计算	营业收入	1	12 183.23
	销项税额	2	1340.15
	含税收入	3＝1＋2	13 523.38
	进项税额	4＝5＋6＋7＋8	199.93
	①采购进项税额	5	183.02
	②租赁进项税额	6	16.61
	③劳务分包进项税额	7	
	④其他分包进项税额	8	0.29
	上期留抵税款	9	—
	进项税额转出	10	
	应抵扣税额合计	11＝4＋9－10	199.93
	实际抵扣税款	12(如11<2，则为11，否则为2)	199.93
	应纳税额	13＝2－12	1140.22
	期末留抵税额	14＝11－12	—

续表

项目		栏次	开工至 2015 年 10 月
税款缴纳	期初未缴税额	15	—
	本期已交税额	16	
	期末未缴税额(多缴为负数)	17=13+15−16	
	其中:欠缴税款(≥0)	18=15−16	0.00
税负分析	应缴增值税率	19=13/3	8.43%
	营业税率	20	3.00%
	税率增减	21=19−20	5.43%

该项目累计成本中已经取得的正式发票有 1474.71 万元(价税合计),税额为 199.93 万元;未取得发票的成本 284.47 万元,预计以后也不可能取得发票。

累计可抵扣进项税额为 199.93 万元,其中:普通发票的进项税额为 41.34 万元,增值税普通发票的进项税额为 52.16 万元,增值税专用发票的进项税额为 106.41 万元,详见下表:

单位:万元

成本明细	发票类型	价税合计	可抵扣进项税额
材料费	普通发票	45.59	2.58
材料运费	普通发票	5.94	0.29
机械费	普通发票	309.46	37.70
间接费	普通发票	15.15	0.77
普通发票小计		376.15	41.34
间接费	增值税普通发票	8.93	0.26
材料费	增值税普通发票	357.23	51.90

续表

成本明细	发票类型	价税合计	可抵扣进项税额
增值税普通发票小计		366.16	52.16
材料费	增值税专用发票	732.40	106.41
增值税专用发票小计		732.40	106.41
有票合计		1474.71	199.93
材料租赁	无票	276.57	
临建人工费	无票	7.90	
无票合计		284.47	
合计		1759.19	199.93

按照现行税率缴纳的营业税为13 523.38×3%＝405.70万元，按照营改增模拟测算的应缴增值税为1140.22万元，其税率上升5.43%，即：

1140.22/13 523.38－3%＝8.43%－3%＝5.43%

根据模拟运行结果，分析认为影响该项目税负的因素如下：

1.劳务分包的增值税进项税发票的取得很困难导致无法实现进项税额抵扣。大量的劳务分包方规模较小，多以劳务班组形式承包劳务，无法取得增值税专用发票。

2.C项目主要材料钢材和商品混凝土都为甲供，发票都开给了开发商，建筑企业没有可供抵扣的增值税专用发票，其中：钢材4045.69万元，商品混凝土1754.74万元(见下表)。若能取得甲供材专票，按照钢材17%的税率计算的可抵扣税额为4045.69/1.17×0.17＝587.83万元，则该项目可抵扣进项税额为787.76万元，实际税率降为[(1340.15－787.76)/13 523.38]＝4.09%，增值税税负由原来的8.43%降到4.09%。可见，能否取得甲供材专票对我们的税负影响是非常大的。

甲供商品混凝土	甲供钢材	甲供总计
1754.74	4045.69	5800.43

3.在机械租赁上目前结算的租费1528.08万元,出租方达不到一般纳税人的条件,部分出租方是个人挂靠租赁站,租赁的机械设备没有增值税专用发票,无法实现进项税额抵扣。最后,零星采购、施工水电费、地材和单位内部公司调料、租赁无法取得合理可抵扣的税票。零星采购的金额小、种类多,大多都是直接从小经销商和个人手中购买,基本都是开具收据,不能取得发票。另外,来自公司内部的钢化租赁,目前暂结算了212.23万元,没有开具发票,导致一部分无法抵扣。

4.模拟试点总结认为:C项目"营改增"试点已历时19个月,截止到2015年10月底的增值税比营业税的税负要高5.43%,如果可以取得甲供钢材增值税专用发票,增值税比营业税的税负值高出1.09%。综合以上数据和分析可知,影响增值税抵扣的原因很多,基本上都是不能取得增值税进项税专用发票。归结税负增加原因有以下两点。一是外因。地材、甲供材、混凝土无法取得进项税发票。实行营改增后,可能引起税负大幅增加,并对现金流、经营成果等经营指标产生影响。二是内因。由于增值税特殊的管理要求,给以后供应商的选择、经营模式的选择、劳务分包模式的确定、物资采购与管理、集团内部的关联交易、组织架构的设置、公司管理方式的改变等带来一系列的影响,从而增加了公司的相关管理成本。存量资产不得抵扣、资质共享,内部分包存在涉税风险、利息费用无法抵扣、其他间接费用无法抵扣。

因此,营改增后,企业应在合同管理、经营模式、流程再造、分供方选择、甲供材料等方面多下功夫,同时需要国家对地方材料、建筑劳务、商品混凝土等生产要素给予税收政策倾斜,只有这样才能最大程度地降低税负。

案例四　D、E、F项目

D项目是钢结构安装工程,已实现营业收入380万元(含税收入),取得进项税发票200.50万元,全部为钢结构构件等主材进项税发票,占收入的52.76%,增值税税率17%,该项目销项税额37.66万元,进项税额29.13万元,实际税负达到2.24%,税负减少0.76%,与营业税税负相比降低25.33%。

钢结构安装工程一般主材钢结构构件等占工程造价的60%左右,加之钢构构件加工企业中一般纳税人较多,基本可以取得一般纳税人的增值税专用发票,且发票的取得一般不会增加采购成本,仅此一项,就可以使实际税负与营业税负相当或略低于营业税负。

钢结构安装项目机械费约占工程造价的10%,钢构安装所用机械在市场上基本为个人拥有和经营,目前基本无发票,如要取得发票,需增加租赁价款15%～20%,将会使整个工程成本增加1%～2%。

钢构安装工程的劳务费约占总造价的20%,目前市场上的劳务队伍多为个人的劳务队伍,基本提供不了发票,如要提供发票,则会增加劳务价款5%左右(按照营业税率估计),会使整个工程成本增加近1%。营改增后，预计会使整个工程增加3%～4%的劳务成本。

其他如工程检测费、水电费、保险费、油料费等可以取得正常发票，其中水电费在南方地区取得增值税发票比较容易，北方地区则比较难。

钢结构安装项目由于主材钢构件占工程造价比例很大，所以营改增后税负增减不大，基本可以与营业税税负持平或略有降低，如果机械费、劳务费都能取得一般纳税人的增值税专用发票，则税负会低于营业税税负。总而言之，营改增会促进钢结构工程的快速发展，推动建筑行业转型升级。

E项目是桩基（灌注桩）工程，项目实现收入900万元，销项税额89.19万元，进项税额16.46万元，实际税负为8.08%，税负增加约169.33%。所取得进项税发票中一般纳税人钢材等主材发票占收入的13.97%，税率17%；一般纳税人运费发票占收入的0.18%，税率11%；实验费等发票占收入的0.18%，税率为6%；该项目收到的发票共占收入的14.32%。其他进项基本无发票。

灌注桩项目主材（不含商品混凝土）占工程造价的15%～20%，主要为钢材等，这部分材料取得一般纳税人的专用发票比较容易，也基本不会额外再增加工程成本。机械费约占工程造价的20%，桩基工程所用机械在目前的市场上基本都为个人拥有和经营，取得发票难度很大，“营改增”后，如要取得一般纳税人的增值税专用发票，会增加租赁价款15%～20%，将会增加整个工程成本4%左右。人工费占桩基工程造价的15%左右，目前市场上基本采用个人人工，取得不了正规发票，如要取得发票，则会增加人工费用成本约5%(营业税)，增加整个工程成本近1%，还有可能会因为收到其他单位代开发票加大涉税风险。

灌注桩项目在“营改增”后税负增幅将会较大，即使劳务费和机械费全部取得一般纳税人的专用发票，不但会增加工程成本，而且实际税负也很难低于营业税税负，灌注桩项目在“营改增”后实际税负(或成本)会增加5%左右。

F项目是高速北延工程，工程造价40 700万元，目前实现含税收入16 180.26万元，不含税收入14 576.81万元。销项税额1603.45万元，进项税额1065.35万元，应纳税额538.10万元，实际税负3.33%，与营业税负相比增加0.33%。

进项税额中，采购进项税额为收到工程主材钢筋、水泥、炸药、油料、小型机械、工具、其他用品等各种成本发票占收入的33.61%(公路工程一般材料费约占收入的30%，该项目为在建项目，前期施工内容主要为隧道、桥梁、构筑物，故材料占收入比例较大)，其中一般纳税人的进项税发票占收入的20.52%，进项税额508.58万元，收到的进项税发票中小规模纳税人占收入的13.09%，进项税额57.26万元(假设全部可按3%抵扣)，采购合计进项税额565.84万元。

专业分包开票数4540.93万元，占收入的31.15%，进项税额499.50万元(按照11%计算进项税额)。

租赁、劳务、地材等未取得进项税发票。

公路工程施工中，成本构成主要有材料费、机械费、人工费等内容。其中材料费占工程造价的30%左右，劳务费约占

25%，机械费占30%～35%，工程水电、试验、检测、保险等零星支出占比很小。

主材钢筋、水泥、炸药、油料等取得发票比较容易，大部分可以取得一般纳税人的增值税专用发票，且不会增加采购价款，对工程成本影响不大，该部分进项税额预计占销项税额的30%～45%。

占收入30%～35%的机械费很难取得发票，公路施工所用的工程机械，目前市场上基本为个人拥有和运营，正规的设备租赁公司比较少，能提供发票的寥寥无几，现在建筑企业对机械费发票的索取几乎无从下手。在营改增后，机械费进项税发票的收集在短期内是个难题，这是公路项目税负增加的最主要原因，如果要对方提供发票，则租赁费将会同比增加，整个工程成本也会增加。

约占收入25%的人工费取得进项税发票难度也很大，目前取得的营业税发票会使整个工程成本增加近1%。营改增后，这方面的成本将会增加一倍左右，而且可能会出现代开发票，涉税风险增加，这是公路项目在营改增后税负增加的第二大负面影响因素。

试验检测、保险费等取得发票比较容易，水电费有部分可取得增值税发票。

公路工程税负增加主要是因为机械费、劳务费难以取得一般纳税人的专用发票所导致。该试点项目地处长江三角洲经济发达地区，当地企业的纳税意识比较强，市场监管也比较严，进项税发票的取得比较容易，而北方地区的公路项目进项税发票的取得远远达不到这个程度。

由于该公路项目在前期的施工内容主要是隧道、桥梁等构筑物，材料比重大，周转材料、小型机械及一些相对固定的成本也主要发生在前期，所以前期取得的进项税发票占收入的比例比较大。若工程进入后期，这个比例会降低，实际税负会相应增加。

公路项目在营改增后即使取得发票比较容易，但实际成本会同比增加，其实际税负与营业税相比预计会增加50%～100%。

第二节　××集团组织开展模拟运转案例实录

一、模拟运转项目的自然情况

选择模拟运转的是铁路项目。该项目合同总造价约26.96亿元。模拟主要从项目部整体的组织构架出发，对项目合同管理、物资采购管理、劳务队伍管理、发票、付款管理、日常核算等方面进行了对比分析。该项目共梳理出材料供货商16家，其中一般纳税人14家，小规模纳税人2家；设备出租方5家，其中1家为公司，4家为个人，目前均为非增值税纳税人；分包商23家，目前均为非增值税纳税人。

二、项目部的模拟运转情况

项目部首先对70份已签订合同进行了梳理，其中劳务合同23份、机械租赁合同5份、物资采购合同42份。以下是各部门的整体运行情况。

1.物资采购管理。

1)物资采购已经建立供应商、分包商、出租方等上游行业供应方信息档案台账，目前选定的物资供应商总共有16家。经过物资部门查询发票，其中有：

(1)A供应站为小规模纳税人(二三项料供应商)，发票为税务局代开发票，税率为3%。

(2)B投资有限公司(水泥)，所供水泥发票采用两票制。水泥发票为一般纳税人，所开发票为17 %增值税普通发票。但所开运输发票，B投资有限公司物流分公司的发票为3%国税机打发票。经过物资部门谈判，该公司材料发票在规定日期内可开增值税专票，运输发票在规定日期内可开11%增值税专用发票，且价格不变。

(3)C模板有限公司(悬臂模板)为一般纳税人，该公司所开发票采用两票制，材料发票为17%增值税专用发票，运输发票为税务机关代开的税率为3%的发票。

(4)D粉煤灰再生资源开发有限公司(粉煤灰)为一般纳税人，该公司所开发票采用两票制，材料发票为17%的增值税普通发票，运输发票是运输公司提供的税率为3%的国税通用机打发票。

(5)E精细化工有限责任公司(外加剂)为一般纳税人，该公司所开发票采用两票制，材料发票为17%的增值税普票，运输发票是个人提供的税率为3%的税务机关代开发票。

(6)F建材有限公司(粉煤灰)为一般纳税人，该公司所开发票采用两票制，材料发票为17%的增值税普票，运输发票是运输公司提供的税率为3%的国税通用机打发票。

以上6家供应商中(B投资有限公司能按要求提供税率为11%的运输专用发票)，5家供应商都不愿意提供税率为11%的增值税运输专用发票，如要提供，不承担8%的税率。其他10家供应商，在规定日期可按要求提供增值税专用发票。

谈判备忘录范例如下：

谈判备忘录

2014 年 5 月某投资公司关于提供水泥发票洽谈备忘录

谈判时间：2014 年 5 月 19 日

谈判地点：某项目经理部

谈判双方：某项目经理部（甲方）

某投资公司　（乙方）

与会人员：甲方：×××

乙方：×××

谈判项目：营改增后，关于是否能够提供增值税专用发票

内容概述：

国家拟定在 2016 年 5 月 1 日起，实施营改增，贵方是否能在规定的时间范围内提供“增值税专用发票”。

谈判结果：

能提供增值税专用发票（材料）；

运费在规定日期提供 11％运输专用发票。

双方签字：

甲方：×××　　　　乙方：×××

2014 年 5 月 20 日　　　　2014 年 5 月 20 日

2. 机械设备管理。

项目租赁设备大多来自个人，且为自然人，不具备代开增值税专用发票的资格，经过谈判了解，几家表示没有注册为个体工商户的计划，所以无法代开专票。长期合作的只有某机械租赁公司，属于小规模纳税人，经过谈判对方表示可以去税务机关代开专票。

经过机械部门走访调查，在当地设备出租方大多为个人或小型出租公司。若营改增后要求提供 17％的增值税专用发票，则在此地区很难找到具备开具专票条件的大型设备出租公司。

谈判备忘录范例如下：

谈判备忘录

2014 年 5 月 18 日某项目经理部洽谈备忘录

谈判时间：2014 年 5 月 18 日下午 12:30

谈判地点：项目机械部

谈判双方：(甲方)某项目经理部

(乙方)某机械有限公司

与会人员：甲方：项目机械部×××，机械部管理人员×××

乙方：公司法人代表×××

谈判项目：

1. 乙方对甲方要求提供增值税专用发票的意向。

2. 如乙方按照要求提供增值税专用发票，如何确定价格？

内容概述：

1. 乙方目前为一般纳税人，给甲方提供营业税通用机打发票。

2. 甲方询问乙方能否提供增值税专用发票？价格上是否有改变？

谈判结果：(对方营改增后资质、纳税人资格、发票提供意向，供应价格变化)

乙方同意为甲方提供增值税专用发票，产品价格保持不变。

双方签字：

甲方：××× 乙方：×××

2014 年 5 月 12 日 2014 年 5 月 18 日

3. 劳务队伍管理。

成本管理部按照要求分 3 轮与项目所有劳务队伍进行了谈判，共谈判了 23 家。其中：桥梁队伍 11 家，隧道队伍 7 家，路基队伍 5 家。按照要求对营改增的发票提供问题和劳务队伍进行了宣传和谈判，建筑企业针对营改增政策变化对劳务队伍进行了介绍，并提出了按照要求提供增值税专用发票。劳务队伍普遍认为自己是非增值税纳税人，工程如果按要求提供发票，税率比较高，无法承担此项费用，要求项目部调整劳务分包合同单价，把税费增加进去，否则无法提供。

谈判备忘录范例如下：

谈判备忘录

2014年5月27日某项目经理部洽谈备忘录

谈判时间：2014年5月27日下午13:30

谈判地点：项目经理部

谈判双方：某公司渝黔铁路土建八标项目经理部（甲方）

某建筑劳务有限公司 （乙方）

与会人员：甲方：×××

乙方：×××

谈判项目：关于渝黔铁路土建八标夜郎河特大桥拱座工程营改增意见征求。

内容概述：

按照要求对营改增发票提供问题进行了谈判，首先由甲方针对营改增政策变化进行了介绍，并提出按照要求提供增值税发票。乙方认为路基土石方工程项目部招（议）标价格较低，基本无利润，且营改增后自己不具备一般纳税人资格，无法开具11%的增值税专用发票，自己可以认定为小规模纳税人，在税务机关代开3%的增值税专用发票。

谈判结果：（对方营改增后资质、纳税人资格、发票提供意向，供应价格变化）

乙方营改增后为增值税小规模纳税人，可以提供税务机关代开的3%的增值税专用发票，合同价格不变。

双方签字：

甲方：×××

2014年5月27日

乙方：×××

2014年5月27日

4.综合部采购管理。

综合办公室选定一家长期合作的广告商进行谈判，对方目前开具的是3%的税务机关代开发票，如果改为开增值税专用发票意味着建筑企业可抵扣6%，但对方以不具备开增值税专用发票条件拒绝，也不同意去税务局代开专票。同时，与项目部定点维修车辆的汽修厂和办公用品前进文具店进行谈判，由于对方都是小规模纳税人，现在提供的是国税局通用机打发票，在不影响价格的基础上，对方同意以后可在税务局代开增值税专用发票。

谈判备忘录范例如下：

谈判备忘录

2014年5月桐梓县某文具店洽谈备忘录

谈判时间：2014年4月20日

谈判地点：某项目经理部

谈判双方：某项目经理部(甲方)

桐梓县某文具店(乙方)

与会人员：甲方：×××

乙方：×××

谈判项目：营改增后，关于是否能够提供增值税专用发票。

内容概述：

国家拟定在2016年5月1日起，实施营改增，贵方能否在规定时间范围内提供"增值税专用发票"。

谈判结果：

实施营改增后，乙方可以提供税务机关代开3%税率的"增值税专用发票"。

双方签字：

甲方：××× 乙方：×××

2014年5月20日 2014年5月20日

三、模拟运转过程中暴露的问题

1.设备出租个人没有转为小规模纳税人的意识，没有对即将运行的营改增政策做出正确的反应。

2.项目合作的设备出租方中缺少能提供17%的增值税专用发票的大型租赁公司。项目有时需要一些长期使用的施工设备，若没有合作的大型租赁公司，在税额抵扣方面将会给公司带来损失。

3.通过营改增模拟运行谈判，劳务分包发票取得方面实施起来会有一定的困难，发票无法提供，如需要提供，会导致项目劳务成本增加。

4.存在的某些“四流不一致”情况，总结起来主要有以下几个方面原因及对策：

(1)运费发票大多由运输公司开具，在大多数合同中并未约定运费支付条款，在实际操作中都是将运费支付与供应商账户，针对这种情况考虑需要签订补充协议或者条款进行约定。

(2)合同的签订都是以集团公司名义，但实际支付款项的是具体参建单位，有待规范统一。

(3)项目部驻地及工区驻地交电费，收款人都是房东个人名义，抵扣存在问题，需及时处理。

第五章　吸取试点经验

交通运输业和电信业营改增比建筑业早一些，他们的经验和对策很值得建筑企业借鉴。

第一节　交通运输企业遇到的困难和采取的对策

一、交通运输企业遇到的困难

1. 增值税专用发票取票难、抵扣难。

以运营运输工具为主的交通运输企业为例，虽然营改增之后很多成本可以抵扣增值税进项税额，但由于实际操作过程中的许多限制，例如：采购方取得增值税专用发票需要向一般纳税人提供许多证件复印件，并办理相关手续等，导致增值税专用发票在运输过程中取得困难，无形中增加企业成本。其次，油耗是交通运输企业成本中占比较大的项目之一，但异地加油过程中很难取得抵扣发票。同时，交通运输企业的车辆大部分是外包，而外包的对象多为小规模纳税人，难以取得抵扣发票。

2. 进项税额抵扣范围小。

以物流企业为例，其费用包括燃油费、过路过桥费、人员工资、车辆折旧等几大项，其中，路桥收费站不可能给物流企业开具增值税发票，也就是说过路过桥费无法作为进项税额抵扣；燃油费用方面，长途行驶的货车经常会遇到没有增值税发票、只有普通发票的加油站，这部分燃油费用也无法冲抵增值税。另外，人员工资也不能作为进项税额抵扣，由此可见，物流企业的损失比较大是必然结果。

3. 交通运输企业业务流程复杂。

交通运输企业覆盖范围广，实践中开展业务过程非常复杂，涉及经济单位比较多。以陆路运输企业为例，大型企业一般为增值税一般纳税人，这些企业在签订服务合同后会将一部分业务分包给当地的不同类型的小型服务提供商。由于这些小型服务提供商往往不能开具增值税专用发票，会导致重复纳税的问题，缩小了企业的利润空间。

二、交通运输业采取的对策

1. 加强内部管理。

在交通运输企业营改增的过渡期，交通运输企业及时了解增值税的税收制度，并对交通运输企业造成的影响进行分析，了解营改增实施主要影响到企业的哪些方面，对企业面临的机会和挑战有客观的认识，在此基础上，加强内部管理。只有做好了这些前期准备，交通运输企业才能在激烈的竞争中生存、发展。

在制度上，建立符合增值税要求的财务制度以及相关的内部控制制度，规范会计处理，统一科目设置及核算原则，同时企业应根据增值税核算的要求，制定增值税税务工作管理流程和相应的增值税发票管理制度，完善发票的开立、领用、传递交接和核销的管理制度；在认识上，一定要加强员工对税制改变、管理制度变化的认识，强化主动获取专业发票的意识；在执行上，严格按照公司规定进行落实。严格按照流程和制度进行具体操作，设立税务风险防火墙，杜绝增值税发票虚开案件的发生，应尽量提前取得供应商提供的增值税专用发票，并提高抵扣凭证传递的效率，除增值税专用发票外，对于可以抵扣的合规票据要及时收集和保存。企业可以通过对盈亏平衡点的测算，调整企业的经营方面的决策，增加可抵扣项目，以享受更低的税负。

2. 优化业务流程。

营改增虽为一项结构性减税政策，但其目的是为了促进产业结构化，而优化企业业务流程则是优化产业结构的根本所在，提高企业的个体效益有利于促进企业资源的合理再分配，有助于加快产业发展、优化产业结构。优化企业的业务流程可通过充分利用运输设备的承载能力、合理地规划运载路线、整合上下游的布局，减少、控制成本等以提高收入水平。

3. 实施取得增值税专用发票的有力措施。

购买商品或服务的时候，在同等价格和服务质量的情况下，尽可能选择能提供增值税专用发票的商家，这样就可以抵扣自己应缴纳的税款。但切忌为了取得增值税专用发票而不计公司成本，这样做会得不偿失。针对加油不容易取得专用发票的现象，企业可以采用的措施如下：

(1)与中石油、中石化等企业联系办理统一的加油卡，并取得增值税专用发票，同时规定公司经营的车辆必须到中石油、中石化所属加油站加油，进而解决企业加油不能取得增值税专用发票的问题，以便增大增值税进项税额的抵扣。

(2)与相关汽车修理、修配单位联系，选择最佳、最优汽车修理单位，在确定价格的同时，与相关企业签订较长期限的合作合同，并要求驾驶人员在规定的汽车维修单位进行车辆的维修，如此，基本上可以解决目前车辆维修不能取得增值税专用发票的问题。

4. 劳务服务外包。

可以考虑在确保服务质量不降低的情况下，将自己承接的劳务服务进行外包，解决一部分进项税的问题，需要注意的就是要选择能够开出增值税专用发票的商家。

5. 加强对财税人员的培训。

由于交通运输企业在营改增实施之前，一直是采用营业税的计税方法进行会计处理，没有增值税会计核算的经验。为了使财务经办人员能更好地处理营改增后的各项财税业务工作，熟练掌握增值税的会计核算，熟知营改增税改后收入成本确认的会计处理方法和相关的税务核算，应加强对企业财税人员的培训。组织财务人员参加税务部门开设的税务辅导课程的同时，企业自身要对企业财税人员定期进行培训，对培训效果考核，使企业的财务人员在营改增后拥有精湛的业务操作能力，能够准确核算。

6. 争取税收优惠。

交通运输企业应充分了解政府对交通运输业的优惠政策，争取税收优惠。对于被纳入营改增范围的交通运输企业，必须重视政府税务部门的建议，配合税务部门的管理，加强各方面的适应能力。在改革试点期间，有补充和过渡政策：第一，对现行部分营业税免税政策，改征增值税后继续予以免征；第二，现行部分营业税减免税优惠，调整为增值税即征即退政策；第三，对税负增加较多的部分行业，在政策上给予财政补贴。

在改征增值税后，企业应利用好过渡性政策，获取财政补贴和扶持。

第二节　电信业遇到的困难和采取的对策

一、电信业遇到的困难

1. 影响公司的财务指标。

(1)对收入的影响。营业税是价内税，增值税是价外税，企业收入所承担的税率从营业税 3%提高到增值税销项税 11%(基础电信业务)和 6%(增值电信业务)，11%和 6%的销项税将直接从收入中分离，如果不能通过提价等方式实现税负转移，将直接导致企业收入下降。因此按营改增前资费测算，收入被销售税分离后，整体收入约下降 8%。

(2)对成本的影响。电信业的主要成本构成为：折旧、电路租赁、网内网间结算支出、渠道酬金、促销费、客户费、人工成本、房屋租赁、维修费等，其中折旧(存量资产折旧无法抵扣进项税额)、渠道酬金、人工成本、房屋租赁等目前为进项税额不可抵扣项目或未列入增值税改革范围项目，该类项目开支约占总成本开支 50%，由于该类开支无法取得增值税进项税额抵扣，短期内将大大增加电信业增值税税负。同时，促销费、客户费、维修费等项目增值税进项税额的取得，跟供应商的梳理有很大关系，在短期内也无法完全保证能获取足额的增值税进项税发票。

2. 加大税务管理的难度。

营改增将给公司的税务管理带来巨大挑战。与营业税相比，增值税核算管理更为严格、更加复杂、工作量更大、涉税风险更高，增值税专用发票的领购、开具、管理，增值税进项凭证的获取和认证抵扣，都有严格的要求，虚开增值税专用发票还将导致直接触犯刑法，这些都对营改增后企业的税务管理工作和财税人员的业务技能提出了更高的要求。增值税实行"以票控税"，发票管理难度加大，专用发票领用、开具等相对营业税发票更加严格；增值税空白发票的保管要求视同现金，空白的专用发票不允许跨区县传递使用；发票的认证需及时，否则不能抵扣，电信企业营业厅较多，开票人员素质不一，一旦开票人员疏忽大意或责任心不强导致不当开票，会给企业带来难以估量的管理问题。

3. 对运营管理模式产生巨大挑战。

营改增不仅是税种的简单转换，还是牵一发而动全身的根本性变革，影响到电信企业运营管理的方方面面。增值税环环相扣的运作机理，决定了增值税政策将全面渗透到企业运营管理的全过程，不仅会对企业自身的经营业绩和运营管理模式产生深远影响，还会对电信行业的整个产业链都产生重大影响，这将彻底颠覆我们现有的工作流程和管理模式，对电信企业的各管理层级和各专业条线都将带来一定挑战。比如，当前通信行业适用多税率征收，其中，传统语音业务增值税税率为11%，增值业务则适用6%增值税税率，因此在营销方案设计中，应关注如何提高增值业务比重，减少因高税率形成的收入流失。

二、电信业采取的对策

1. 完善财务管理模式。

在财务管理模式方面，应不断提升财务核算和管理的标准化和精细化。增强税务管理能力，努力建立适应增值税的运营管理模式，并不断提升增值税管理水平。对电信业来说，营改增应该完善可抵扣项目和规范可抵扣项目专用发票的使用，让电信业税收抵扣更加有依据、更加全面合理，进项税额抵扣多了税负便会下降从而使利润上升。对上游采购环节进行控制，对供应商进行筛选，尽量选择经资格认证、可提供增值税专用发票的企业。对于外包业务，也尽量取得增值税专用发票来降低税负。在做采购计划时，增值税应作为一个重要的参考因素，一定要先了解并落实供应商能够提供的税率后才确定采购计划；加强财务审核和监督力度等。

2. 借助税制改革契机，加强专业化公司运营模式。

电信运营企业正在掀起一股专业化浪潮，三大运营商成立了多个独立运作、自负盈亏的子公司，中国移动终端公司、财务公司先后挂牌成立，集客公司也呼之欲出；中国联通网络公司成立，信息化部改制为信息化事业部；中国电信八大基地启动公司化运作，如成立了创新孵化基地、天翼视讯、爱游戏等。有分析认为，“成立专业子公司的最大好处是可以为某重点业务或重点领域开通绿色通道，例如避免复杂流程，减少审批环节，加快执行进度和市场反应速度”。但目前三大电信运营商在专业化运营的道路上刚刚起步，专业子公司的运作往往流于表面，使得专业子公司的功能和作用在实际操作过程中打了折扣。借助税制改革的有利契机，通过开具专用发票的要求，做到内部结算市场化，推动专业化子公司真正进入市场，切实提升竞争实力。

3. 调整供应商选择策略，增加进项税额抵扣。

营改增之前，电信运营企业无须考虑供应商是否为“一般纳税人”的问题。但营改增后，这一问题将变得非常重要，因为“一般纳税人”可以提供能够抵扣的增值税专用发票，一方面降低成本，一方面减少税金的现金流出，说“进项税就是企业资产”是毫不夸张的。因此，运营商有必要调整供应商准入门槛，优先选择与“一般纳税人”合作；修改合同条款，增加获取专用发票的要求。但是基于业务模式的限制和国家“营改增”工作试点进度的影响，电信运营企业的大量成本费用及资本开支难以取得增值税专用发票，如数以千计的渠道合作商基本不具备“一般纳税人”资质，销售佣金难以取得增值税专用发票，建筑业尚未纳入试点范围，房屋维修费及部分资本开支也无法取得增值税专用发票等。

4.完善发票管理体系。

电信企业建立健全和有效实施增值税发票管理内部控制，明确涉及发票开具与取得部门、关键人员的职责以及发票保管人员的职责。对发票的开具与取得实现流程化管理，确保发票合法开具，及时递交受票方；确保发票取得、传递、认证及时，确保发票的完整、妥善保管。发票的开具管理需涵盖发票开具的规则与要求，并细分营业厅专票、营业厅电信业通用机打发票、电信业发票批开、预开具电信业发票、预存款开具电信业发票、合并与拆分电信业发票、遗失已开具增值税专用发票、遗失已开具电信行业冠名通用机打发票、遗失空白发票、错开电信业发票、客户退费/退订，开具电信业发票，对产权客户相关的发票等业务情形做出详细规定，对于合作营业厅和网上营业厅，需建立相关的换取或邮寄增值税专用发票的管理流程及制度。

第三节　试点企业经验对建筑企业的启迪

上述两个行业营改增后出现的困难很有可能会出现在建筑业营改增的过渡期。他们的经验对建筑业有一定的启迪作用。其中特别值得借鉴的是：

1.正确对待，全员重视。

税制改革是国家政策调整完善的过程，企业无法回避，只有面对并积极适应，朝着国家鼓励的方向去发展，并严格遵守税制的新规定。

2.及时调整经营和业务管理流程。

外部的政策改变影响到建筑业的经营环境，公司必须及时调整内部流程以适应国家新的政策，改变以往的观念和制度，进行创新业务和管理。

3. 企业经营模式及组织形式创新。

以前的经营模式在增值税的管理体系下可能会遇到困难，并增加税收负担，那就只能进行必要的经营模式和组织形式创新，适应新的政策要求。营改增对企业来说既是机遇也是挑战，企业经营难免会受营改增的影响。企业应尽早了解营改增所涉及的内容和范围，参考已实行营改增行业的应对风险的相关策略，抓住营改增给本企业带来的机遇，降低税负，同时要针对所带来的不利影响做好企业经营调整工作。

第二部分

建筑企业操作实务

增值税管理基础条件
管理制度及合同范本修订要点
增值税的税务管理
风险控制与税收筹划
税收优惠政策
增值税的会计核算
“走出去”税务架构规划
“互联网+”与营改增

第六章 增值税管理基础条件

第一节 机构和人员配备

一、配备必要的税务部门和专业人员

根据营改增模拟运转企业的实践经验，建筑企业为保证营改增正常有效运转，一定要提前抓好增值税管理的基础条件建设。其中，最主要的是研究、确定是否配备、如何配备必要的税管部门和专业人员。

1. 建筑企业要根据自身的生产经营规模、管理体制、运行机制现状，实事求是地配备企业内部税管部门和专业人员。例如，成立隶属或独立于财务部门的税务部门或税管中心。如果不设立税管机构，就必须设立专职或兼职的税务专管员。营改增实施后，主要负责税务日常管理、涉税服务、纳税筹划、风险评估及法规政策的学习和宣贯。营改增实施前，主要研究营改增政策，指导营改增模拟运转，做好营改增前期的准备、政策衔接和实施等工作。

2. 从目前情况看，有些大型建筑企业集团，以其总部财务部门为企业自身内部的税务管理机构，统筹负责增值税管理工作，制定增值税管理目标与方案，完善增值税管理制度与流程，负责总部增值税日常管理，服务、指导及监督下属单位的增值税管理工作。

3. 企业下属二级单位财务部门设税务管理中心，配备税务管理中心主任，选配专职税务人员，设置税务制度岗、税务核算岗、发票管理岗、税务综合岗等。严格执行公司增值税管理制度，负责编制本单位增值税税

务手册与流程，负责本单位增值税日常管理，服务、指导和监督下属单位增值税管理工作。

4. 三级及以下单位设税务主管，配专职税务人员。有条件的可设税务管理中心，配税务管理中心主任。

5. 项目部财务人员兼职项目税务管理人员（大项目可根据情况设专职税务人员）的，也要在其岗位中单独明确负责增值税日常管理工作的职责。

二、划清业务部门职责

建筑企业应按照"谁签订合同，谁是纳税主体"的原则，划清本企业总机构（法人总部）及所属分支机构和项目部之间增值税管理的部门职责分工。

1. 不单独设立税务管理部门的企业，财务部门是增值税管理专业机构，统筹增值税管理工作，具体负责增值税管理制度与流程的制定，增值税发票的开具、购买和保管，增值税款的核算、申报及缴纳，增值税税务争议的解决。

2. 资金管理部门负责总机构与分支机构、项目增值税款的资金往来清算。

3. 法律事务部门负责审核各类合同条款中价格标准（含税价或不含税价）、发票取得、付款方式及时间等涉税重要事项。

4. 市场与客户管理部门负责组织招标投标报价的税负测算，负责合同有关税务条款的审核、审定。

5. 商务部门负责规范分包商库，原则上必须具有一般纳税人资格；负责取得有关分包工程的增值税进项发票，并确保发票走向与资金走向和合同一致；负责工程项目增值税税务预算。

6. 物资采购部门负责规范材料采购商库，原则上必须具有一般纳税人资格；取得有关采购物资的增值税进项发票，并确保发票走向与资金走向和合同一致。

7.其他部门负责本部门生产经营业务增值税涉税管理，积极配合财务部门做好相关工作。

三、明确相应人员岗位责任

1.单位负责人的职责。

认真执行国家增值税法律、法规和制度；批准年度增值税管理方案；批准增值税相关管理制度；批准增值税应急处理方案；按照本单位的审批权限，批准增值税专用发票的开具；按照本单位的审批权限，批准增值税税款的缴纳。

2.财务负责人的职责。

审核增值税管理方案；审核增值税相关管理制度；审核年度增值税工作目标和计划；按照本单位的审批权限，批准增值税专用发票的开具；审核增值税相关报表和资料。

3.税务负责人的职责。

制定增值税管理方案；制定增值税相关管理制度与流程；制定年度增值税工作目标和计划；负责日常增值税管理工作。

4.税务经办人员的职责。

负责申办增值税一般纳税人或小规模纳税人资格，安装增值税防伪税控系统；负责增值税专用发票的领取、开具、审核、保管等事项；对取得的增值税进项发票的审核、认证，按月编制增值税进项税额抵扣统计表；按月计算增值税税款，进行单位总机构与分支机构、项目的增值税款的清算，并及时进行增值税纳税申报；负责做好增值税的会计核算；配合完成税务部门安排的各种检查及其他工作；及时搜集、研究国家增值税法律法规，并定期向管理层提供税务管理建议。

四、建立营改增领导小组

在营改增试点准备、开始实施乃至实施后的很长的一个时期，建筑企业不可避免地都会遇到一些新情况和新问题。为了从组织领导上保障营改增顺利有序地进行，企业领导应该亲自挂帅，以税务、财会管理人员为骨干，成立有预算、合同、物资、设备、项目管理等各方管理人员参加的营改增试点工作领导小组或办公室。与内部其他改革发展工作紧密结合，重点对企业自身各个阶段的营改增试点工作做出统一计划并具体组织实施。

第二节　内部管理制度建设

企业内部控制制度是加强税务管理、防范税务风险的重要保证。建立和完善内部控制制度应该遵循合法性、整体性、针对性、一贯性、适应性、经济性、发展性等原则，以国家的法律法规为准绳，既要符合企业的长期规划，又要注重企业的短期目标，还要与企业的其他内控制度相互协调。加强薄弱环节的控制，兼顾成本效益原则及不相容职务相分离的原则，合理设置会计及相关工作岗位，明确职责权限，如：发票开具与审核、发票开具与收款均为不相容职位，应分设岗位，形成相互制衡机制。

1.“分、供”方管理。

在建筑业营改增准备阶段，应要求分供方具有增值税一般纳税人资格，或者营改增后取得一般纳税人资格；在增值税汇总申报的前提下，企业应扩大集中采购的范围。集采管理部门要进行市场调研，梳理现有分供方管理系统，确认纳税身份信息，包括但不限于供应商纳税人身份、增值税税率或征收率、提供发票类型等信息，完善分供方资料等，建立具有增值税一般纳税人资格的分供方名录。

对零星物资的采购，应实行“小集中”，确定具有一般纳税人资格的经销部；通过各种途径，向分供方传达企业营改增方案。

建筑业营改增后，根据成本效益原则，在选择分供方时，应综合考虑分供商的纳税身份、综合报价等信息，在保证工程质量且能够开具增值税专用发票的前提下，以“综合成本最低、利润最大化”为定价原则。

在采购业务中，应建立营改增后的供应商选择标准与比价体系，根据比价体系，合理选择一般纳税人或小规模纳税人供应商。在同等价格条件下，优先选择能开具增值税专用发票的供应商。

2. 存货及固定资产管理。

建筑业营改增前，应盘活内部资产，限制购买大宗固定资产及周转材料；推迟采购固定资产，对于部分项目急用的大型机械，可考虑以租代购的方式。严禁大宗大额材料的积压，保持合理库存量；尽快处置不良资产；设施料要适当进行处理，尽量采用租赁形式，待营改增实施后再进行购买。

3. 甲供材料管理。

建筑业营改增前，对于已中标的涉及甲供材料的工程项目，在施工合同签订环节，一定要与业主谈妥税制改革涉及的甲供材增值税抵扣问题及可能引起的税务风险，维护企业的利益。

4. 建筑劳务管理。

敦促劳务分供方尽快筹划营改增应对方案，协助劳务分供方做好营改增的准备工作，力争营改增不会对双方产生太大的影响。

由于建筑业利润率的降低，促使建筑企业加强精细化管理，小班组作业更加普遍，企业应鼓励班组成立企业法人单位，在享受国家小微企业税收优惠的条件下，分散建筑企业负担，间接降低企业税负或施工成本。

5. 资金管理。

(1)营运资金管理。营改增后，建筑企业必须按照纳税义务发生时间及时缴纳增值税，但是业主支付工程款滞后，这样必将导致企业经营性现金净流出增加，加大企业现金流压力。另外，由于企业资金紧张，不能及时支付分包商和供应商合同价款，会影响进项税额的专用发票的取得，造成当期应纳税额增加，更加剧了企业的资金压力。企业应当与业主充分沟通，取得理解和支持，加快工程决算进度，加快资金的回收，改变工程款的支付条件，提升自身现金流运转能力。

营改增实施后，企业应实现进项税额的最大程度抵扣，避免进销项不匹配条件下税款的资金占用，从而优化企业现金流管理。

(2)在融资管理方面，挖掘企业内部潜能，可考虑采用股权融资方式，适度压缩债权融资规模。由于金融业营改增政策没有出台，无法断定利息费用的抵扣规则，因而企业要做好准备，建立企业内部融资中心，做好应对预案。通过内部的资金调度，解决企业生产经营和投资所需要的资金，避免因融资费用的进项税额不能抵扣为企业所带来的税负加重的风险。

6. 成本管理。

在增值税模式下，收入和成本实行价税分离，成本的计划、核算、控制、考核、评价均会发生较大的变化，项目成本考评时，要结合利润率和实际税负进行综合评价。企业要重新修订成本管理体系，结合税负情况，制定工程项目的经营成果的管理办法。理顺不同项目中各业务主体之间的合同关系、资金关系和发票关系，完善各业务主体之间的增值税抵扣链条；建设或完善供应商管理系统与分包商管理系统；减少跨法人或分支机构间的设备及内部调拨；转变采购模式，加强成本管理。

第三节　营业税“税会”差异清理

根据调查，建筑企业，特别是一些大型建筑企业，都不同程度地存在着成因不同、数量不等、性质各异的欠缴税金问题。这些问题，大多数反映在“应交税费”科目，但也有的没有反映。在正式进入营改增之前，理清营业税时期的“税会”差异，是建筑企业必须马上面对和解决的问题。

一、确认项目收入与配比税金

严格按照建造合同确认原则，以形象进度为参照真实反映建造合同收入，避免收入超报导致税金超额计提的情况。

在确认基础上，企业应全面清理营业税金，区分时间性差异税金及实际欠税，及时补交欠税，保证已收款项税金足额缴纳、已缴税金的发票均已开具。对于梳理过程中发现营业税金计提存在会计差错的项目及时进行冲减或补提。

二、清理工作部署

1. 在建筑企业总部层面，从战略角度出发，要发布营业税清理总体安排文件，使子企业“有法可依、有的放矢”。这其中除清理实施指导流程外，还要强调营改增的严肃性，以及现阶段清理营业税的必要性、紧迫性和执行性。

2. 在下属单位层面，首先要从战术的角度考虑，仔细研讨、出台“营业税清理实施细则”，分类别设置营业税清理流程，提出切实可行的营业税清理方案，做到“有法必依”。其次要建立两级领导小组，一是建立公司层面的领导小组，由公司领导担任组长，明确以总部财务部门为组织牵头部门，各相关部室为配合部门；二是要建立项目层面执行小组，明确项目经理为营改增前营业税清理第一责任人、项目财务经理为落实负责人、商务经理为第一配合人、项目其他各部门全力配合的机制。力保“政令如山，令出即行”，防止互相推诿、延误工作。全力减少和避免因营业税清理不及时、不周密、不彻底给企业带来的税务风险和损失。

三、清理方案设计

1. 总承包合同的清理。

全面清理总承包合同中有无“因国家税制改革而引起的价格变更，不调整合同总价款”的条款，如有此类条款，应设法突破合同，与甲方协商涉税条款。

2. 特殊事项清理。

(1)由于业主原因导致已收到款项，要求迟开或未开发票，未缴纳营业税费。针对此类问题，由项目经理负责牵头，财务经理协同，马上与业主进行沟通，讲清当前税制形式，说明潜在涉税风险，达成书面共识。项目财务经理具体落实该工程是否存在施工许可证未办理或外经证延期事宜，按照实际已收工程款金额给业主开具工程款发票，同时落实相关工程是否存在建安分包发票未开具问题。在取得各专业分包及劳务分包可抵税发票、完税凭证抵交分包税费后，完成项目营业税费的纳税工作。业主强烈要求暂不开具发票的，则要求业主方书面明确税制调整后应补偿总包方的税款和相应费用。

(2)业主代扣代缴营业税费。对业主代扣代缴营业税费的项目，要求业主提供与税务机构签订的代扣代缴协议或委托代征协议，并按期提供代扣代缴完税凭证。凡不能按期提供代扣代缴完税凭证的，要及时与业主和劳务发生地税务机构联系，终止代扣代缴行为。

(3)在建项目的营业税清理。在建项目是产生当期营业收入的主要来源，因营业税应交税费的计提基数源于项目营业收入，应缴基数则依据业主的工程结算，实缴基数则是收款开发票金额，因此应首先梳理工程结算与实收款(开发票)的差额，同时加大与业主方办理过程结算及竣工结算的力度，以减少已完工未结算款，同时推进收款并及时给业主开具发票，是降低账面应交营业税税费余额的最重要手段。

(4)已竣未结和已竣已结项目的营业税清理。建筑施工项目合同金额大，按5%所扣留的保修金数额巨大，并且扣留时间较长，如果过程中全额提供发票，会造成建筑企业提前支付保修金部分的营业税及附加，给企业造成资金压力。为此，企业可以积极与业主方沟通提前全额开具保修款发票，由于现阶段开具建安发票对业主方有利，还要与业主洽谈将开具保修款发票的税金支付给建筑企业。同时还要通过沟通，力争使业主同意建筑企业以保修保函替代保修款，实现收款开票。

(5)停工项目的营业税清理。对于目前存在的停工项目，应重点关注与业主方的过程结算，利用停工期间，敦促业主方完成对前期施工产值和变更签证索赔的书面确认工作，减少已完工未结算款，同时推进进度款的回收并及时给业主开具发票。

(6)分包分供欠付发票的营业税清理。对于分包分供欠付发票的项目，重点关注两个方面的问题：一是实质性欠发票的催收应对，要限定时间要求分包分供单位补开欠付的发票；二是应付余额发票的筹划问题，要加强与分包分供单位的沟通，引导和落实其按结算额（预结算额、成本锁定额）提前开具发票。

第七章　管理制度及合同范本修订要点

第一节　管理制度修订要点

建筑业营改增后，建筑企业各领域的管理流程及管理重点均有所改变。因此，必须对与增值税有关的管理制度进行相应修订。

一、财务管理相关制度修订要点

1.预算管理。

(1)业务预算方面，对于新签合同额预算、销售预算、生产预算及期间费用预算的编制需考虑营改增的影响，按照相关政策规定口径执行。

【示例】编制建筑业营改增后新签订合同额预算、销售预算时应以不含税价格作为收入预算金额；编制工程成本费用预算额时需判断成本费用可抵扣情况，同时考虑特殊成本项目取得扣税凭证的情况。

(2)财务预算方面，应按照价税分离的原则编制财务预算，同时对各级单位的年度预算指标进行调整。

【示例】编制收入预算金额时应以不含增值税金额为基准，编制成本预算金额时则应以不含增值税金额与预计无法抵扣的进项税金额之和为基准；编制预计资产负债表、预计利润表、预计现金流量表等财务报表时均应考虑税制变化带来的财务指标的变化。

2.资金管理。

(1)明确集团公司内部资金中心(资金结算中心)的地位、作用及其交易行为，以利于集中采购进行资金支付时资金流向与进项税款的关系。

【示例】资金中心(资金结算中心)作为统一管理资金的核算单位，按照增值税“四流合一”的管理要求进行资金集中管理。

(2)明确资金支付主体必须与合同主体一致。

【示例】资金支付主体与合同签订主体必须一致，不得以委托付款、公转私、代付款等方式进行支付。

(3)各级单位在编制年度资金预算时，应考虑增值税及相关附加税费的预算安排，确保预缴及汇总缴纳有充足的资金。

【示例】各单位应在每年年初编制年度资金预算时，预留增值税专项使用资金用于缴纳增值税。

3.绩效考核。

(1)对预算考核、绩效考核的兑现指标进行调整，使之符合增值税下的计算口径。

【示例】收入、成本等实现指标的均应区分不含税价格和增值税分别计算。

(2)增加针对增值税税负情况的考核，增值税税负除了受政策基调、市场环境、交易惯例影响外，管理方式、手段和行为对其影响同样很大，需要单独考核其增值税税负管控情况。

【示例】各单位应于每年年末对本年度进项税发票的取得情况和抵扣情况进行统计，计算出取票率、抵扣率以及本年增值税税负，并将其作为指标进行单独考核。

4.财务报销。

(1)明确各类成本费用报销时应提供合规的报销凭证。

【示例】对于可取得增值税专用发票的项目，必须取得增值税专用发票，如提供不符合要求的报销凭证，财务人员应拒绝报销，并要求重新提供合规发票。

(2)明确增值税专用发票的报销时限。

【示例】业务人员取得增值税专用发票等报销凭证后，应在×个工作日内递交财务部门。

(3)明确增值税发票票面信息审查要求。

【示例】业务人员取得增值税专用发票等报销凭证后，应对所取得凭证的合规性进行初步判断，审核内容包括：单位名称是否与合同主体、供应商信息库登记信息一致，发票项目开具是否属实，发票所载数量、金额、税额等是否准确无误等。

(4)明确专用发票的报销流程。

【示例】要求以进项发票台账信息完整为要件。

(5)明确一些具体事项的报销形式，如：公车油费、办公用品等应避免零星采购等。

【示例】公车管理部门应建立车辆加油卡使用台账记录，公车加油费按照“一车一卡”的要求，由公车管理部门在充值时办理预支手续，待换回专用发票后与加油卡使用记录一并提交财务部门履行报销程序。

二、经营管理相关制度修订要点

1. 增加对业主信息档案管理的要求，并针对不同类型的业主，制定不同的定价原则和谈判策略。

【示例】建立业主信息档案管理机制，统一记录业主基本信息、合同信息以及增值税相关信息。

2. 在投标报价中，将工程造价与所缴纳增值税分别列示。

【示例】投标文件中需将工程不含税价格作为投标控制限价，或者业主在公布投标限价时，分别明确列出工程不含税造价、增值税额。

3. 在确定投标报价过程中考虑增值税的影响。

【示例】在营改增后，使用修订后的概预算编制方法时，增加测算成本抵扣率的方法和依据，并据此计算确定投标报价。

4. 明确对甲供材的谈判要求。

【示例】逐步以甲控材的方式代替甲供材；如业主坚持采取甲供材方式，则应与业主协商约定由业主向施工单位开具发票或与业主、供应商签订三方协议，约定由供应商直接向施工单位开具发票。

5. 明确对征地拆迁补偿的谈判要求。

【示例】合理确定红线内、外补偿价款；红线内补偿不计入工程造价，并与业主单独签订委托拆迁协议，作为代收转付款项管理。

三、成本管理相关制度修订要点

1. 编制工程项目的成本费用预算时，需考虑成本费用能否抵扣进项税额以及能否取得扣税凭证等因素。

【示例】成本费用应区分可抵扣成本费用和不可抵扣成本费用，不可抵扣成本费用按照含税价格编制成本费用预算，可抵扣成本费用考虑增值税扣税凭证取得的因素，按照不含税价格加不可抵扣税额编制成本费用预算。

2. 将进项税发票取得情况和进项税抵扣情况纳入成本预算考核指标。

【示例】在对成本预算进行考核时，应对本单位进项税抵扣金额占成本发生金额的比例，以及可抵扣进项税项目中取得扣税凭证比例占所有可抵扣进项税成本的比例进行统计并作为考核指标。

四、采购管理相关制度修订要点

1. 调整合格供应商名录的准入规则，按成本效益原则，逐步淘汰小规模纳税人（包括个体工商户及个人形式的供应商）。

【示例】合格供应商名录中供应商的纳税人身份须为增值税一般纳税人。

2. 增加对供应商信息档案管理的要求，明确选择供应商的原则，并针对不同类型的供应商，制定不同的定价原则和谈判策略。

【示例】一般纳税人供应商与非一般纳税人供应商报价的采购成本相同的情况下，应当优先选择一般纳税人，如果一般纳税人供应商报价的采购成本高于非一般纳税人供应商报价，则应当通过测算综合采购成本来确定供应商。

3. 材料、设备的集中采购的单位，优先采用“统谈、分签、分付”方式。如仍需由集中采购单位统一签订采购合同、统一支付价款，则应采取内部购销模式，增加内部购销环节。

【示例】材料设备的集中采购优先采用“统谈、分签、分付”模式。采用“统谈、统签、统付”模式的，应由统签方以内部购销的方式销售给材料、设备的实际需求方，并开具增值税专用发票。

五、工程施工管理相关制度修订要点

1. 规范跨法人或非法人机构之间的设备调拨，统一采取内部租赁方式，并明确相应的合同、发票要求。

【示例】不同法人之间、法人与非法人之间或者非法人之间进行设备调拨时，应统一签订设备租赁合同，按照合同约定金额和时限进行款项结算并开具增值税专用发票。

2. 明确选择分包商的原则，并针对不同类型的分包商，制定不同的定价原则和谈判策略。

【示例】一般纳税人分包方与非一般纳税人分包方报价的分包成本相同的情况下，应当优先选择一般纳税人，如果一般纳税人分包方报价的分包成本高于非一般纳税人分包方报价，则应当通过测算综合分包成本来确定分包方。

六、合同管理相关制度修订要点

1. 增加合同承办部门对合同相对方一般纳税人资格的审查义务。

【示例】签订合同前，签约承办部门应当详细了解、调查、掌握合同相对人是否属于一般纳税人，并应要求合同相对人出具、出示税务登记证及增值税一般纳税人资格证明。

2. 增加对合同相对方信息管理的职责。

【示例】合同综合管理部门和合同专项管理部门负责对合同相对方信息进行管理及更新。

3. 在合同评审制度中设立专业评审和综合评审，对于涉及增值税内容条款应进行专业审核。

【示例】合同评审过程包含专业评审和综合评审，对于涉及增值税内容条款应进行专业审核。增值税专业评审内容包括对合同相对方纳税人资格进行的专业评审。

4. 对于应征增值税的各类经济业务，应增加对合同价格条款、发票条款及资金支付条款的基本要求；涉及不同税率业务的，应要求在合同中分别体现。

【示例】对于应征增值税的经济业务，如果一份合同中包含不同税率的业务，应分别明确不同税率业务的不含税价款和增值税税额。

5. 在合同评价制度中增加纳税人资格对合同履行的影响评估。

【示例】合同承办部门及时对合同的履行情况进行评价和总结，综合考量合同相对方作为一般纳税人或小规模纳税人对公司成本及利润的影响。

第二节　合同范本修订要点

合同是企业进行经济往来、约定经济事项的主要法律形式，建筑业营改增后，合同的修订工作更是企业落实营改增应对方案的重要措施之一。

下面主要从业务承接、物资（服务）采购、设备租赁以及工程分包四个业务领域考虑，对相应合同范本提出具体修订要求，其他领域的合同范本如有涉及营改增相关内容的条款应当一并进行修订。

一、承包合同范本修订要点

1. 对合同价款进行价税分离，分别列示不含税价款和增值税税额。

【示例】工程总承包总价（含增值税）为××元。其中，不含税价款为××元，增值税为××元。

2. 明确提供发票的类型。根据业主类型及业主的抵扣需求明确提供增值税专用发票或增值税普通发票。

【示例】在每月/季度执行甲方的验工计价程序，依据甲方批准的计价金额，由乙方向甲方提供增值税专用发票或增值税普通发票（依据甲方是否为增值税一般纳税人或甲方要求确认）。

3. 修改工程款支付相关条款。提高预付工程款比例；明确业主应在确认验工计价后一定时间内及时支付工程款；增加工程款延迟支付的制约性条款。

【示例】双方签订合同后，甲方向乙方一次性支付合同总款的××%作为工程预付款。在甲方支付乙方预付款后，若乙方不履行合同，除承担违约责任外，须如数返还预付款。

在每月/季度完成验工计价程序后，乙方向甲方申请支付款项，甲方××日内按双方确认的验工计价金额，支付工程款到乙方指定账户。在乙方提供发票后，若甲方未在规定期间内支付足额工程款，须向乙方按延迟天数支付每天××%的违约金。

4. 调整保证金相关条款，明确保证金相关计算基数为不含税的工程价款。采取以保函形式提供保证金。

【示例】乙方于合同签订后××个日历天内，向甲方提交合同暂定总价（不含价款）的××%的履约保函或保证金（金额均不低于人民币××万元）。否则，甲方有权从乙方的应付第一笔工程进度款中扣留同等金额款项作为保证金，并扣除相应违约金。

5.明确甲供材的价款、结算及开票事宜。对于计入合同总额的甲供材，应明确约定由业主向建筑企业开具增值税专用发票或明确在业主采购甲供材时，由业主、建筑企业与供应商签订三方协议，要求供应商向建筑企业开具增值税专用发票。

【示例】甲方供应材料设备，将材料设备价款计入合同总额的，甲方应按提供材料的金额向乙方提供增值税专用发票；或由甲方、乙方及第三方供应商另行签订三方协议，由材料供应商直接向乙方提供增值税专用发票。

6.明确代收转付业务的价款、结算及开票事宜。对于红线内拆迁补偿价款，应明确不计入合同总额，由建筑企业与业主另行签订委托协议约定相关委托拆迁事宜。

【示例】双方约定红线内拆迁补偿价款不计入本合同总价，另行签订委托协议约定相关委托拆迁事宜。

7.对于工程总承包(EPC)合同，应分别针对设计、材料与设备采购、工程施工等不同税率业务分别约定合同价款，按照不同的适用税率开具发票等。

【示例】合同价款为人民币××万元，除根据合同约定的在工程实施过程中需进行增减的款项外，合同价格不作调整。其中：工程设计涉及的合同价款为人民币××万元；材料与设备采购涉及的合同价款为人民币××万元；工程施工涉及的合同价款为人民币××万元。

乙方应对应不同项目即工程设计、材料与设备采购及工程施工，向甲方提供工程所在地符合国家及地方税务法规要求的合法有效的等额发票。

8.甲方有重大信息变更，如税务登记变更等，及时告知乙方。

【示例】如甲方在执行合同过程中，涉及重大信息变更，如税务登记变更、公司名称等，应在××日内及时告知乙方的变更情况，并提供相关纸质或电子信息资料。

二、采购合同范本修订要点

1.增加供应商身份识别条款，明确供应商为一般纳税人或小规模纳税人。

【示例】乙方属于增值税一般纳税人或小规模纳税人或其他。

2.明确合同价款是否为含税价款。对于一般纳税人供应商，应采用价税分离的原则约定合同价款；对于一般纳税人以外的供应商，应明确合同价款是否包含增值税。

【示例】合同总价(含增值税)为人民币××元。其中，不含税价款为××元，增值税为××元。

3.明确提供发票类型。对于一般纳税人供应商，应要求提供增值税专用发票；对于小规模纳税人，应要求提供税务机关代开的增值税专用发票。

【示例】乙方应向甲方提供合规的增值税专用发票(包含税务机关代开)，并按实际提供货物情况，准确填写发票项目。

4.按照“先开票、后付款”的原则，明确发票的提供时间以及资金的支付方式和支付时间。

5.增加不能按合同约定提供增值税专用发票的违约责任条款。

【示例】乙方未能按甲方要求提供增值税专用发票的，应承担合同金额(含增值税)××%的违约金。

三、设备租赁合同范本修订要点

1.增加出租方身份识别条款，明确出租方为一般纳税人还是小规模纳税人；对于小规模纳税人，应进一步明确其为企业还是个人。

【示例】乙方属于增值税一般纳税人或小规模纳税人或其他。

2.对于合同价款条款、提供发票条款、付款条款及发票相关违约条款的修订，参照设备物资采购合同的修订原则。

四、分包合同范本修订要点

1.增加分包商资质和身份识别条款，明确分包商是具备建筑资质的建筑企业还是具备建筑劳务资质的建筑劳务公司；同时应明确分包商为增值税一般纳税人还是小规模纳税人。

【示例】乙方属于增值税一般纳税人或小规模纳税人或其他。

2.对于合同价款条款、提供发票条款、付款条款及发票相关违约条款的修订，参照设备物资采购合同的修订原则。

第八章　增值税的税务管理

第一节　增值税纳税人管理

财政部和国家税务总局2016年3月23日颁发的财税〔2016〕36号文件《营业税改征增值税试点实施办法》规定，“在中华人民共和国境内(以下简称境内)销售服务、无形资产或者不动产(以下简称年应税行为)的单位和个人，为增值税纳税人”。建筑企业提供给社会的是建筑服务。建筑服务是指各类建筑物、构筑物及其附属设施的建造、修缮、装饰，线路、管道、设备、设施等的安装以及其他工程作业的业务活动，包括工程服务、安装服务、修缮服务、装饰服务和其他建筑服务。建筑企业作为销售建筑服务的纳税人，在增值税征收管理过程中，首先要确定纳税资格。

一、纳税人资格认定

1.根据《营业税改征增值税试点实施办法》和现行有关规定，建筑服务企业应税行为的年应征增值税销售额(以下简称年应税销售额)超过500万元(含500万元)规定标准的纳税人为一般纳税人，未超过500万元(不含500万元)规定标准的纳税人为小规模纳税人。年应税销售额超过规定标准的其他个人不属于一般纳税人。

2.年应税销售额超过500万元规定标准，但不经常发生应税行为的企业单位和个体工商户可选择按照小规模纳税人纳税。

3.年应税销售额未超过规定标准的纳税人，会计核算健全，能够提供准确税务资料的，可以向主管税务机关办理一般纳税人资格登记，成为一般纳税人。其中，所谓会计核算健全，是指能够按照国家统一的会计制度规定设置账簿，根据合法、有效凭证核算。

4. 符合一般纳税人条件的建筑企业纳税人，应当向主管税务机关办理一般纳税人资格登记。除国家税务总局另有规定外，一经登记为一般纳税人后，不得转为小规模纳税人。

二、一般纳税人申请登记

建筑企业应该在实施营改增试点前，主动填写“增值税纳税人资格取得申请表”，经企业主管领导同意并报法人代表批准后，由企业税务管理人员报送主管税务机关，据以领取并填写“增值税一般纳税人申请认定表”，同时准备以下资料：

1. 税务登记证副本；

2. 财务负责人和办税人员的身份证明及其复印件；

3. 会计人员的从业资格证明或者与中介机构签订的代理记账协议及其复印件；

4. 经营场所产权证明或者租赁协议，或者其他可使用场地证明及其复印件；

5. 主管税务机关规定的其他资料。

在增值税一般纳税人资格认定过程中，主管税务机关需要到公司实地查验时，单位负责人、财务负责人、税务管理人员应积极配合查验工作。税务管理人员在申办过程中应与税务机关密切联系，直至增值税一般纳税人资格认证完成。

三、专用发票和税控系统

1. 建筑企业从被主管税务机关认定为一般纳税人的次月起(新开业纳税人自主管税务机关受理申请的当月起)，按规定计算应纳税额，并按规定领购、使用增值税专用发票。

2. 建筑企业要按税务机关的统一要求安装增值税防伪税控系统。所谓防伪税控系统，是指经国务院同意推行的，使用专用设备和通用设备，运用数字密码和电子存储技术管理专用发票的计算机管理系统。其中，专用设备包括金税盘、报税盘；通用设备包括计算机、打印机、扫描器具和其他设备。

3.企业安装防伪税控系统，一般也要履行内部审批手续，即由企业内部税务管理人员提出安装申请，报财务负责人和单位负责人审批。

4.税务管理人员依据批准后的安装申请书，到主管税务机关领取并填制“税务行政许可申请表”，同时提供税务登记证副本。

5.税务管理人员接到主管税务机关安装通知后，与信息系统相关人员共同办理购买及安装流程，税务管理人员负责到主管税务机关注册登记并实施税控初始化，写入购票信息。

四、办理小规模纳税人资格

小规模纳税人的税务管理人员依据批准后的“增值税纳税人资格取得申请表”，到主管税务机关办理小规模纳税人资格认定；如需安装税控装置，按以上方式处理。

第二节　增值税的发票管理

一、增值税发票的种类

增值税发票分为增值税专用发票和增值税普通发票两类。可抵扣进项税额的增值税专用发票有增值税专用发票（含货物运输业增值税专用发票、税控机动车销售统一发票）、海关进口增值税专用缴款书、农产品收购发票、农产品销售发票、税收缴款凭证。

二、发票的领购和保管

1.领购发票时，必须由企业指定的专人(发票管理员)按照税务机关审批的限额向税务机关申请领购，其他任何人和任何单位不得以本企业名义向税务机关申请领购发票。

2.严禁向税务机关以外的人员和单位购买、借用发票。

3.发票管理人员领购回增值税空白发票后，必须及时带回企业，放入保险柜保管。

4.领购发票和企业自己印制的发票全部由发票管理员保管，发票开票员需开票时向发票管理员领取发票，并做管理登记，发票管理员应根据发票领用号码向开票员做税控系统授权。

5.已开具的增值税发票要妥善保管，发票开票员根据业务人员提交已经过审批后的资料与已开具的发票统一归档管理，同时对已开具发票登记台账，当日未开具的发票当日下班前交回发票管理员放回保险柜保管。

6.对已开具的发票存根联及已作废的发票，月末按照发票顺序装订成册，保管五年后，按照企业规定的程序经批准后销毁。

7.任何人员严禁将本企业领购的发票提供给他人使用。

8.发票管理员必须按照税务机关规定的时间，到税务机关办理发票核销手续。

9.发票各管理岗位人员变动时，按照企业规定的程序办理书面交接手续。

三、发票的管理和使用

1.开票员开票前必须审核对方的一般纳税人资格，向增值税一般纳税人开具增值税专用发票，向非一般纳税人开具增值税普通发票。

2.开具增值税专用发票前，应由业务经办人填写“增值税发票开具申请单”，附合同复印件等资料，经相关领导审批后方可开具，发票开具内容齐全，不得漏项。

3. 发票开出后，开票员应要求业务经办人员当场核对发票信息，经业务经办人员确认无误后，在登记簿上登记相关信息，业务经办人签字后方可领取发票。

4. 发票的开具内容必须是真实发生的业务，必须是经过企业合同评审程序通过的合同，严禁虚开、代开、提供空白增值税发票。

5. 作废的发票在税控系统上按照税务机关要求的程序及时进行处理，纸质部分盖上作废章，全联次留存按制度要求保管好。

四、发票的开具要求

1. 开票员开具发票时，必须按照规定的期限，把完整的资料，按照号码顺序逐联填开，全联次一次性复写、打印，各联次开具内容一致，所开发票项目齐全，发票开具内容与实际交易内容相符。

2. 所开具发票字迹清楚，不得压线、错格、错行、歪斜、颠倒。

3. 发票联和抵扣联经过登记后，在发票规定位置加盖发票专用章，且用印清晰、端正、符合要求。

4. 开具的票样与税务机关所规定相符，开具时间与业务发生时间相符。

5. 开票完成后，开票员登记“开票月度登记表”，内容包括：开票日期、发票号码、发票金额、税款金额、合同编号、对方单位名称、业务经办人等信息，由业务经办人签字后方可领取。

6. 红字发票的开具。开票员需在增值税开票系统中填写红字增值税发票申请表上传到税务机关，系统会自动校验，通过后，将信息同步传给纳税人，开票员可通过发票管理系统中的查询功能，查询下载税务机关审核通过的带有“红字发票信息表编号”的信息表，开具红字专用发票。

五、按照规定限时开具专用发票

1. 采用预收货款、托收承付、委托银行等方式结算的，为货物（劳务）

发出的当天开票。

2.采用交款提货、赊销、分期付款结算方式的为合同约定的收款日期的当天开票。

3.将货物交付第三方代销的，为收到代销清单的当天开票。

4.将货物进行投资、分配给股东等，为货物移送的当天开票。

六、发票的交付

1.业务经办人员妥善保管从开票员处领取的增值税发票，增值税专用发票识别区内不得对折、污损、破损，以免接收发票的客户无法认证。

2.业务经办人与客户交接发票时，登记发票交接单，经对方签字盖章后，交回开票员。

3.对需要邮递发票的客户，业务经办人员应选择安全的邮递单位邮递，并要求对方返回发票交接单，并在当月将发票交接单及邮递单据交开票员。

七、发票的收取

1.所有单位、部门、业务经办人员，在购买商品、接受劳务等经营活动中，尽量选择一般纳税人企业，向对方索取增值税专用发票，发票票面上的内容必须与真实的业务事项一致，不得随意变更。

2.索取发票时，向对方提供我企业的银行账户、纳税识别号等信息。

3.业务经办人员在收取发票时应仔细审核，对未经税务机关监制、填开内容不齐全、业务内容不真实、字迹不清楚、污损、撕坏、用印不清楚、伪造、作废等不符合税务机关要求的发票应拒收。财务部门对此类发票不得报销。

4.增值税专用发票应在开票之日起180日内进行认证抵扣，逾期税务机关将不予以认证抵扣。业务经办人员必须在取得增值税专用发票之日起90日内将发票联、抵扣联及相关的报销凭证交与财务部门。业务经办人员在报销时，将发票联粘贴在粘贴单上，抵扣联不得粘贴，报销时交财务部门。严禁在发票联、认证联票面(正反面)上涂写和审批签字。

5.发票认证员应在每月终了前,对收到的增值税专用发票进行认证,并将认证相符的和不能认证的情况及时通知相关单位和人员,“认证结果通知书”和“认证结果清单”及时装订成册,按照企业规定保管。

八、其他事项

1.不得丢失、毁损发票,不得擅自销毁发票各个联次。对于因污损等原因导致不能使用的发票,在当月内交回开票员处,由开票员按照税务机关规定的程序进行作废、重开。

2.善意收到的不符合规定的真实发票,应于当月及时与对方单位联系,退回发票,要求对方重新开具符合要求的发票。善意收到假发票时,应及时向领导汇报,按税务机关规定妥善处理。

3.收到对方退回的尚未认证的发票,应及时交回开票员处,开票员按照税务机关要求的程序办理。收到对方退回已经认证的发票,则要求对方履行完税务机关要求的程序后方可接受退票,再由开票员按照税务机关规定的程序进行处理。

4.丢失企业开出的增值税专用发票,应及时向相关领导汇报,并向税务机关、公安机关报告,同时登报声明。丢失收到的增值税专用发票,应及时通知开票方,按照税务机关规定的程序办理。

第三节　增值税的纳税申报

建筑企业的增值税一般纳税人,每月均要进行纳税申报,纳税人进行纳税申报必须实行电子信息采集。使用防伪税控系统开具增值税专用发票的纳税人必须在抄报税成功后,方可进行纳税申报。

一、纳税申报资料

(一)必报资料

纳税申报资料包括纳税申报表及其附列资料和纳税申报其他资料。

纳税申报表及其附列资料如下。

增值税一般纳税人(以下简称一般纳税人)纳税申报表及其附列资料包括：

1.“增值税纳税申报表(一般纳税人适用)”。

2.“增值税纳税申报表附列资料(一)”(本期销售情况明细)。

3.“增值税纳税申报表附列资料(二)”(本期进项税额明细)。

4.“增值税纳税申报表附列资料(三)”(服务、不动产和无形资产扣除项目明细)。

一般纳税人销售服务、不动产和无形资产，在确定服务、不动产和无形资产销售额时，按照有关规定可以从取得的全部价款和价外费用中扣除价款的，需填报“增值税纳税申报表附列资料(三)”。其他情况不填写该附列资料。

5.“增值税纳税申报表附列资料(四)”(税额抵减情况表)。

6.“增值税纳税申报表附列资料(五)”(不动产分期抵扣计算表)。

7.“固定资产(不含不动产)进项税额抵扣情况表”。

8.“本期抵扣进项税额结构明细表”。

9.“增值税减免税申报明细表”。

(二)备查资料

1.已开具的税控机动车销售统一发票和普通发票的存根联。

2.符合抵扣条件且在本期申报抵扣的增值税专用发票(含税控机动车销售统一发票)的抵扣联。

3.符合抵扣条件且在本期申报抵扣的海关进口增值税专用缴款书、购进农产品取得的普通发票的复印件。

4.符合抵扣条件且在本期申报抵扣的税收完税凭证及其清单、书面合同、付款证明和境外单位的对账单或者发票。

5.已开具的农产品收购凭证的存根联或报查联。

6.纳税人销售服务、不动产和无形资产，在确定服务、不动产和无形资产销售额时，按照有关规定从取得的全部价款和价外费用中扣除价款的合法凭证及其清单。

7.主管税务机关规定的其他资料。

(三)增值税预缴税款表

纳税人跨县(市)提供建筑服务、房地产开发企业预售自行开发的房地产项目、纳税人出租与机构所在地不在同一县(市)的不动产，按规定需要在项目所在地或不动产所在地主管国税机关预缴税款的，需填写"增值税预缴税款表"。

二、纳税申报步骤

纳税申报一般有以下六个步骤。

1.发票的认证。

增值税进项发票的认证在税务机关的认证系统进行，认证通过后，盖上认证相符印章，只有通过认证的发票才能抵扣，在认证通过的次月申报期内申报抵扣进项税额时，未抵扣完的部分可结转至下期继续抵扣，但当期必须进行申报。增值税发票认证期限从开票之日起180天内认证，超过180天不得认证，只能作为成本发票使用。

2.抄税。

抄税是指一般纳税人通过开票系统将上月开票数据抄入IC卡的操作。抄税、打印专用发票汇总表，打开"防伪开票"系统，点击工具栏中的"报税处理"，点击"抄税处理"，根据提示单击"确定"。抄税成功后，打印增值税专用发票汇总表(即销项汇总表)，单击"状态查询"左边的"发票资料"，在弹出的新窗口中选择专用发票和本月累计，确定打印，这个表就是"专用增值税发票汇总表"，也就是销项汇总表。再查看是否有开普通发票，选择普通发票和本月累计，确定后，在弹出的预览表中查看发票份数，如果为零，则无须打印。单击“确定”后，出现打印预览表，直接单击“打印”，完成抄税环节。

3. 报税。

报税是将已抄至IC卡中的开票数据报送给税务机关，网上报税需要填写申报表，并打印申报表。由于之前已经完成了抄税工作，但还未提交数据，即需要申报的数据。在“防伪开票”系统中没有提交报表的功能，需要在“网上申报”系统中提交，需要打开“网上申报”系统。填写增值税纳税申报表主表、附表及资产负债表和利润表等资料，审核确认无误后通过“纳税申报”模块在线提交电子报表，通过网上进行申报，系统显示申报成功后即可。

4. 增值税申报。

将抄税后的IC卡和打印的各种报表资料交至税务机关受理报税的税务工作人员，税务机关根据报税系统的要求给企业报税，也就是读取企业IC卡上开票信息，与各种销项报表相核对，进行报税处理。

5. 缴税。

增值税申报之后，税务机关会开具税款缴纳的单据，税务机关将这些信息传送到开户银行，由银行进行转账处理。也可以到税务机关指定银行进行现金缴纳。

6. 清卡。

纳税人完成报税，申报表通过税务机关比对后，税务机关将数据反写至IC卡中，完成IC卡解锁，使纳税人的税控开票系统在申报期后可继续开票。

三、增值税纳税申报资料的管理

（一）增值税纳税申报必报资料

纳税人在纳税申报期内，应及时将全部必报资料的电子数据报送主管税务机关，并在主管税务机关按照税法规定确定的期限内（具体时间由各省级国家税务局确定），将必报资料第5条要求报送的纸介资料（具体份数由省一级国家税务局确定）报送主管税务机关，税务机关签收后，一份退还纳税人，其余留存。

（二）增值税纳税申报备查资料

纳税人在月度终了后，应将备查资料认真整理并装订成册。

1.属于整本开具的手工版增值税专用发票及普通发票的存根联，按原顺序装订；开具的电脑版增值税专用发票，包括防伪税控系统开具的增值税专用发票的存根联，应按开票顺序号码每25份装订一册，不足25份的按实际开具份数装订。

2.对属于扣税凭证的单证，根据取得的时间顺序，按单证种类每25份装订一册，不足25份的按实际份数装订。

3.装订时，必须使用税务机关统一规定的“征税/扣税单证汇总簿封面”（以下简称“封面”），并按规定填写封面内容，由办税人员和财务人员审核签章。启用“封面”后，纳税人可不再填写原增值税专用发票的封面内容。

4.纳税人当月未使用完的手工版增值税专用发票，暂不加装“封面”，两个月仍未使用完的，应在主管税务机关对其剩余部分剪角作废的当月加装“封面”。纳税人开具的普通发票及收购凭证在其整本使用完毕的当月，加装“封面”。

5.“封面”的内容包括纳税人单位名称、本册单证份数、金额、税额、本月此种单证总册数及本册单证编号、税款所属时间等，具体格式由各省一级国家税务局制定。

“增值税纳税申报表（适用于增值税一般纳税人）”（主表及附表）由纳税人向主管税务机关购领。

四、纳税期限

《中华人民共和国税收征收管理法》规定，增值税的纳税期限分别为1日、3日、5日、10日、15日、1个月或者1个季度。纳税人的具体纳税期限，由主管税务机关根据纳税人应纳税额的大小分别核定。以1个季度为纳税期限的规定适用于小规模纳税人以及财政部和国家税务总局规定的其他纳税人。不能按照固定期限纳税的，可以按次纳税。

纳税人以 1 个月或者 1 个季度为 1 个纳税期的，自期满之日起 15 日内申报纳税；以 1 日、3 日、5 日、10 日或者 15 日为 1 个纳税期的，自期满之日起 5 日内预缴税款，于次月 1 日起 15 日内申报纳税并结清上月应纳税款。

扣缴义务人解缴税款的期限，按照前两款规定执行。

五、建筑业纳税申报

建筑企业应按照增值税法规的相关规定和财税〔2016〕36 号文件规定的纳税义务发生时间和计税方法，向建筑服务发生地主管国税机关预缴税款，并在月度终了 15 日内向机构所在地主管国税机关申报纳税。

（一）预缴税款

1. 一般纳税人跨县（市）提供建筑服务。

一般纳税人跨县（市）提供建筑服务，适用一般计税方法计税的，应以取得的全部价款和价外费用为销售额计算应纳税额。纳税人应以取得的全部价款和价外费用扣除支付的分包款后的余额，按照 2%的预征率在建筑服务发生地国税机关预缴税款后，向机构所在地主管国税机关进行纳税申报。

一般纳税人跨县（市）提供建筑服务，选择适用简易计税方法计税的，应以取得的全部价款和价外费用扣除支付的分包款后的余额为销售额，按照 3%的征收率计算应纳税额。在建筑服务发生地按照余额的 3%在建筑服务发生地国税机关预缴税款后，向机构所在地主管国税机关进行纳税申报。

2. 小规模纳税人跨县（市）提供建筑服务。

试点纳税人中的小规模纳税人跨县（市）提供建筑服务，应以取得的全部价款和价外费用扣除支付的分包款后的余额为销售额，按照 3%的征收率计算应纳税额。在建筑服务发生地按照余额的 3%在建筑服务发生地国税机关预缴税款后，向机构所在地主管国税机关进行纳税申报。

（二）预缴税款计算公式

建筑企业纳税人应按照工程项目分别计算应预缴税款，分别预缴。

1. 一般纳税人预缴税款计算公式。

一般纳税人跨县（市、区）提供建筑服务，按照以下规定预缴税款：

适用一般计税方法计税的，以取得的全部价款和价外费用扣除支付的分包款后的余额，按照2%的预征率计算应预缴税款。

应预缴税款＝（全部价款和价外费用－支付的分包款）÷（1＋11%）×2%

选择适用简易计税方法计税的，以取得的全部价款和价外费用扣除支付的分包款后的余额，按照3%的征收率计算应预缴税款。

应预缴税款＝（全部价款和价外费用－支付的分包款）÷（1＋3%）×3%

2. 小规模纳税人预缴税款计算公式。

小规模纳税人跨县（市、区）提供建筑服务，按照以下规定预缴税款：

小规模纳税人跨县（市、区）提供建筑服务，以取得的全部价款和价外费用扣除支付的分包款后的余额，按照3%的征收率计算应预缴税款。适用简易计税方法计税的，应预缴税款＝（全部价款和价外费用－支付的分包款）÷（1＋3%）×3%。

（三）预收款纳税申报时间

纳税人提供建筑服务采取预收款方式的，其纳税义务发生时间为收到预收款的当天。

（四）未按期纳税的处罚规定

纳税人跨县（市、区）提供建筑服务，按规定应向建筑服务发生地主管国税机关预缴税款而自应当预缴之月起超过6个月没有预缴税款的，由机构所在地主管国税机关按照《中华人民共和国税收征收管理法》及相关规定进行处理。

纳税人跨县（市、区）提供建筑服务，未按规定缴纳税款的，由机构所在地主管国税机关按照《中华人民共和国税收征收管理法》及相关规定进行处理。

六、罚则

1.纳税人未按规定期限办理纳税申报和报送纳税资料的，按照《中华人民共和国税收征收管理法》第六十二条的有关规定处罚。

2.纳税人经税务机关通知申报而拒不申报或者进行虚假的纳税申报，不缴或者少缴应纳税款的，按偷税处理，并按《中华人民共和国税收征收管理法》第六十三条的有关规定处罚。

3.纳税人不进行纳税申报，不缴或者少缴应纳税款的，按《中华人民共和国税收征收管理法》第六十四条的有关规定处罚。

第四节　税务管理操作实例

某建筑企业税务管理实例如下。

(一)管理主体

按照"谁签订合同，谁纳税"的原则，各建筑法人单位进行增值税管理，法人代表是本单位签约项目的最终责任人，项目受托管理单位为直接责任人。

各建筑法人单位总机构按季度，依据"项目就地预缴2%法人汇算清缴"征管方式，做好本单位增值税税款的计算及清算，并按时向总机构所在地国税机关进行纳税申报。

(二)直营项目增值税的征收管理

各法人单位总机构负责本单位直营项目的增值税纳税管理，具体包括增值税管理制度和流程的制定，专用发票的领购、保管、审批、开具和缴销，进项税款的汇总，增值税款的计算，各项目税款的清算，增值税的纳税申报。

各法人单位指派专人负责，按月向总机构所在地国税主管机关领购增值税专用发票，并做好领购发票的保管、审核、开具和缴销工作，直营项目不直接办理增值税专用发票相关工作。

直营项目部在对外支付款项时，必须提前取得对方单位开具的增值税专用发票，按照管理层级上报资金支付审批表，业务办理人及项目负责人是增值税专用发票真伪的直接责任人，财务部门对增值税专用发票的真伪负有审核责任。

直营项目部在对外收取款项时，需要填写“增值税专用发票开具申请表”，向总机构申请开具增值税专用发票；总机构财务部门发票开具人员在收到项目的“申请表”后，必须经总经理、董事长（A 组），财务经理、财务负责人（B 组）联签后，方可开具增值税专用发票。各单位可根据实际情况设置董事长审批额度。

项目部必须在“申请表”后附有关收款业务的合同、协议或者其他书据性材料复印件，并对业务的真实性负责。

项目部收款取得总机构开具的增值税专用发票后，应按月根据发票价款的 2% 向当地国税机关预缴增值税，并在税务系统中填报“项目预缴增值税统计表”。

1. 进项发票管理。直营项目部应指派专人负责增值税专用发票的保管，在对外取得的增值税专用发票时，必须在 3 个工作日内向项目所在地国税机关进行认证。各直营项目部应续时填报“中国建筑股份有限公司增值税进项发票统计表”，并在季度结束 3 个工作日内将“预缴增值税统计表”和“进项发票统计表”报总机构财务部。

2. 税款缴纳。直营项目部应缴纳的增值税款应自行承担，原则上总机构不垫付税款。

各法人单位总机构财务部应在季度结束 10 个工作日内汇总计算本单位应交的增值税款和各直营项目部应承担的税款，并在季度结束 15 日前将各项目税款清算完毕。

各直营项目部收到总机构财务部传递的“中国建筑股份有限公司季度项目增值税清算通知单”后，应在自收到“通知单”3 日内将相关税款汇入总机构财务部指定账户。

法人单位总机构财务部门应在季度结束15日内，向总机构所在地国税机关申报、缴纳增值税款。

（三）委托经营项目增值税的管理

委托经营单位总机构（以下简称“委托方”）是本单位签约项目增值税管理的最终责任人，具体包括：委托经营项目增值税管理制度和流程的制定，专用发票的领购、保管、审批、开具和缴销，增值税款的计算，增值税款的清算，增值税的纳税申报。

受托经营单位（以下简称“受托方”）是委托项目增值税管理的直接责任人，承担委托项目的税款，负责做好委托项目的增值税管理，具体包括：严格执行委托单位制定的增值税管理制度和流程，委托项目取得进项发票的认证，委托项目税款的预缴，委托项目预缴税款和进项税款的汇总，委托项目的税款清算。

委托方按月向总机构所在地国税主管机关，指派专人负责领购增值税专用发票，并做好领购发票的保管、审核、开具和缴销工作。

委托项目在对外支付款项时，必须提前取得对方单位开具的增值税专用发票，按照管理层级上报资金支付审批表，业务办理人及项目主管领导是增值税专用发票真伪的直接责任人，财务部门对增值税专用发票的真伪负有审核责任。

委托项目在对外收取款项时，需要填写“增值税专用发票开具申请表”，向委托方申请开具增值税专用发票；委托方财务部门发票开具人员在收到受托方的申请表后，必须经总经理、董事长（A组），财务经理、财务负责人（B组）联签后，方可开具增值税专用发票。

受托方必须在“申请审批表”后附有关收款业务的合同、协议或者其他书据性材料复印件，并对业务的真实性负责。

受托方取得委托方开具的增值税专用发票后，必须派专人跟踪委托项目税务人员，按月根据发票价款的2%向当地国税机关预缴增值税，并续时登记“预缴增值税统计表”。

1.进项发票管理。受托方应指派专人负责委托项目的增值税专用发票保管，在对外取得的增值税专用发票时，必须在3个工作日内向项目所在地国税机关进行认证，并指导委托项目续时填报“增值税进项发票统计表”，按月进行汇总，并在季度结束3个工作日内将“预缴增值税统计表”和“进项发票统计表”报委托方总机构财务部门。委托项目缴纳的增值税款应由受托方自行承担，原则上委托方不垫付相关税款。

2.税款清算。委托方财务部应在季度结束10个工作日内计算受托方应承担的税款，并在季度结束15日前将各单位税款清算完毕。受托方在收到委托方财务部门传递的“季度项目增值税清算通知单”后，应在自收到“通知单”3日内清算完毕委托项目承担税款，并将“通知单”所列税款汇入委托方指定账户。

3.税款缴纳。委托方财务部应在季度结束15日内，向总机构所在地国税机关申报、缴纳增值税款。

第九章　风险控制与税收筹划

第一节　增值税风险控制系统

营改增对建筑企业内部经营管理工作的影响很广，涉及企业管理层、生产、销售、财务和后勤等多个部门。建筑企业应该充分认识到增值税专用发票的特殊性和监控管理上的严格性。增值税专用发票具有货币功能，反映企业与国家的税款结算关系，税务机关对违反增值税专用发票管理规定的行为会处以重罚，也是刑法要严惩的犯罪行为。建筑企业应该建立自身内部的增值税风险控制体系。

一、纳税风险关键点预警系统

建筑企业要充分利用信息化手段。建筑企业应利用信息化技术，推动企业向"智通型"和"管理型"的企业管理模式发展，加强分散项目与企业之间的联系，实现企业人、财、物、资金等资源的宏观调配，防范企业整体纳税风险。建筑企业还应加强信息系统建设，加强增值税及其专用发票开具、认证、抵扣等关键环节的税收风险控制。

建筑企业应该构建纳税关键点风险预警系统，用以加强信息技术应用对税务核算、数据统计、数据分析、数据稽核、纳税评估、政策发布、涉税风险点控制等各涉税管理环节的支撑和保障作用。该纳税风险预警系统由 ERP 系统以及财务管控模块两部分组成。ERP 系统主要包括了财务模块、物资模块、项目模块、人资模块。通过财务与人资、物资、项目等模块进行集成，实现大部分的业务由前端业务部门发起，自动生成会计凭证，规范涉税业务处理。财务管控模块系统主要包括报表管理、税费管理、分析评估、发票管理、税务政策库。两套系统相互融合，各有侧重，为规范建筑企业税务管理提供技术支撑。为保障该系统的顺利运行，要注意以下事项：

1. 建立健全的内部管理制度。

企业的财务管理制度要到位，确保发票、合同、交易凭证准确、完整；人员的分工要明确，责任到人，避免相互推诿、责任不清、职权不明；要建立相互制约和监督机制。

2. 加强购进环节的发票管理。

要对交易对方的经营范围、经营规模、企业资质等相关情况有所了解，对其有一个总体的评价，并评估相应的风险。一旦发现交易对方有异常情况，应当引起警惕，做进一步的追查，并考虑是否继续进行交易。采购环节是防范虚开增值税专用发票风险的关键点。在购进货物时，一定要提高防范意识，从思想上重视虚开发票问题，积极主动地采取一些必要措施，有意识地审查取得发票的真实性。

3. 确立合法合规的关联交易。

密切的关联方关系，更容易发生交易不规范、增值税专用发票开具违法的现象。企业如果存在关联交易，要保证交易环节、凭证、现金流和发票的合法合规，规避税务风险。

4. 区分能够抵扣的和不能够抵扣的业务范围。

取得进项专用发票后，必须在规定的时间里到税务机关认证。做好应税事项与非应税事项共同负担进项税额的处理和进项税额转出的处理工作。

5. 防范优惠政策的执行风险。

在享受增值税优惠政策优惠时，要准确理解政策的含义，避免在税收优惠的政策执行方面产生风险。企业要从改变经营安排入手，不能简单采取一些账务处理技巧去靠近政策规定。应该从以下方面把握增值税优惠政策的执行风险。

(1)符合税收优惠规定情形，必须按照主管税务机关的规定和业务流程履行必要的程序和备案手续，对应税项目和免税项目进行准确的核算。

(2)要处理好免税项目与增值税专用发票之间的关系。

(3)不得抵扣进项税额的业务和认证逾期的进项税发票，不能抵扣进项税额。

二、纳税风险应急系统

成立专门的纳税风险检查小组对内部增值税预警系统中发生的风险事件进行及时审查，判断事件性质，及时给出处理意见，上报纳税风险管控委员会。

建筑企业增值税纳税应急系统如下图所示：

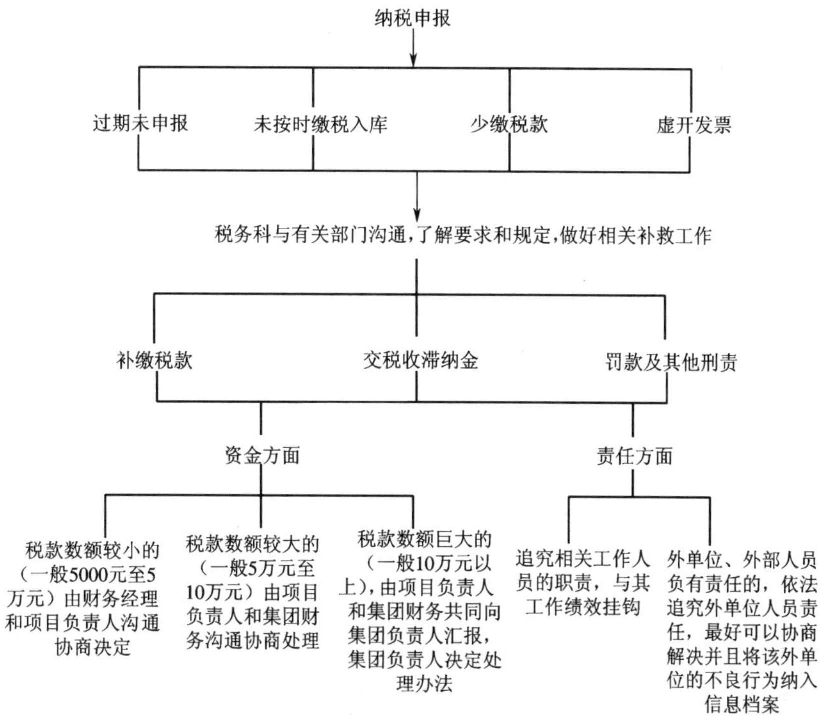

三、纳税风险考核系统

每年度结束时对在建项目进行增值税风险评价，根据纳税风险点和流程表单设计增值税风险评分表，由风险管控委员会组建评分小组对各个项目进行风险评估，并采取一定的奖励与惩罚措施，以强化项目人员的增值税风险管控意识，逐步提高项目人员的增值税风险管理积极性。

对各个部门实行统一管理，考核结果由部门负责人承担(与部门负责人、部门总业绩挂钩)，部门负责人再将考核结果根据部门各个成员在考核期间的税务风险管理表现实现到部门各个成员的业绩考核中。具体的考核办法可以通过公司制度规定的增值税管理职能流程设置具体指标和考核流程。

第二节　企业自身税收筹划

所谓建筑服务企业税收筹划，是指建筑服务企业自身在严格遵守国家有关税收政策的前提下，谋求避免自身遭遇纳税风险、合理降低自身税负、争取获得企业自身更大综合经济效益，而从税收角度对相对重大的经营管理问题所做的实际操作策划和计划。因为不同企业所处的内外部环境条件不同，所以自我税收筹划的重点会有所不同，但共同点也很多。本节仅对具有普遍意义的建筑企业税收筹划内容概述如下。

一、资质问题筹划

1. 减少资质共享。

尽量减少甚至禁止与集团外单位相互借用资质、平级单位之间互相借用资质。对其他资质共享模式，需要改变现有管理模式，建立完整的增值税抵扣链条。

2. 调整和优化资质共享项目的业务流程方案。

(1)方案一:集中管理模式。由中标单位集中核算工程项目的收入及成本费用,同时建立和完善对参建单位的考核机制。可以利用财务共享中心实现财务、资金、票据、报表等方面的集中管理。

参建单位投入项目的物资、设备、人力等需要一定标准,与中标单位签订合同、结算。此种模式可能会对参建单位规模和资质产生影响。

(2)方案二:"子变分"模式。如果分公司与总公司可以汇总纳税,可以考虑将低资质或没有资质的子公司变为分公司,实行分公司代管。

此种方案对现有架构、管理影响较大,需综合考虑子公司资质情况、业务特点、发展情况等因素。

二、采购模式问题筹划

1. 集中采购的不同模式(如下表所示)。

业务类型	集中采购模式	模式简述
货物、劳务及应税服务的集中采购	"统谈、统签、统付"模式	集中采购单位统一与供应商谈判,统一签订采购合同,统一支付款项;供应商向采购需求单位分别送货或提供服务,分别开具发票,或统一开具发票给集采单位
	"统谈、分签、统付"模式	集中采购单位统一与供应商谈判,统一支付款项;供应商与采购需求单位分别签订合同,分别发货或提供服务,分别开具发票,或统一开具发票给集采单位
	"统谈、分签、分付"模式	集中采购单位统一与供应商谈判;供应商与采购需求单位分别签订合同,分别发货或提供服务,分别开具发票;采购需求单位分别向供应商支付款项

2. 应对方案。

方案一:"统谈、分签、分付"模式。集中采购单位统一与供应商谈判;

供应商与各采购需求单位分别签订合同，分别发货或提供服务，分别开具发票；各采购需求单位分别向供应商支付款项。

方案二：内部购销模式。集中采购单位统一向供应商进行采购，内部与各采购需求单位签订销售合同，并开具增值税专用发票；各采购需求单位分别向集中采购单位支付货款。

方案三："统付"模式下修改合同条款。在"统签"或"分签"合同中明确，由供应商直接向各采购需求单位发货或提供服务，分别开具发票，资金由各采购需求单位以委托付款的方式通过集中采购单位统一支付给供应商。

3. 采购定价。

确定总体原则，以"综合采购成本最低，利润最大化"为总体原则。"综合采购成本"是指与采购相关的成本及税费支出的总和，包括计入采购成本的材料价款、运杂费和不可抵扣的增值税进项税额，减去因可抵扣进项税额带来的城建税及教育费附加。

(1)以增值税下的"采购成本"作为比价基础，即：不含税价格＋不可抵扣的增值税。

(2)确定发票类型。在合同结算付款条款中应明确可抵扣进项税额的发票类型，以及"先开票，后付款"的内容，确保进项税额抵扣的可能性及及时性。

(3)确定最终供应商：

①采购成本相同时，应优先选择一般纳税人供应商；

②采购成本不同时，通过比较综合采购成本，逐步筛选确定。

方法一：只考虑增值税，不考虑附加税费。

对同一采购业务，若一般纳税人分供商销售价为 X，小规模纳税人分供商销售价为 Y，一般纳税人企业税率为 $a\%$，小规模纳税人税率为 3%，且假设小规模纳税人全部开具增值税专用发票(抵扣率为 3%)，则：

当 $Y/(1+3\%) \geqslant X/(1+a\%)$，应该选择一般纳税人资格的分供商；

当 $Y/(1+3\%) < X/(1+a\%)$，可以优先选择小规模纳税人分供商。

推算采购平衡点如下表所示：

采购价格比对表

序号	业务类型	一般纳税人税率	一般纳税人销售价	选择标准	选择结果
1	采购业务 1	17%	X	$Y<88.03\%X$	小规模纳税人
2	采购业务 2	13%	X	$Y<91.15\%X$	小规模纳税人
3	工程分包	11%	X	$Y<92.79\%X$	小规模纳税人
4	勘察设计	6%	X	$Y<97.17\%X$	小规模纳税人

方法二：考虑增值税及附加税费的影响。

在上游供应商信誉、货物质量相同的情况下，运用临界点分析法，综合判断选择对企业最有利的供应商。小规模纳税人和不开具发票的个体工商户，提供相同质量的产品时，往往价格相对一般纳税人优惠，建议企业运用临界分析法，做出最有利于企业的选择。

假设某建筑企业为增值税一般纳税人（适用税率为 11%），建筑项目完工的含税销售额为 M，供应商分别可提供 17%、11%、6%、3% 的增值税专用发票和不能提供增值税专用发票，含税购进额为 A、B、C、D、E，城建税和教育费附加两项按 10% 计算，企业所得税为 25%（暂不考虑采购费用对所得税的影响）。运用计算现金流入量的公式可得：

①取 17% 专用发票情况下的现金净流量为：$M-A-(M\div1.11\times0.11-A\div1.17\times0.17)-[(M\div1.11\times0.11-A\div1.17\times0.17)\times0.1]-\{[M\div1.11-A\div1.17-(M\div1.11\times0.11-A\div1.17\times0.17)\times0.1]\times0.25\}=0.668\ 3M-0.630\ 1A$

即为：含税工程收入－含税进项货物－（工程收入销项税－购进货物

进项税额）－应交城建税和教育费附加－（不含税工程收入－不含税购进货物成本－城建税和教育费附加×0.25）

即为：含税工程收入－含税进项货物－应交增值税－应交城建税和教育费附加－应交企业所得税

②取 11%专用发票情况下的现金净流入量为：0.668 3M－0.668 3B。

③取 6%专用发票情况下的现金净流入量为：0.668 3M－0.703 3C。

④取 3%专用发票情况下的现金净流入量为：0.668 3M－0.726 0D。

⑤不能取得增值税专用发票情况下的现金净流入量为：0.668 3M－0.75E。

假设企业要购进一批货物，一般纳税人（17%）和小规模纳税人（3%）都给企业报价，小规模纳税人报价低于一般纳税人，质量相同，在这种情况下，可以令①式等于④式，即索取 3%的增值税专用发票情况下的现金净流入量与①式的现金净流入量相等时，可求出 A 与 D 之比为 86.79%，也就是说，当企业从小规模纳税人处进货，索取 3%的增值税专用发票时，只要供应商给予含税价的 13.21%的价格折让，从这两家供应商进货，最终的现金净流入量是相等的。当小规模纳税人的价格折让高于 13.21%，从小规模纳税人处进货最终的现金净流入量会大于从一般纳税人处进货；当小规模纳税人的价格折让低于 13.21%，从小规模纳税人处进货最终的现金净流入量会小于从一般纳税人处进货。

【应对措施】

建筑企业可以按照下表几种进货情况按临界值分析法计算价格折让临界点，计算选择出最合适的供应商。

行次	涉及业务	供应商及其提供的发票抵扣税率		价格折让临界点	供应商选择	
					实际价格折让＞临界点	实际价格折让＜临界点
1	采购货物、接受应税劳务或租入有形动产	17%（供应商A）	3%（供应商D）	13.21%	供应商D	供应商A
		17%（供应商A）	0%（供应商E）	15.99%	供应商E	供应商A
		3%（供应商D）	0%（供应商E）	3.20%	供应商E	供应商D
2	接受交通运输服务或建筑工程分包	11%（供应商B）	3%（供应商D）	7.95%	供应商D	供应商B
		11%（供应商B）	0%（供应商E）	10.89%	供应商E	供应商B
		3%（供应商D）	0%（供应商E）	3.20%	供应商E	供应商D
3	接受部分现代服务业服务等	6%（供应商C）	3%（供应商D）	3.13%	供应商D	供应商C
		6%（供应商C）	0%（供应商E）	6.23%	供应商E	供应商C
		3%（供应商D）	0%（供应商E）	3.20%	供应商E	供应商D

注：上表为多种供应商供货情况下，现金净流入量最大的选择分析表，已考虑增值税、城建税、教育费附加、企业所得税的影响。

三、存量项目问题筹划

1. 存量项目合同管理。

在建筑业营改增前对在建项目（包括已完工尚未竣工决算或尚未结清尾款的项目）的合同签订情况进行梳理，包括是否签订合同及合同签订的时间等。对于尚未签订合同的在建项目，应与业主协商尽快补签工程承包合同，确保合同的签订时间在营改增之前，作为存量项目进行管理，避免由于合同签订延迟至营改增之后被认定为新项目而可能带来的重复纳税风险和税负增加问题。

2. 存量项目进度与结算管理。

(1)及时验工计价、竣工决算。

①对于未完工存量项目中已完成但尚未验工计价的工程量，积极与业主协商，在试点开始实施之前对已完成工程量进行验工计价确认。

②对于已完工存量项目已完工尚未竣工决算的工程量，积极与业主协商，在试点开始实施之前完成竣工决算，并结清工程尾款。

(2)及时结算工程款和开具发票。

对于未完工存量项目中已验工计价但尚未结算的工程款和已完工存量项目中已竣工决算但尚未结清的尾款，建筑企业应积极与业主协商，在建筑业营改增试点开始实施之前进行结算并开具营业税发票。

四、混业经营问题筹划

1. 销项税的筹划。

根据增值税相关规定，纳税人兼有不同税率或者征收率的应税业务，应当分别核算，未分别核算的，从高适用税率。对兼营不同业务的企业，营业收入要分类、分项明细核算。如：勘察、设计、检测、监理、咨询、广告服务税率为6%，建筑、安装、装饰、交通运输等税率为11%，机械设备租赁、材料设备销售、钢结构的加工制作税率为17%，小规模纳税人均为3%。若不分别核算收入，按“从高原则”计税，就会加重企业税负。

(1)BT项目。建筑业开展营改增试点前，对已到回收期的BT项目，按甲乙双方已确认价款，事先把建筑业发票全额开出，避免只有销项税、没有进项税的问题。

营改增后，建筑业税率为11%，金融业的增值税率预计为6%。因此，对新签的BT项目，应就工程价款、借款利息分别签订工程施工合同、融资费用合同，对工程价款与利息收入要分别核算，分类计税，避免从高计税。

(2)钢结构。钢结构的加工、生产和销售属于工业企业,适用17%的增值税率;而营改增后,钢结构的安装属于建筑业,适用11%的税率。因此,要合理筹划钢结构的加工和安装业务,分别核算收入,避免从高计税。

2. 进项税的筹划。

(1)一票制与两票制。对于采购环节的买价与运费,采取一票制还是两票制,主要取决于两者的进项税税率。若采购的货物适用的税率(6%、3%、0)低于11%,则实行两票制,即采购发票与运费分别开具,运费的进项税按11%正常抵扣;若采购货物的税率(13%、17%)高于11%,则实行一票制,运费的进项税按货物的高税率抵扣。

(2)与分包单位材料采购的考虑。营改增后,应考虑哪些材料需要由企业采购,哪些材料需要由分包商采购,并在合同中予以明确。对于材料采购金额大、税率高并能取得增值税专用发票的由企业采购,反之,考虑由分包商采购,如砂、石等按简易征收,征收率3%的材料,或者难以取得增值税专用发票的材料。

五、合作项目问题筹划

及时转变经营理念,调整经营结构,控制合作项目规模,规范合作项目人员、合同、资金、成本、税务等管理工作,降低经营风险和涉税风险,为建筑业开征增值税夯实基础。

1. 企业发展思路应从“规模效应”向“质量效益”转变,对有实力、会管理、信誉好、机构全的合作方,可采取吸收、兼并、收购等方式,吸收到企业来,使其成为合法的分支机构,实现自营化管理。

2. 签订协议,风险自负,税负由合作方自行承担,收取税务风险保证金。

3. 建立健全账务核算体系,规范合作项目成本管理,要求其与一般纳税人资格的分供方进行合作,并取得增值税专用发票。

4. 创新管理思路,实行专业化外包。营改增后,对挂靠项目的账务核算和纳税管理,通过招标,借助代理记账机构实行集中外包服务,在规范核算和管理的前提下，解决企业会计核算和税务管理人员不足的问题，有效控制企业费用支出。

六、甲供材料问题筹划

1. 变“甲供材”为“甲控材”。营改增后，对涉及甲供材料的项目，在招标投标及合同谈判环节，由业主明确甲供材料的厂家、品牌、规格、数量、质量、单价等内容，由工程总承包方与供应商直接签订采购合同，增值税专用发票开给总包方，由总包方付款。

2. 坚持甲供材料。若业主坚持采购并供应工程甲供材料，甲供材料增值税率 17%与建筑企业 11%的 6%税差由谁承担，双方一定要谈妥，体现出公平交易原则，不要把税负转嫁给建筑企业。

七、现场水电费问题筹划

营改增后，施工现场应由“使用业主的水电费”，变换为“以建筑企业名义向自来水公司和供电局申请单独装表”，分户计量，按月付费，并向自来水公司和供电局索取增值税专用发票，以便进项税额抵扣。

八、免税项目问题筹划

1. 对免征增值税项目，必须按项目独立核算，并按主管税务局要求做好报备事宜。

2. 由于免税项目不得以进项税额抵扣，因此，日常成本费用只需取得增值税普通发票。

3. 做好免税与应税项目之间的成本费用的划分和进项税额的核算。

九、纳税人资格问题筹划

营改增后，对企业内部一些规模小的独立核算单位或部门，如物业公司、检测中心等可进行战略调整，从企业分立出来，成立小规模纳税人企业，将实际税率由 6%降为 3%。

第三节 专业税务咨询与支持

目前,国家正在逐步出台营改增实施办法和相关配套政策。同时,各国有大型建筑施工企业已经紧锣密鼓地开始进行部署,并对人员进行了数轮的培训。在此过程中建筑施工企业应该与专业税务咨询机构建立长期合作关系,以便及时、准确、高效地获取增值税业务服务和开展税务学习活动,营改增过渡期准备及纳税管理策略应对等是专业税务咨询与支持的重点内容。

一、营改增专题培训

加强营改增政策学习和培训,不仅要研究学习即将下发的建筑业营改增政策,还要学习与建筑业相关联的其他行业营改增政策;不仅要对财务和税务人员进行培训,还要对经营、管理、造价等人员进行培训,使各部门间能合理配合。同时加强事前税收筹划方案的制订,从而尽快适应新税制的改革。

1. 专业税务咨询机构对于建筑业企业的税务培训目标有两个:第一是立足于现代税收管理的需要,把税务管理人员培养成为适应不断复杂的税制以及不断进步的征管技术手段的要求、具有较高的职业道德水准和出色的专业技能的人才;第二是帮助企业跟上税务改革和经济发展的步伐,进行有效的纳税筹划以至于在经济竞争中获取有利地位。

2. 开展营改增培训的内容主要应该有:①营改增背景概述及对建筑施工企业的影响分析;②营改增基本政策解析与涉税操作;③营改增前的准备与过渡期应对操作;④增值税发票管理;⑤建筑业增值税纳税风险点管控;⑥增值税纳税筹划(包括税收优惠);⑦供应商选择技巧;⑧工程造价预算方法等。第①类到第④类培训适应于所有财务人员。第⑤类到第⑧类培训则主要是针对财务管理中的管理者和决策者。

3.培训形式应该力求多样化。主要可采取由税务服务机构和税务部门联合举办定期培训班，对企业的税务人员进行定期轮流培训。在培训过程中包含互动环节，确保被培训者可以准确掌握所培训的知识，并且对社会上、新闻中出现的建筑业以及其他行业的营改增经典案例进行分析讲解，来巩固财务人员对培训知识的掌握。

二、持续开展研究、研讨

营改增是重大变革，各级企业应高度重视，化危为机，正确应对。营改增涉及企业的方方面面，如何研究应对是一项系统工程，需要内外上下群策群力、共同参与、相互配合。各企业应将营改增作为一项企业管理变革的重大课题来进行研究。认真分析研究其对企业组织架构、业务模式、关联交易、资质管理、供应商选择、制度流程、税收负担、财务管理和会计核算等各方面的影响，并提前制定预案和措施有效应对政策变化。按照增值税征管办法有关规定，特别是货物流、资金流、发票流、合同流“四流合一”才能进行进项税额抵扣等要求，优化企业组织架构、业务模式、关联交易和制度流程等。

三、用好税务咨询服务

除了上面的税务知识培训和研讨服务，税务中介机构还可以提供咨询、代理、税务风险检查和税收优惠服务。

1.咨询：对于财务人员、总分包合同签订人员、采购人员以及其他相关人员在日常工作中遇到的增值税税务难题和疑惑，随时向专业税务机构咨询。

2.代理服务：专业税务咨询机构代项目管理人员办理纳税申报、发票开具、内部单据设计等服务。

3.设置会计核算科目：为建筑业企业设置营改增会计核算科目、设计账务处理模式，为一般纳税人提供应税服务，“主营业务收入”“主营业务成本”等相关科目应按经营业务的种类进行明细核算。

4. 增值税纳税自查：定期开展内部增值税税务风险自查服务，纠正增值税管理中未被发现的税务风险。

5. 税务风险手册：专业税务咨询机构可以对建筑业企业的应税服务流程进行梳理，分析每一环节的涉税风险点，在每一个涉税风险点，都做出相应的风险揭示，要求具体环节操作人员从化解和减少本环节税务风险的角度准备相应的材料，按照既定的模式去操作。

6. 享受税收优惠服务：根据企业情况，税务咨询机构提供税收优惠政策和享受税收优惠的代理服务。外部税务专业机构帮助企业有效利用财政补贴等优惠政策。上海市在营改增政策实施的同时，也对税负有增长的企业推出了一系列的财政补贴政策，但是在符合条件的建筑企业中，仅12%的企业提出了财政补助申请，而一半的建筑企业不知道有这个政策。营改增后建筑企业应多关心相关政策，及时了解和利用相关政策以降低企业税负。

第十章　税收优惠政策

建筑企业进入营改增之后，在生产经营管理过程中同样也会遇到增值税的税收优惠政策问题。本章按照扶持初创企业发展、促进小微企业发展、鼓励高新技术、提供节能环保、鼓励跨境服务、加强转制升级、支付其他相关事业及税收优惠的特殊规定等8个方面，进行了整理。但要说明的是，自本书出版日止，国家相关部门暂未出台具体有关“建筑业营改增”新的税收优惠政策，因此，本节整理的侧重点是一些具有共性的、同时又与建筑企业相关度较高的税收优惠政策。

第一节　扶持初创企业成长

（一）纳税人认定或登记为一般纳税人前进项税额抵扣

新设立的企业，从办理税务登记，到开始生产经营，往往要经过一定的筹建期，进行基础建设、购买办公和生产设备、建账建制、招聘员工、联系进销渠道等。在此期间，企业也会取得一定数量的增值税扣税凭证。有些情况下，企业在筹建期间未能及时认定为一般纳税人，在税务机关的征管系统中存在一段时期的小规模纳税人状态，导致其取得的增值税扣税凭证在抵扣进项税额时遇到障碍。

1.优惠政策。

纳税人自办理税务登记至认定或登记为一般纳税人期间，未取得生产经营收入，未按照销售额和征收率简易计算应纳税额申报缴纳增值税的，其在此期间取得的增值税扣税凭证，可以在认定或登记为一般纳税人后抵扣进项税额。

[摘自 2015 年 8 月 19 日 国家税务总局公告 2015 年第 59 号 国家税务总局关于纳税人认定或登记为一般纳税人前进项税额抵扣问题的公告第一条]

2. 操作管理。

上述增值税扣税凭证按照现行规定无法办理认证或者稽核比对的，按照以下规定处理：

(1)购买方纳税人取得的增值税专用发票，按照《国家税务总局关于推行增值税发票系统升级版有关问题的公告》(国家税务总局公告 2014 年第 73 号)规定的程序，由销售方纳税人开具红字增值税专用发票后重新开具蓝字增值税专用发票。

购买方纳税人按照国家税务总局公告 2014 年第 73 号规定填开“开具红字增值税专用发票信息表”或“开具红字货物运输业增值税专用发票信息表”时，选择“所购货物或劳务、服务不属于增值税扣税项目范围”或“所购服务不属于增值税扣税项目范围”。

(2)纳税人取得的海关进口增值税专用缴款书，按照《国家税务总局关于逾期增值税扣税凭证抵扣问题的公告》(国家税务总局公告 2011 年第 50 号)规定的程序，经国家税务总局稽核比对相符后抵扣进项税额。

[摘自 2015 年 8 月 19 日 国家税务总局公告 2015 年第 59 号 国家税务总局关于纳税人认定或登记为一般纳税人前进项税额抵扣问题的公告第二条]

(二)随军家属就业

1. 优惠政策。

为安置随军家属就业而新开办的企业，自领取税务登记证之日起，其提供的应税服务 3 年内免征增值税。

2. 操作管理。

享受税收优惠政策的企业，随军家属必须占企业总人数的 60%(含)以上，并有军(含)以上政治和后勤机关出具的证明。

[摘自 2016 年 3 月 24 日 财税〔2016〕36 号 财政部 国家税务总局关

于全面推开营业税改征增值税试点的通知 附件3:营业税改征增值税试点过渡政策的规定 第一条第三十九款]

(三)军队转业干部就业

1.优惠政策。

为安置自主择业的军队转业干部就业而新开办的企业,凡安置自主择业的军队转业干部占企业总人数60%(含)以上的,自领取税务登记证之日起,其提供的应税服务3年内免征增值税。

2.操作管理。

享受上述优惠政策的自主择业的军队转业干部必须持有师以上部队颁发的转业证件。

[摘自2016年3月24日 财税〔2016〕36号 财政部 国家税务总局关于全面推开营业税改征增值税试点的通知 附件3:营业税改征增值税试点过渡政策的规定 第一条第四十款]

第二节 促进小微企业发展

对增值税小规模纳税人中月销售额未达到2万元的企业或非企业性单位,免征增值税。2017年12月31日前,对月销售额2万元(含本数)至3万元的增值税小规模纳税人,免征增值税。

[摘自2016年3月24日 财税〔2016〕36号 财政部 国家税务总局关于全面推开营业税改征增值税试点的通知 附件1:营业税改征增值税试点实施办法 第五十条]

第三节　鼓励高新技术

1. 优惠政策。

纳税人提供技术转让、技术开发和与之相关的技术咨询、技术服务免征增值税。

2. 含义。

技术转让、技术开发，是指《销售服务、无形资产、不动产注释》中“转让技术”“研发服务”范围内的业务活动。技术咨询，是指就特定技术项目提供可行性论证、技术预测、专题技术调查、分析评价报告等业务活动。

与技术转让、技术开发相关的技术咨询、技术服务，是指转让方(或者受托方)根据技术转让或者开发合同的规定，为帮助受让方(或者委托方)掌握所转让(或者委托开发)的技术，而提供的技术咨询、技术服务业务，且这部分技术咨询、技术服务的价款与技术转让或者技术开发的价款应当在同一张发票上开具。

3. 备案程序。

试点纳税人申请免征增值税时，须持技术转让、开发的书面合同，到纳税人所在地省级科技主管部门进行认定，并持有关的书面合同和科技主管部门审核意见证明文件报主管税务机关备查。

[摘自 2016 年 3 月 24 日 财税〔2016〕36 号 财政部 国家税务总局关于全面推开营业税改征增值税试点的通知 附件 3:营业税改征增值税试点过渡政策的规定 第一条第二十六款]

第四节　提倡节能环保

一、新型墙体材料

1. 新型墙体材料增值税即征即退。

对纳税人销售自产的列入所附《享受增值税即征即退政策的新型墙体材料目录》的新型墙体材料，实行增值税即征即退 50%的政策。

2. 适用条件。

(1)销售自产的新型墙体材料，不属于国家发展和改革委员会《产业结构调整指导目录》中的禁止类、限制类项目。

(2)销售自产的新型墙体材料，不属于环境保护部《环境保护综合名录》中的“高污染、高环境风险”产品或者重污染工艺。

(3)纳税信用等级不属于税务机关评定的 C 级或 D 级。

纳税人在办理退税事宜时，应向主管税务机关提供其符合上述条件的书面声明材料，未提供书面声明材料或者出具虚假材料的，税务机关不得给予退税。

3. 适用范围。

(1)砖类。

①非黏土烧结多孔砖(符合 GB 13544—2011 技术要求)和非黏土烧结空心砖(符合 GB 13545—2014 技术要求)。

②承重混凝土多孔砖(符合 GB 25779—2010 技术要求)和非承重混凝土空心砖(符合 GB/T 24492—2009 技术要求)。

③蒸压粉煤灰多孔砖(符合 GB 26541—2011 技术要求)、蒸压泡沫混凝土砖(符合 GB/T 29062—2012 技术要求)。

④烧结多孔砖(仅限西部地区，符合 GB 13544—2011 技术要求)和烧结空心砖(仅限西部地区，符合 GB 13545—2014 技术要求)。

(2)砌块类。

①普通混凝土小型空心砌块(符合 GB/T 8239—2014 技术要求)。

②轻集料混凝土小型空心砌块(符合 GB/T 15229—2011 技术要求)。

③烧结空心砌块(以煤矸石、江河湖淤泥、建筑垃圾、页岩为原料,符合 GB 13545—2014 技术要求)和烧结多孔砌块(以页岩、煤矸石、粉煤灰、江河湖淤泥及其他固体废弃物为原料,符合 GB 13544—2011 技术要求)。

④蒸压加气混凝土砌块(符合 GB 11968—2006 技术要求)、蒸压泡沫混凝土砌块(符合 GB/T 29062—2012 技术要求)。

⑤石膏砌块(以脱硫石膏、磷石膏等化学石膏为原料,符合 JC/T 698—2010 技术要求)。

⑥粉煤灰混凝土小型空心砌块(符合 JC/T 862—2008 技术要求)。

(3)板材类。

①蒸压加气混凝土板(符合 GB 15762—2008 技术要求)。

②建筑用轻质隔墙条板(符合 GB/T 23451—2009 技术要求)和建筑隔墙用保温条板(符合 GB/T 23450—2009 技术要求)。

③外墙外保温系统用钢丝网架模塑聚苯乙烯板(符合 GB 26540—2011 技术要求)。

④石膏空心条板(符合 JC/T 829—2010 技术要求)。

⑤玻璃纤维增强水泥轻质多孔隔墙条板(简称 GRC 板,符合 GB/T 19631—2005 技术要求)。

⑥建筑用金属面绝热夹芯板(符合 GB/T 23932—2009 技术要求)。

⑦建筑平板。其中:纸面石膏板(符合 GB/T 9775—2008 技术要求);纤维增强硅酸钙板(符合 JC/T 564.1—2008、JC/T 564.2—2008 技术要求);纤维增强低碱度水泥建筑平板(符合 JC/T 626—2008 技术要求);维纶纤维增强水泥平板(符合 JC/T 671—2008 技术要求);纤维水泥平板(符合 JC/T 412.1—2006、JC/T 412.2—2006 技术要求)。

（4）符合国家标准、行业标准和地方标准的混凝土砖、烧结保温砖（砌块）（以页岩、煤矸石、粉煤灰、江河湖淤泥及其他固体废弃物为原料，加入成孔材料焙烧而成）、中空钢网内模隔墙、复合保温砖（砌块）、预制复合墙板（体）、聚氨酯硬泡复合板及以专用聚氨酯为材料的建筑墙体。

4. 征管要求。

纳税人应当单独核算享受本通知规定的增值税即征即退政策的新型墙体材料的销售额和应纳税额。未按规定单独核算的，不得享受本通知规定的增值税即征即退政策。

［摘自2015年6月12日 财税〔2015〕73号 财政部 国家税务总局关于新型墙体材料增值税政策的通知］

二、建筑砂石骨料

1. 销售自产的以建（构）筑废物、煤矸石为原料生产的建筑砂石骨料。

销售自产的以建（构）筑废物、煤矸石为原料生产的建筑砂石骨料，享受增值税即征即退50％。

2. 技术标准和相关条件。

①产品原料90％以上来自所列资源；

②产品以建（构）筑废物为原料的，符合《混凝土用再生粗骨料》（GB/T 25177—2010）或《混凝土和砂浆用再生细骨料》（GB/T 25176—2010）的技术要求；以煤矸石为原料的，符合《建设用砂》（GB/T 14684—2011）或《建设用卵石、碎石》（GB/T 14685—2011）规定的技术要求。

3. 适用条件。

（1）属于增值税一般纳税人。

（2）销售综合利用产品和劳务，不属于国家发展和改革委员会《产业结构调整指导目录》中的禁止类、限制类项目。

（3）销售综合利用产品和劳务，不属于环境保护部《环境保护综合名录》中的“高污染、高环境风险”产品或者重污染工艺。

（4）综合利用的资源，属于环境保护部《国家危险废物名录》列明的危险废物的，应当取得省级及以上环境保护部门颁发的危险废物经营许可证，且许可经营范围包括该危险废物的利用。

（5）纳税信用等级不属于税务机关评定的C级或D级。

纳税人在办理退税事宜时，应向主管税务机关提供其符合本条规定的上述条件以及《目录》规定的技术标准和相关条件的书面声明材料，未提供书面声明材料或者出具虚假材料的，税务机关不得给予退税。

4.征管要求。

（1）已享受本通知规定的增值税即征即退政策的纳税人，自不符合本通知第二条规定的条件以及《目录》规定的技术标准和相关条件的次月起，不再享受本通知规定的增值税即征即退政策。

（2）已享受本通知规定的增值税即征即退政策的纳税人，因违反税收、环境保护的法律法规受到处罚（警告或单次1万元以下罚款除外）的，自处罚决定下达的次月起36个月内，不得享受本通知规定的增值税即征即退政策。

（3）纳税人应当单独核算适用增值税即征即退政策的综合利用产品和劳务的销售额和应纳税额。未单独核算的，不得享受本通知规定的增值税即征即退政策。

［摘自2015年5月12日 财税〔2015〕78号 财政部 国家税务总局关于印发《资源综合利用产品和劳务增值税优惠目录》的通知］

第五节　鼓励跨境服务

一、适用增值税零税率的跨境服务

向境外单位提供的完全在境外消费的下列服务：

1.研发服务。

2.设计服务。

3. 业务流程管理服务。

4. 离岸服务外包业务。

离岸服务外包业务，包括信息技术外包服务（ITO）、技术性业务流程外包服务（BPO）、技术性知识流程外包服务（KPO），其所涉及的具体业务活动，按照《销售服务、无形资产、不动产注释》相对应的业务活动执行。

5. 转让技术。

［摘自 2016 年 3 月 24 日 财税〔2016〕36 号 财政部 国家税务总局关于全面推开营业税改征增值税试点的通知 附件 4：跨境应税行为适用增值税零税率和免税政策的规定 第一条第一款］

二、免征增值税的跨境服务

1. 工程项目在境外的建筑服务。

2. 工程项目在境外的工程监理服务。

3. 工程、矿产资源在境外的工程勘察勘探服务。

［摘自 2016 年 3 月 24 日 财税〔2016〕36 号 财政部 国家税务总局关于全面推开营业税改征增值税试点的通知 附件 4：跨境应税行为适用增值税零税率和免税政策的规定 第二条第一款］

第六节　加快转制升级

1. 涉及货物转让。

纳税人在资产重组过程中，通过合并、分立、出售、置换等方式，将全部或者部分实物资产以及与其相关联的债权、负债和劳动力一并转让给其他单位和个人，不属于增值税的征税范围，其中涉及的货物转让，不征收增值税。

［摘自 2011 年 2 月 18 日 国家税务总局公告 2011 年第 13 号 国家税务总局关于纳税人资产重组有关增值税问题的公告］

纳税人在资产重组过程中，通过合并、分立、出售、置换等方式，将全部或者部分实物资产以及与其相关联的债权、负债经多次转让后，最终的受让方与劳动力接收方为同一单位和个人的，仍适用《国家税务总局关于纳税人资产重组有关增值税问题的公告》（国家税务总局公告 2011 年第 13 号）的相关规定，其中货物的多次转让行为均不征收增值税。资产的出让方需将资产重组方案等文件资料报其主管税务机关。

［摘自 2013 年 11 月 19 日 国家税务总局公告 2013 年第 66 号 国家税务总局关于纳税人资产重组有关增值税问题的公告］

2. 涉及的不动产、土地使用权转让。

在资产重组过程中，通过合并、分立、出售、置换等方式，将全部或者部分实物资产以及与其相关联的债权、负债和劳动力一并转让给其他单位和个人，其中涉及的不动产、土地使用权转让行为，不征收增值税。

［摘自 2016 年 3 月 24 日 财税〔2016〕36 号 财政部 国家税务总局关于全面推开营业税改征增值税试点的通知 附件 2：营业税改征增值税试点有关事项的规定 第一条第二款］

3. 增值税一般纳税人在资产重组过程中，将全部资产、负债和劳动力一并转让给其他增值税一般纳税人，并按程序办理注销税务登记的，其在办理注销登记前尚未抵扣的进项税额可结转至新纳税人处继续抵扣。

［摘自 2012 年 12 月 13 日 国家税务总局公告 2012 年第 55 号 国家税务总局关于纳税人资产重组增值税留抵税额处理有关问题的公告］

第七节　支持其他各项事业

一、国债、地方政府债

国债、地方政府债的利息收入，免征增值税。

**［摘自 2016 年 3 月 24 日 财税〔2016〕36 号 财政部 国家税务总局关

于全面推开营业税改征增值税试点的通知 附件 3:营业税改征增值税试点过渡政策的规定 第一条第十九款〕

二、统借统还业务取得的利息收入

统借统还业务中,企业集团或企业集团中的核心企业以及集团所属财务公司按不高于支付给金融机构的借款利率水平或者支付的债券票面利率水平,向企业集团或者集团内下属单位收取的利息,免征增值税。

统借方向资金使用单位收取的利息,高于支付给金融机构借款利率水平或者支付的债券票面利率水平的,应全额缴纳增值税。统借统还业务是指:

(1)企业集团或者企业集团中的核心企业向金融机构借款或对外发行债券取得资金后,将所借资金分拨给下属单位(包括独立核算单位和非独立核算单位,下同),并向下属单位收取用于归还金融机构或债券购买方本息的业务。

(2)企业集团向金融机构借款或对外发行债券取得资金后,由集团所属财务公司与企业集团或者集团内下属单位签订统借统还贷款合同并分拨资金,并向企业集团或者集团内下属单位收取本息,再转付企业集团,由企业集团统一归还金融机构或债券购买方的业务。

〔摘自 2016 年 3 月 24 日 财税〔2016〕36 号 财政部 国家税务总局关于全面推开营业税改征增值税试点的通知 附件 3:营业税改征增值税试点过渡政策的规定 第一条第十九款〕

三、购置增值税税控系统专用设备

自 2011 年 12 月 1 日起,增值税纳税人购买增值税税控系统专用设备支付的费用以及缴纳的技术维护费(以下称二项费用)可在增值税应纳税额中全额抵减。

增值税一般纳税人支付的二项费用在增值税应纳税额中全额抵减的,其增值税专用发票不作为增值税抵扣凭证,其进项税额不得从销项税额中抵扣。

1. 增值税税控系统专用设备。

增值税纳税人 2011 年 12 月 1 日（含，下同）以后初次购买增值税税控系统专用设备（包括分开票机）支付的费用，可凭购买增值税税控系统专用设备取得的增值税专用发票，在增值税应纳税额中全额抵减（抵减额为价税合计额），不足抵减的可结转下期继续抵减。增值税纳税人非初次购买增值税税控系统专用设备支付的费用，由其自行负担，不得在增值税应纳税额中抵减。

（1）增值税税控系统包括：增值税防伪税控系统、货物运输业增值税专用发票税控系统、机动车销售统一发票税控系统和公路、内河货物运输业发票税控系统。

（2）增值税防伪税控系统的专用设备包括金税卡、IC 卡、读卡器或金税盘和报税盘；货物运输业增值税专用发票税控系统专用设备包括税控盘和报税盘；机动车销售统一发票税控系统和公路、内河货物运输业发票税控系统专用设备包括税控盘和传输盘。

2. 技术维护费。

增值税纳税人 2011 年 12 月 1 日以后缴纳的技术维护费（不含补缴的 2011 年 11 月 30 日以前的技术维护费），可凭技术维护服务单位开具的技术维护费发票，在增值税应纳税额中全额抵减，不足抵减的可结转下期继续抵减。技术维护费按照价格主管部门核定的标准执行。

［摘自 2012 年 2 月 7 日 财税〔2012〕15 号 财政部 国家税务总局关于增值税税控系统专用设备和技术维护费用抵减增值税税额有关政策的通知］

四、销售已使用固定资产

一般纳税人销售自己使用过的属于条例第十条规定不得抵扣且未抵扣进项税额的固定资产，按照简易办法依照 3%征收率减按 2%征收增值税。

小规模纳税人销售自己使用过的固定资产，减按 2%征收率征收增值税。

[摘自 2009 年 1 月 19 日 财税〔2009〕9 号 财政部 国家税务总局关于部分货物适用增值税低税率和简易办法征收增值税政策的通知]

五、销售旧货

纳税人销售旧货，按照简易办法依照 3%征收率减按 2%征收增值税。

[摘自 2009 年 1 月 19 日 财税〔2009〕9 号 财政部 国家税务总局关于部分货物适用增值税低税率和简易办法征收增值税政策的通知]

六、销售建筑用和生产建筑材料所用的货物

1. 一般纳税人销售自产的下列货物，可选择按照简易办法依照 3%征收率计算缴纳增值税。

(1)建筑用和生产建筑材料所用的砂、土、石料。

(2)以自己采掘的砂、土、石料或其他矿物连续生产的砖、瓦、石灰(不含黏土实心砖、瓦)。

(3)商品混凝土(仅限于以水泥为原料生产的水泥混凝土)。

2. 一般纳税人选择简易办法计算缴纳增值税后，36 个月内不得变更。

[摘自 2009 年 1 月 19 日 财税〔2009〕9 号 财政部 国家税务总局关于部分货物适用增值税低税率和简易办法征收增值税政策的通知]

七、允许抵扣的固定资产

1. 自 2009 年 1 月 1 日起，增值税一般纳税人购进(包括接受捐赠、实物投资)或者自制(包括改扩建、安装)固定资产发生的进项税额，可根据《中华人民共和国增值税暂行条例》(国务院令第 538 号)和《中华人民共和国增值税暂行条例实施细则》(财政部 国家税务总局令第 50 号)的有

关规定，凭增值税专用发票、海关进口增值税专用缴款书和运输费用结算单据从销项税额中抵扣，其进项税额应当记入“应交税费——应交增值税(进项税额)”科目。

纳税人允许抵扣的固定资产进项税额，是指纳税人2009年1月1日以后(含1月1日)实际发生，并取得2009年1月1日以后开具的增值税扣税凭证上注明的或者依据增值税扣税凭证计算的增值税税额。

［摘自2008年12月19日 财税〔2008〕170号 财政部 国家税务总局关于全国实施增值税转型改革若干问题的通知］

2.原增值税一般纳税人自用的应征消费税的摩托车、汽车、游艇，其进项税额准予从销项税额中抵扣。

［摘自2016年3月24日 财税〔2016〕36号 财政部 国家税务总局关于全面推开营业税改征增值税试点的通知 附件2:营业税改征增值税试点有关事项的规定 第二条第一款］

八、政府性基金和行政事业性收费

行政单位之外的其他单位收取的符合《试点实施办法》第十条规定条件的政府性基金和行政事业性收费，免征增值税。

［摘自2016年3月24日 财税〔2016〕36号 财政部 国家税务总局关于全面推开营业税改征增值税试点的通知 附件3:营业税改征增值税试点过渡政策的规定 第一条第十三款］

行政单位收取的同时满足以下条件的政府性基金或者行政事业性收费。

1.由国务院或者财政部批准设立的政府性基金，由国务院或者省级人民政府及其财政、价格主管部门批准设立的行政事业性收费；

2.收取时开具省级以上(含省级)财政部门监(印)制的财政票据；

3.所收款项全额上缴财政。

［摘自2016年3月24日 财税〔2016〕36号 财政部 国家税务总局关于全面推开营业税改征增值税试点的通知 附件1:营业税改征增值税试

点实施办法 第十条第十三款]

九、土地使用权的出让与归还行为

土地所有者出让土地使用权和土地使用者将土地使用权归还给土地所有者的项目免征增值税。

[摘自 2016 年 3 月 24 日 财税〔2016〕36 号 财政部 国家税务总局关于全面推开营业税改征增值税试点的通知 附件 3:营业税改征增值税试点过渡政策的规定 第一条第三十七款]

第八节　税收减免的处理

纳税人发生应税行为适用免税、减税规定的,可以放弃免税、减税,依照本办法的规定缴纳增值税。放弃免税、减税后,36 个月内不得再申请免税、减税。

纳税人发生应税行为同时适用免税和零税率规定的,纳税人可以选择适用免税或者零税率。

[摘自 2016 年 3 月 24 日 财税〔2016〕36 号 财政部 国家税务总局关于全面推开营业税改征增值税试点的通知 附件 1:营业税改征增值税试点实施办法 第四十八条]

附:税收优惠政策一览表。

序号	减免政策大类	减免政策小类	政策名称	优惠条款摘要
1	扶持初创企业成长	进项税额抵扣	《国家税务总局关于纳税人认定或登记为一般纳税人前进项税额抵扣问题的公告》国家税务总局公告 2015 年第 59 号	自办理税务登记至认定或登记为一般纳税人期间，符合相关规定的，其在此期间取得的增值税扣税凭证，可以在认定或登记为一般纳税人后抵扣进项税额
2	扶持初创企业成长	随军家属就业	《财政部 国家税务总局关于全面推开营业税改征增值税试点的通知》财税〔2016〕36 号	为安置随军家属就业而新开办的企业，自领取税务登记证之日起，其提供的应税服务 3 年内免征增值税
3	扶持初创企业成长	军队转业干部就业	《财政部 国家税务总局关于全面推开营业税改征增值税试点的通知》财税〔2016〕36 号	为安置自主择业的军队转业干部就业而新开办的企业，符合相关规定的，其提供的应税服务 3 年内免征增值税
4	促进小微企业发展	免征增值税	《财政部 国家税务总局关于全面推开营业税改征增值税试点的通知》财税〔2016〕36 号	2017 年 12 月 31 日前，对月销售额 2 万元（含本数）至 3 万元的增值税小规模纳税人，免征增值税
5	鼓励高新技术	技术服务	《财政部 国家税务总局关于全面推开营业税改征增值税试点的通知》财税〔2016〕36 号	纳税人提供技术转让、技术开发和与之相关的技术咨询、技术服务免征增值税
6	提倡节能环保	新型墙体材料	《财政部 国家税务总局关于新型墙体材料增值税政策的通知》财税〔2015〕73 号	新型墙体材料增值税即征即退 50%

续表

序号	减免政策大类	减免政策小类	政策名称	优惠条款摘要
7	提倡节能环保	建筑砂石骨料	《财政部 国家税务总局关于印发〈资源综合利用产品和劳务增值税优惠目录〉的通知》财税〔2015〕78号	销售自产的以建(构)筑废物、煤矸石为原料生产的建筑砂石骨料,享受增值税即征即退50%
8	鼓励跨境服务	适用增值税零税率的跨境服务	《财政部 国家税务总局关于全面推开营业税改征增值税试点的通知》财税〔2016〕36号	适用增值税零税率的跨境服务免征增值税
9	鼓励跨境服务	免征增值税的跨境服务	《财政部 国家税务总局关于全面推开营业税改征增值税试点的通知》财税〔2016〕36号	免征增值税的跨境服务
10	加快转制升级	资产重组	《国家税务总局关于纳税人资产重组有关增值税问题的公告》国家税务总局公告2011年第13号	符合条件的资产重组过程中,涉及的货物转让,不征收增值税
11	加快转制升级	资产重组	《财政部 国家税务总局关于全面推开营业税改征增值税试点的通知》财税〔2016〕36号	符合条件的资产重组过程中,涉及的不动产、土地使用权转让行为,不征收增值税
12	加快转制升级	资产重组	《国家税务总局关于纳税人资产重组增值税留抵税额处理有关问题的公告》国家税务总局公告2012年第55号	在资产重组过程中,其在办理注销登记前尚未抵扣的进项税额可结转至新纳税人处继续抵扣

续表

序号	减免政策大类	减免政策小类	政策名称	优惠条款摘要
13	支持其他各项事业	国债、地方政府债	《财政部 国家税务总局关于全面推开营业税改征增值税试点的通知》财税〔2016〕36 号	国债、地方政府债的利息收入，免征增值税
14	支持其他各项事业	统借统还业务	《财政部 国家税务总局关于全面推开营业税改征增值税试点的通知》财税〔2016〕36 号	符合条件的统借统还业务收取的利息，免征增值税
15	支持其他各项事业	购置增值税税控系统专用设备	《财政部 国家税务总局关于增值税税控系统专用设备和技术维护费用抵减增值税税额有关政策的通知》财税〔2012〕15 号	抵减增值税应纳税额
16	支持其他各项事业	销售已使用固定资产	《财政部 国家税务总局关于部分货物适用增值税低税率和简易办法征收增值税政策的通知》财税〔2009〕9 号	销售自己使用过的属于条例第十条规定不得抵扣且未抵扣进项税额的固定资产，按照简易办法依照3%征收率减按 2%征收增值税
17	支持其他各项事业	销售旧货	《财政部 国家税务总局关于部分货物适用增值税低税率和简易办法征收增值税政策的通知》财税〔2009〕9 号	纳税人销售旧货，按照简易办法依照 3%征收率减按 2%征收增值税

续表

序号	减免政策大类	减免政策小类	政策名称	优惠条款摘要
18	支持其他各项事业	销售建筑用和生产建筑材料所用的砂、土、石料	《财政部 国家税务总局关于部分货物适用增值税低税率和简易办法征收增值税政策的通知》财税〔2009〕9号	一般纳税人销售自产的销售建筑用和生产建筑材料所用的砂、土、石料，可选择按照简易办法依照3%征收率计算缴纳增值税
19	支持其他各项事业	允许抵扣的固定资产	《财政部 国家税务总局关于全国实施增值税转型改革若干问题的通知》财税〔2009〕170号	自2009年1月1日起，增值税一般纳税人购进（包括接受捐赠、实物投资）或者自制（包括改扩建、安装）固定资产发生的进项税额，凭增值税专用发票、海关进口增值税专用缴款书和运输费用结算单据从销项税额中抵扣
20	支持其他各项事业	允许抵扣的固定资产	《财政部 国家税务总局关于全面推开营业税改征增值税试点的通知》财税〔2016〕36号	原增值税一般纳税人自用的应征消费税的摩托车、汽车、游艇，其进项税额准予从销项税额中抵扣
21	支持其他各项事业	政府性基金和行政事业性收费	《财政部 国家税务总局关于全面推开营业税改征增值税试点的通知》财税〔2016〕36号	行政单位之外的其他单位收取的符合《试点实施办法》第十条规定条件的政府性基金和行政事业性收费，免征增值税
22	支持其他各项事业	土地使用权的出让与归还行为	《财政部 国家税务总局关于全面推开营业税改征增值税试点的通知》财税〔2016〕36号	土地所有者出让土地使用权和土地使用者将土地使用权归还给土地所有者的项目免征增值税

第十一章　增值税的会计核算

财政部 国家税务总局 2016 年 3 月 23 日发布的《营业税改征增值税试点实施办法》的第一章第八条规定，纳税人应当按照国家统一的会计制度进行增值税会计核算。建筑企业要按照这个基本要求，做好增值税的会计核算。

第一节　会计核算原则及会计科目设置

一、会计核算原则

各级单位涉及增值税的相关资产、收入、成本等会计要素应按不含增值税的价格确认、计量和报告，除非购入的资产、列支的成本对应的增值税进项税额不得抵扣，即购入资产的成本、发生成本的金额包含不得抵扣的增值税进项税额。

各级单位销项税额应以税法认定的销售额收入金额为依据进行核算，销售额收入是以工程总价款含税销售额和价外费用扣除销项税额后的金额计量。各级单位进项税额应以通过税务机关认证的扣税凭证所列明或计算的可抵扣税额为依据进项核算。

二、二级科目设置

各级单位应在“应交税费”科目下设置“应交增值税”“未交增值税”“待抵扣进项税额”“增值税留抵税额”和“增值税检查调整”等五个二级明细科目。核算内容如下。

1.应交增值税。

“应交增值税”的借方发生额，反映企业购进货物或接受应税劳务和应税服务支付的进项税额、当期实际已交纳的增值税额、按规定享受直接减免的增值税款或按规定抵减的增值税应纳税额、按规定的退税率计算的零税率应税服务的当期免抵税额、营改增后按规定扣减销售额而减少的销项税额和月终转出的当月应交未交的增值税额等。

“应交增值税”的贷方发生额，反映企业销售货物或提供应税劳务和应税服务收取的销项税额、出口企业收到的出口退税以及进项税额转出数和转出多交增值税等。

本科目期末不存在贷方余额，期末借方余额反映企业尚未抵扣的增值税。

核算汇总纳税方式下，汇总范围内项目部与汇总主体本部之间结转进项税额、销项税额、预征税额。核算主体为项目部时，该科目期末无借方余额，贷方余额反映项目部预征税额。

2.未交增值税。

“未交增值税”的借方发生额，反映企业月终转入的多交的增值税；贷方发生额，反映企业月终转入的当月发生的应交未交增值税；期末借方余额反映企业期末留抵税额和专用税票预缴等多交的增值税，贷方余额反映期末结转下期的应交的增值税。

3.待抵扣进项税额。

“待抵扣进项税额”主要核算纳税人尚未交叉稽核比对的增值税专用发票抵扣联、货物运输业增值税专用发票抵扣联、海关进口增值税专用缴款书、税收缴款凭证等注明的尚未抵扣的进项税额。

4.增值税留抵税额。

原增值税一般纳税人兼有应税服务改征增值税期初有进项留抵税款，应在“应交税费”科目下增设“增值税留抵税额”明细科目，核算一般纳税人试点当月按照规定不得从应税服务的销项税额中抵扣的月初增值税留抵税额。

5. 增值税检查调整。

在税务机关对各单位增值税纳税检查时，查处调增或调减增值税税额的，还应当对“应交税费——增值税检查调整”科目进行核算。

三、三级专栏设置

为了详细核算增值税的计算和解缴、抵扣等情况，企业应在二级明细科目“应交增值税”中，借方设置“进项税额”“已交税金”“减免税款”“出口抵减内销产品应纳税额”“转出未交增值税”等专栏，贷方设置“销项税额”“出口退税”“进项税额转出”“转出多交增值税”等专栏。

核算汇总纳税方式下，还应当设置“预征税额”“结转销项税额”“结转进项税额”“清算税额”等专栏。三级专栏 T 形账户图如下：

进项税额	销项税额
已交税金	出口退税
减免税款	进项税额转出
出口抵减内销产品应纳税额	转出多交增值税
营改增抵减的销项税额	预征税额（项目部）
转出未交增值税	结转进项税额（项目部）
预征税额（汇总主体本部）	结转销项税额（汇总主体本部）
结转进项税额（汇总主体本部）	清算税额（项目部）
结转销项税额（项目部）	
清算税额（汇总主体本部）	

“应交税费——应交增值税”专栏图

1. 进项税额。

“进项税额”专栏，记录企业购入货物或接受应税劳务和应税服务而支付的、准予从销项税额中抵扣的增值税额。企业购入货物或接受应税劳务和应税服务支付的进项税额，用蓝字登记。退回所购货物应冲销的进项税额，用红字登记。

2. 已交税金。

“已交税金”专栏，记录企业本月已交纳的增值税额。企业本月已交纳的增值税额用蓝字登记；退回本月多交的增值税额用红字登记。项目部本科目核算当月上交的上月预缴税额。

3. 减免税款。

“减免税款”专栏，记录企业按规定享受直接减免的增值税款或按规定抵减的增值税应纳税额，包括允许在增值税应纳税额中全额抵减的初次购买增值税税控系统专用设备支付的费用以及支付的技术维护费。

4. 出口抵减内销产品应纳税额。

“出口抵减内销产品应纳税额”专栏，记录企业按规定的退税率计算的出口货物和劳务以及应税服务的进项税额抵减内销产品的应纳税额。

5. 营改增抵减的销项税额。

“营改增抵减的销项税额”专栏，记录企业因按规定扣减销售额而减少的销项税额。同时，“主营业务收入”“主营业务成本”等相关科目应按经济业务的种类进行明细核算。

6. 转出未交增值税。

“转出未交增值税”专栏，记录企业月终转出应交未交的增值税。月终，企业转出当月发生的应交未交的增值税额用蓝字登记。

7. 结转销项税额。

“结转销项税额”专栏，记录汇总纳税方式下，分支机构(或项目部)与汇总主体本部之间结转的销项税额。

8. 销项税额。

“销项税额”专栏，记录企业销售货物或提供应税劳务和应税服务应收取的增值税额。企业销售货物或提供应税劳务和应税服务应收取的销项税额，用蓝字登记；退回销售货物应冲销的销项税额，用红字登记。

9. 出口退税。

“出口退税”专栏，记录企业向境外提供适用增值税零税率的货物和劳务以及应税服务，按规定计算的当期免抵退税额或按规定直接计算的应收出口退税额；办理退税后发生业务终止而补交已退的税款，用红字登记。

10. 进项税额转出。

“进项税额转出”专栏，记录企业的购进货物，在产品、产成品、应税服务等发生非正常损失以及其他原因而不应从销项税额中抵扣，按规定转出的进项税额。

11. 转出多交增值税。

“转出多交增值税”专栏，记录企业月终转出本月多交的增值税。月终，企业转出本月多交的增值税额用蓝字登记。

12. 预征税额。

“预征税额”专栏，记录分支机构（或项目部）按预征率计算应预缴的增值税额。

13. 结转进项税额。

“结转进项税额”专栏，记录分支机构（或项目部）与汇总主体本部之间结转的进项税额。

14. 清算税额。

“清算税额”专栏，记录分支机构（或项目部）与汇总主体本部之间结转的清算补缴税额。

第二节　销项税额核算

一、提供建筑业应税服务

根据财税〔2016〕36 号文件的规定，增值税纳税义务发生时间为：纳税人提供应税服务并收讫销售款项或者取得索取销售款项凭据的当天；先开具发票的，为开具发票的当天。收讫销售款项，是指纳税人提供应税服务过程中或者完成后收到款项。取得索取销售款项凭据的当天，是指书面合同确定的付款日期;未签订书面合同或者书面合同未确定付款日期的,为应税服务完成的当天。采取预收款方式的,其纳税义务发生时间为收到预收款的当天。

因此,建筑业增值税纳税义务发生时间应当以业主批复结算的时间、开具增值税发票的时间、收到款项(预收款或进度款)的时间三者孰先为原则,进行销项税额核算。

(一)收到款项(预收款或进度款)的时间

收到款项(预收款或进度款)所对应的销项税额在"其他应收款——增值税销项税额"科目核算。

1. 收到款项时:

借:银行存款

　　贷:预收账款

2. 核算销项税额时:

借:其他应收款——增值税销项税额

　　贷:应交税费——应交增值税(销项税额)

3. 结算时:

借:应收账款

　　预收账款

　　贷:工程结算

　　　　应交税费——应交增值税(销项税额)

　　　　其他应收款——增值税销项税额

(二)业主批复结算的时间

1. 结算时:

借:应收账款

　　贷:工程结算

　　　　应交税费——应交增值税(销项税额)

2. 收到已结算价款时:

借:银行存款

贷:应收账款

(三)开具增值税发票的时间

借:其他应收款——增值税销项税额

贷:应交税费——应交增值税(销项税额)

其中,"应交税费——应交增值税(销项税额)"为开票金额/1.11×11%。

二、销售自己使用过的固定资产

一般纳税人销售自己使用过的固定资产(经营管理用设备等),且该固定资产对应的进项税额未抵扣过(应抵扣未抵扣的除外),适用按简易办法依3%征收率减按2%征收增值税。

一般纳税人按征收率计算的增值税记入"应交税费——未交增值税",不通过"应交税费——应交增值税(销项税额)"核算。

1. 转入固定资产清理时:

借:固定资产清理

累计折旧

固定资产减值准备

贷:固定资产

2. 取得转让收入时:

借:银行存款

贷:固定资产清理

应交税费——未交增值税

3. 缴税时:

借:应交税费——未交增值税

贷:银行存款

4. 结转固定资产清理损益时:

借:营业外支出

贷:固定资产清理

或

借:固定资产清理

　　贷:营业外收入

三、剩余材料的处理

各级单位施工项目的剩余材料,区分变卖和移送其他项目进行核算:

(一)变卖废料

各级单位在变卖废料时,应当按照适用税率计算缴纳增值税。

借:银行存款等

　　工程施工——合同成本——直接材料费(红字)

　　贷:应交税费——应交增值税(销项税额)

(二)移送其他项目

根据《国家税务总局关于印发增值税若干具体问题的规定的通知》(国税发〔1993〕154号)的规定,基本建设单位和从事建筑安装业务的企业附设的工厂、车间生产的水泥预制构件、其他构件或建筑材料,用于本单位或本企业的建筑工程的,应在移送使用时征收增值税。基本建设单位和从事建筑安装业务的企业在建筑现场制造的预制构件,凡直接用于本单位或本企业建筑工程的,不征收增值税。

因此,各级单位在移送剩余材料时,应按使用税率计算缴纳增值税。

借:应收账款等

　　工程施工——合同成本——直接材料费(红字)

　　贷:应交税费——应交增值税(销项税额)

第三节　进项税额核算

一、接受应税劳务或服务

各级单位接受的应税劳务和应税服务取得的增值税扣税凭证，会计处理实行价与税的分离，分离的依据为增值税专用发票（含货物运输业增值税专用发票、税控机动车销售统一发票）上注明的增值税和价款，属于价款部分，作为劳务或服务的成本；属于增值税部分，作为增值税进项税额核算。

1. 专业分包：

借：工程施工——合同成本/其他业务支出等

　　应交税费——应交增值税（进项税额）

　　贷：应付账款/银行存款等

2. 劳务分包：

借：工程施工——合同成本/其他业务支出等

　　应交税费——应交增值税（进项税额）

　　贷：应付账款/银行存款等

3. 接受租赁：

借：工程施工——合同成本——机械使用费/租赁费

　　应交税费——应交增值税（进项税额）

　　贷：应付账款/银行存款等

4. 接受运输服务：

采购货物所对应的运输费用，单独取得货物运输业增值税专用发票的，可进行价税分离核算。

借：物资采购/原材料/工程施工/其他业务成本等

　　应交税费——应交增值税（进项税额）

贷:应付账款/银行存款等

二、采购物资

各级单位采购的货物取得的增值税扣税凭证,会计处理实行价与税的分离,分离的依据为增值税专用发票(含货物运输业增值税专用发票、税控机动车销售统一发票)上注明的增值税和价款,属于价款部分,作为购进货物的成本;属于增值税部分,作为增值税进项税额核算。

1.采购货物:

借:物资采购/原材料/工程施工/其他业务成本等

应交税费——应交增值税(进项税额)

贷:应付账款/银行存款等

购进货物发生退货或接受服务中止,做相反会计分录。

2.购进固定资产:

可抵扣的固定资产主要为动产,包括机器、设备、小轿车、汽车、摩托车、电脑、办公家具等。

借:固定资产

应交税费——应交增值税(进项税额)

贷:应付账款/银行存款等

3.采购办公用品等:

各级单位采购办公用品、订阅图书、机动车用的油料等,取得增值税专用发票,可抵扣相关进项税额。

借:管理费用/销售费用等

应交税费——应交增值税(进项税额)

贷:应付账款/银行存款等

三、不得抵扣进项税额的处理

下列项目的进项税额不得从销项税额中抵扣:

(1)用于简易计税方法计税项目、免征增值税项目、集体福利或者个人消费的购进货物、加工修理修配劳务、服务、无形资产和不动产。其中涉及的固定资产、无形资产、不动产，仅指专用于上述项目的固定资产、无形资产（不包括其他权益性无形资产）、不动产。

纳税人的交际应酬消费属于个人消费。

（2）非正常损失的购进货物，以及相关的加工修理修配劳务和交通运输服务。

（3）非正常损失的在产品、产成品所耗用的购进货物（不包括固定资产）、加工修理修配劳务和交通运输服务。

（4）非正常损失的不动产，以及该不动产所耗用的购进货物、设计服务和建筑服务。

（5）非正常损失的不动产在建工程所耗用的购进货物、设计服务和建筑服务。

纳税人新建、改建、扩建、修缮、装饰不动产，均属于不动产在建工程。

（6）购进的旅客运输服务、贷款服务、餐饮服务、居民日常服务和娱乐服务。

（7）财政部和国家税务总局规定的其他情形。

第四节　增值税减免核算

一、先征后返（退）、即征即退

根据税法有关规定，企业收到返还的增值税，或者直接减免的增值税，应作为企业利润总额的组成部分。

借：应交税费——应交增值税（减免税款）

　　贷：营业外收入

实际收到即征即退、先征后退的增值税：

借：银行存款

贷：营业外收入

二、增值税税控系统专用设备和技术维护费用抵减增值税额

(一)增值税税控系统专用设备

增值税纳税人2011年12月1日以后初次购买增值税税控系统专用设备(包括分开票机)支付的费用，可凭购买增值税税控系统专用设备取得的增值税专用发票，在增值税应纳税额中全额抵减(抵减额为价税合计额)，不足抵减的可结转下期继续抵减。

增值税纳税人非初次购买增值税税控系统专用设备支付的费用，由其自行负担，不得在增值税应纳税额中抵减。

1. 购入时：

借：固定资产

贷：银行存款/应付账款

2. 抵减增值税应纳税额：

借：应交税费——应交增值税(减免税款)

贷：递延收益

3. 按期计提折旧：

借：管理费用

贷：累计折旧

同时：

借：递延收益

贷：管理费用

(二)技术维护费用

增值税纳税人2011年12月1日以后缴纳的技术维护费(不含补缴的2011年11月30日以前的技术维护费)，可凭技术维护服务单位开具的技术维护费发票，在增值税应纳税额中全额抵减，不足抵减的可结转下期继续抵减。

1. 发生技术维护费时：

借：管理费用

　　贷：银行存款

2. 抵减增值税应纳税额：

借：应交税费——应交增值税（减免税款）

　　贷：管理费用

注意：增值税一般纳税人支付的上述两项费用在增值税应纳税额中全额抵减的，其增值税专用发票不作为增值税抵扣凭证，其进项税额不得从销项税额中抵扣。

三、出口抵退税

1. 出口抵税。

企业按规定的退税率计算的出口货物的进项税额抵减内销产品的应纳税额情况，会计应处理为：

借：其他应收款

　　应交税费——应交增值税（出口抵减内销产品应纳税额）

　　贷：应交税费——应交增值税（出口退税）

2. 出口退税。

对确因出口比重大，在规定期限内不足抵减的部分可按有关规定给予退税，企业在收到退税时：

借：银行存款

　　贷：应交税费——应交增值税（出口退税）

第五节　增值税缴纳核算

企业缴纳当月的增值税，通过“应交税费——应交增值税（已交税金）”科目反映，缴纳以前各期未交的增值税，通过“应交税费——未交增值税”科目反映。

1. 当月缴纳本月增值税时：

借：应交税费——应交增值税（已交税金）

贷：银行存款

2. 结转应交未交税额：

借：应交税费——应交增值税（转出未交增值税）

贷：应交税费——未交增值税

3. 结转多交税额：

借：应交税费——未交增值税

贷：应交税费——应交增值税（转出多交增值税）

4. 次月缴纳本月应交未交的增值税：

借：应交税费——未交增值税

贷：银行存款

第六节　汇总纳税核算

汇总纳税情况下，汇总范围内项目部与汇总主体本部是两个会计核算主体，在预征税款、结转进项税额、结转销项税额、清算补缴税额时，项目部与汇总主体本部之间应进行相应的会计处理。

一、预征税款

1. 项目部预征税款结转汇总主体本部时：

借：其他应付款——增值税——项目部应交增值税

贷：应交税费——应交增值税（预征税额）

2. 汇总主体本部时：

借：应交税费——应交增值税（预征税额）

贷：其他应收款——增值税——项目部应交增值税

3. 项目部交纳时：

借：应交税费——应交增值税（已交税金）

　　贷：银行存款等

二、结转进项、销项税款

项目部与汇总主体本部之间依据《项目部增值税汇总纳税信息传递单》相关数据进行会计处理。

（一）结转销项税额

1. 项目部：

借：应交税费——应交增值税（结转销项税额）

　　贷：其他应付款——增值税——项目部应交增值税

2. 汇总主体本部：

借：其他应收款——增值税——项目部应交增值税

　　贷：应交税费——应交增值税（结转销项税额）

（二）结转进项税额

1. 项目部：

借：其他应付款——增值税——项目部应交增值税

　　贷：应交税费——应交增值税（结转进项税额）

2. 汇总主体本部：

借：应交税费——应交增值税（结转进项税额）

　　贷：其他应收款——增值税——项目部应交增值税

三、清算税款

1. 项目部：

借：其他应付款——增值税——项目部清算补缴增值税

　　贷：应交税费——应交增值税（清算税额）

将清算税款交回汇总主体总部时

借：应交税费——应交增值税（清算税额）

贷:银行存款

2. 汇总主体本部:

借:应交税费——应交增值税(清算税额)

贷:其他应收款——增值税——项目部清算补缴增值税

收到项目部交来的清算税款时

借:银行存款

贷:应交税费——应交增值税(清算税额)

第十二章 “走出去”税务架构规划

自中国加入WTO后，建筑企业是中国企业“走出去”的中坚力量，近年来，“中国建筑”先后建设了俄罗斯联邦大厦工程、非盟总部大楼、波罗的海明珠工程等一系列代表性建筑，让“中国建筑”走向了世界。但是，由于中国企业对国外税收政策普遍缺乏了解，也引起了诸多税务纠纷，增加了企业的经营负担。尤其是中国建筑企业在借助国家“一带一路”战略“走出去”过程中，更应当注重制定典型税务架构规划，从而降低企业税负。

第一节 税务风险分析

一、“走出去”的两大税务风险

建筑企业“走出去”时，应当主要从以下两大方面防范税务风险。

(一)项目所在地的税务风险

1.不了解当地税收制度和征管方式。建筑企业“走出去”后，对项目所在国税收制度和国际税收体系缺乏了解，对国外税务征管的严格程度也估计不足。

例如：某中国企业卢旺达分公司在日常运营中没有及时整理税务资料，国外税务机关突击审计时发现：其上一季度纳税申报无法提供准确明晰的文件和数据支持，结果财务经理被监禁。

2.总部与国外分部沟通不畅，无法及时掌握所在国税务事项。中国“走出去”企业普遍缺乏海外财税管理人才，税务工作也无专人负责，财务人员漠视公司内部税务指导意见，执行项目所在国税务处理决定不严格。

项目所在地财税人员对不明确涉税事项，未咨询主管税务机关，也未及时向领导请示，往往自作主张，致使给企业造成严重损失时，才向国内总部报告。

3. 当地运营人员在经营决策、签订合同时未考虑税务问题。“走出去”企业财税人员，未充分意识到经营决策和税务风险的影响。

4.当地主管税务官员不执行该国税法或税收协定。“走出去”公司在所在国子公司账上列支的成本费用，应拥有完整合同与合法票据，按当地税法应允许扣除，但当地税务机关有时要求纳税调整，补缴公司所得税，是因为当地税务局不承认中国公司提供的居民证明，不允许当地项目公司在汇出股息、利息、特许权使用费时，适用我国与其签订税收协定所规定的低预提税税率。

5.当地税务机关不认同企业的税务处理，要求进行调整。建筑企业在中国境内提供设计和咨询服务，没有在境外客户所在地提供服务，因此取得收入只缴纳了当地的预提所得税。但当地税务机关不同意此税务处理，要求中国企业按照较高定额核定利润率，在所在国当地缴纳公司所得税。

例如：某中国公司的迪拜子公司对阿尔及利亚公司出租设备，收取租金。阿尔及利亚税务机关认为迪拜公司没有商业实质，不同意租金在税前扣除。

(二)应对中国税务制度风险

1.我国的“居民企业”制度。我国企业在境外设立子公司，如果实际管理机构在中国境内，可能会被我国认定为中国居民企业，其全球收入均需缴纳25%中国企业所得税。

2.“受控外国公司”制度。中国居民企业设立和控制的外国公司，实际税负低于12.5%，留存大量利润又没有合理商业理由的，就可能被认定为“受控外国公司”，其归属于中国居民企业的利润，需要计入该中国居民企业的当期收入，缴纳中国企业所得税。

中国企业在开曼、英属维尔京群岛等地设立的公司，非常可能被认定为“受控外国公司”。

3.“境外所得税抵免”。我国企业从境外取得的收入（例如直接从事工程承包的收入）均需缴纳25%中国企业所得税，但可以在一定限额内抵免已经缴纳的境外所得税。

很多中国企业在境外没有取得合法的完税凭证，或者计算不清境外所得税的金额，结果无法抵扣境外所得税，需要在国内全额补缴所得税。

4.“一般反避税条款”制度。税务机关可对存在以下避税安排的企业，启动一般反避税调查：

(1)滥用税收优惠；

(2)滥用税收协定；

(3)滥用公司组织形式；

(4)利用避税港避税；

(5)其他不具有合理商业目的的安排。

对于没有经济实质的企业，特别是设在避税港，并导致其关联方或非关联方避税的企业，税务机关可在税收上否定该企业的存在。

5.建筑业营改增风险。建筑企业在海外的工程收入，按现行税收征管制度，在国内是不缴纳营业税的，只是按国内企业所得税税率比境外所得税税率高的部分在国内补缴企业所得税。但营改增后，在国内采购原材料等物资、加工和运输取得的增值税进项税额能否抵扣，《营业税改征增值税试点方案》尚未明确。所以建议，根据惯例，海外建筑项目由于受国家间税收差别和税制的影响，其收入已在国外缴纳相关流转税，国家应支持建筑企业“走出去”，不应在国内再缴纳相关流转税，减少建筑业营改增的风险。

二、“走出去”的其他五大风险

我国“走出去”企业除涉税风险外，还存在其他五大风险，应提前筑起“防火墙”。

1. 防范金融风险。发展中国家金融危机防范能力较弱，近年来金融危机从未中断过，政府部门应做好预案，及时将此类风险信息告知“走出去”企业。

2. 防范政治风险。目前不少发展中国家政局不稳，社会矛盾尖锐，加之宗教、民族、部落等冲突，都会引发政治风险，“走出去”企业应做好防范。

3. 防范主权风险。随着对外经济交往频繁，我国与其他国家的矛盾和纠纷日益增加，遭遇的主权风险也随之增多，“走出去”企业应提前防范，不因国家间矛盾转嫁报复到自己头上。

4. 防范恐怖风险。不仅在发展中国家，而且在发达国家，中国企业都可能随时面临恐怖主义威胁。“走出去”企业遇到此类事件，应及时向我国有关部门寻求帮助，力争将损失降到最低。

5. 防范涉税风险。东道国的税收政策和征管程序时有变化，“走出去”企业应及时了解所在国最新政策或资讯。

第二节　税务架构切入点

我国“走出去”建筑企业的税务架构，即指通过在不同国家或地区设立一系列中间控股公司(SpecialPurpose Vehicle)，并以适当资本形式注入项目资金，进行合理的税务安排，使得从项目所在国到最终投资主体的全球税负最低。因此，建筑企业在“走出去”过程中，进行税务架构设计时应注意以下问题：

一、海外利润汇回

建筑企业“走出去”海外利润的汇回包括：利润汇出投资目的地与利润汇入境内两个步骤。针对利润汇出投资目的地，在选择利润汇出方法时应当着重考虑投资目的地的税收政策以及投资目的地与上层控股所在国的税收协定，综合利用各个利润汇回方法，降低利润汇回的税收成本。

针对利润汇入境内，应当分析利润累积海外与汇入境内的税负差异，着重考虑利润所在国的税收政策以及利润所在国与中国的税收协定，结合后续的“走出去”计划做出是否汇入境内的决策。

二、应税所得额控制

企业在制定自身税务架构安排时，除要考虑上述海外利润汇回时的税收成本、减少利润汇回时的预提所得税，还要考虑降低海外投资项目在生产经营过程中的税收成本。企业应当根据项目所在地的税收政策进行有效的供应链管理，合理安排自身的无形资产，制定集团内部的成本分摊协议，合理布局企业在投资目的地及周边国家或地区的研发、采购、生产、销售等功能，从而降低企业的整体税负。

三、SPV 所在地选择

中间控股公司（SPV）所在地的选择是“走出去”企业税务架构的核心，需要结合税收协定的具体条款和企业“走出去”的实际需要，综合考虑股利分配的规模、处置投资的方式、融资计划的安排。

中间控股公司所在地的选择应当从两个层面加以考虑：一是基于投资目的地与中间控股公司所在地税收政策进行选择；二是基于中国与中间控股公司所在地税收政策进行选择，最佳方案是能够使中间控股所在地的选择将中国、中间控股公司所在地与投资目的地的税收优惠上下贯通、相互连接。

四、涉税风险点控制

在“走出去”过程中，建筑企业应高度关注涉税风险点及其控制。

（一）涉税问题

陕西商务厅、国税局调研发现，建筑企业“走出去”主要面临三大税务问题：

1.企业应对跨境税务风险的能力较低。大多“走出去”建筑企业缺乏了解我国税法、项目所在国税法和税收协定的专业人才,没有完整的海外项目税务管理制度,应对跨境税务风险的能力不足。

2.多数企业不知如何享受税收协定待遇。随着“一带一路”战略的实施,企业均知道税收协定,但只有个别企业对项目所在国税制比较熟悉,大多数企业不清楚如何享受税收协定待遇、税收抵免等税收优惠,导致其自身利益受损。

3.企业潜在税收隐患较多。一些“走出去”企业对税务管理重视程度不够,普遍存在忽视项目税负成本、税务风险评估的问题,增加了企业跨国经营的潜在风险。比如在对外承包工程方面,选择哪种实体作为对外承包工程总包合同的签约主体,以及总、分包合同怎么签署,都将对工程的整体税负有着重大的影响。

(二)风险提示

1.税收协定。大部分“走出去”企业对税收协定重要性认识不足,重视依来源国当地税法缴纳税款,忽视税收协定对自身合法权益的维护,可能存在多缴税款的风险。

2.税收优惠。从调研结果看,部分“走出去”企业没有申请享受税收抵免,可能存在重复征税问题。同时,企业需留意税收饶让的规定,居住国政府对跨境纳税人在非居住国得到减免的那部分税额视同已经缴纳,不再按照本国规定的税率予以补征。

3.常设机构认定。常设机构认定,是判定“走出去”企业在与我国签订有税收协定的来源国是否需要就其经营行为进行纳税的重要标准,这对于对外承包工程企业尤为重要。

建议对外承包工程企业关注税收协定中的规定,判断是否需要被认定为常设机构。

4.境外投资方式。建筑企业在“走出去”之前,根据需要选择在海外设立的机构形式,从而降低整体税负。即在充分考虑和分析项目所在地、中间控股公司所在地以及中国的税负情况和影响后,对可能的签约模式进行综合分析与评估，以确定总、分包合同的签约主体以及合同签订的具体模式和安排，最终实现企业税负的最优化。

5. 履行申报义务。建议“走出去”建筑企业根据政策规定，及时进行纳税申报，并在“走出去”后，及时到所在国主管税务机关办理税务变更登记，避免因变更或申报不及时导致的税收风险。

(三)准备工作

1. 建立境外税务管理团队。建筑企业在“走出去”后，要及时设立国外风险预判和控制管理团队，以应对国外各种涉税事务，在第一时间明确国外业务税务处理方向，以便境外税务管理团队能及时、准确处理涉税事务，规避损失。

2. 尽可能了解投资国情况。企业准备进入某国前，应该熟悉项目所在地相关法律法规，准确识别政治风险和市场风险，对限制汇兑、限制进出口、税收、法律等因素变动对投资经营可能造成的风险要估计充分，并提出可行的应对策略，及早规避可能的风险。比如：苏丹对外汇有严格的管制，建筑企业在与业主签订合同时，在资金运作方面与业主进行了有效沟通，尽量避免日后的纠纷。

3. 与当地各部门保持有效沟通。建筑企业在国外承包工程时，建议聘请当地专业涉税服务机构做顾问，并与当地税务机关有效沟通，及时了解当地一些税收规定，规避税务风险。从已经“走出去”企业的经验看，妥善处理与项目所在国企业家协会、商业联合会和银行家协会等非政府组织的关系，保护好劳工利益，处理好各种劳工纠纷等，对“走出去”建筑企业是非常重要的。

4. 打通解决应急事件的通道。“走出去”企业应提前聘请好项目所在国律师，建立与业主和主管部门的联系渠道，便于有问题及时解决；获悉中国驻外大使馆的联系方式，遇到事情时可及时沟通求得帮助。在此基础上，还应针对境外可能遇到的风险，建立应急预案，避免不知所措。

5. 促进建筑产业发展国际化。“营改增”后，现行增值税出口退税政策相比出口营业税免征政策力度较大，增值税在进出口方面优惠政策更多，对出口商品一般适用零税率，这更有利于建筑企业“走出去”，实现产业发展国际化。

第三节　税务架构解读

中国建筑企业“走出去”过程中，即使充分了解国外税收优惠政策，也不可避免的面对如下问题。

一、居民企业资格认定

根据中国企业所得税法的规定，注册地在境外但实际管理机构在境内的企业，属于中国的居民企业，应当就其全球收入在境内缴纳企业所得税。在SPV税务架构下，应当确保在国外合资公司的非居民企业地位，完善其在所在国的公司管理组织，可派驻常驻管理机构及人员，聘请部分国外居民为董事会成员，董事会会议及重要决策活动在国外进行，做实其在当地的实际管理机构。做实国外合资公司的实际管理机构，更有助于“受益所有人”身份的认定。

二、多层抵免限制破解

中国企业取得境外所得计征企业所得税时，抵免境外已纳或负担所得税额的范围，仅限于其控制的三层外国企业。如果海外税务架构设计层级过多，三层之外的项目公司在投资所在地缴纳的税收，将不能被用于抵免中国母公司收到境外股息时需要缴纳的中国企业所得税，从而令同一笔收入被双重征税。在本书的SPV税务架构下，中亚矿业公司恰好处在法定允许抵免的第三层。如果企业海外税务架构超过三层，可以考虑将利润留在税负比较低的层次而不汇回国内，即把海外利润留在海外，供企业进一步实施资本运作使用，并达到递延纳税的效果。

三、受控外国企业管理应对

《特别纳税调整实施办法》第六条规定，受控外国企业管理是指税务机关按照《所得税法》第四十五条的规定，对受控外国企业不作利润分配或减少分配进行审核评估和调查，并对归属于中国居民企业所得进行调整等工作的总称。企业把海外利润累积在海外可能会受到境内反避税调查。中国企业控制的实际税负率低于12.5%的外国企业并非出于合理经营需要对利润不作分配或减少分配的，应当对当期不分或少分的利润计入中国企业当期的视同受控外国企业股息分配的所得，并予以征税。

因此，企业在应对境内受控外国企业管理时，要选择实际税负高于12.5%的国家或地区设立控股公司，并且应当充分准备利润留存具有合理商业目的安排及经营需要的证明资料，准备海外受控公司所在国的税负情况说明资料。

四、后BEPS时代税收规划

2015年10月5日，经济合作与发展组织(OECD)发布了税基侵蚀和利润转移(BEPS)项目的全部15项行动计划的最终BEPS成果。

“走出去”建筑企业，应着手研究新要求带来的挑战，并检查经营实质与税收是否匹配。为此，建议中国建筑企业应立即研究BEPS成果并及时评估对其经营战略和税收策略的影响。如果“走出去”建筑企业不跟踪这些新变化，及早调整现有的税收安排，企业也将面临不小的税务风险。

1. 认识层面，跟踪国际税收规则变化。

对于“走出去”的建筑企业而言，不论是否熟悉现有国际税收规则，未来几年，都需要更加关注最新国际税收规则。尤其要注意的是，现有国际税收规则的很多缺陷将被BEPS行动计划弥补，对此，可能恰恰是某些企业避税的基础。

税基侵蚀和利润转移(BEPS)是指跨国企业利用避税地、各国税制差异、全球税收规则存在的不足及管理漏洞，最大限度地减少全球总体税负，甚至达到双重不征税的效果，造成对各国税基的侵蚀。

在国际税收规则中，税收协定扮演着重要角色。BEPS行动计划中有多项涉及税收协定条款，BEPS成果的“落地”，有赖于对这些协定条款的修订。现在，各国已就应对和防范滥用税收协定实施避税达成广泛共识，因此，增加了我国“走出去”企业进行税务架构规划的难度。

2. 战略层面，科学规划统筹考虑税收。

如果说“走出去”是建筑企业重要战略，税收因素则是此战略重要的组成部分。

例如：W公司是一家大型企业，近年“走出去”的步伐很快，在境外投资了地产、医院、保险等大量项目。前些年，其所有投资事宜都是由投资部主导，财务部事后介入。然而，由于投资部对税收协定和相关国家税制不熟悉，导致其几大项目由于税收因素考虑不周而承受不同程度的损失。受此影响，W公司管理层决定，另设税务部和税务总监，专门负责公司税务事项。同时规定：所有投资事项，未经税务总监批准不得实施。

BEPS项目成果实施后，“走出去”企业会面临国际税收规则、中国税法和诸多投资国税法的同时调整，还将面临各国税务机关步调更为一致、信息更为透明的税收监管。当前，在我国像W公司这样从战略高度重视税务因素的“走出去”企业并不多。因此，“走出去”的建筑企业，必须结合BEPS最新成果，在战略层面做出前瞻性考虑，否则将面临更多税务风险，这是“走出去”企业的当务之急。

3. 操作层面，调整税务安排防范风险。

对于中国“走出去”企业而言，凡是依托避税地设立的公司架构，极有可能在BEPS项目最新成果逐步“落地”后“撞在枪口上”。

随着BEPS行动计划的出台，“走出去”企业应对自身税收管理流程及理念进行及时更新，对交易行为、架构设计等进行重新审视和梳理，对存在较大税收风险的方面进行重新调整，以规避相关税务风险。

一方面，企业应对自身现有的一些交易和事项重新审视。比如，目前“走出去”企业的投资结构是已经存在的，那么这种投资架构是否会与各国打击跨境逃避税的相关税收立法有冲突，如果有冲突，企业就需要重新审视和考量。

另一方面，企业在进行相关交易前，必须充分考虑 BEPS 项目成果实施后各国税法的变化情况，根据新税法环境，对其交易进行重新规划和筹划，避免产生税务风险。

4. 税收争议。

“走出去”企业应冷静处之，在选择解决税收争议途径时，首先要考虑到项目所在国的税法环境和文化情况。如果一个国家有完善的法律体系，并且法律能得到有效实施，通过行政复议和诉讼渠道解决问题是比较理想的。比如，在美国和欧盟国家，通过行政复议或诉讼就是可行的。但是，有些国家(如越南)虽然法律体系很健全，但是实际实施的不多，如果在这样的国家提请行政复议或者诉讼，时间成本比较大。

因此，建议“走出去”企业，对于发生的税收争议，如果通过行政复议和诉讼渠道无法化解税收争议时，建议及时向我国税务机关申请启动相互协商程序。我国税务机关会与税收协定缔约国税务机关面谈。在面谈的过程中，如果问题特别复杂，或者企业特别着急，还可以通过外交途径进行沟通。

难题一：企业遇到国际税务争议如何解决?

国际税务争议，通常是指因在国际税收关系中各主体之间就国际税法上的权利和义务产生的争议。

案例：外国税务当局不执行税收协定多征税款。

烟台杰瑞石油服务公司 2010 年在哈萨克斯坦投资注册了子公司，母公司以租赁的方式将设备交给子公司经营。按照哈萨克斯坦税法规定，对子公司向境外支付的租金要按照 20%的税率代扣代缴所得税。国内税务局在杰瑞公司办理所得税汇算清缴时，对这笔税款提出了质疑：我国与哈萨克斯坦早已签署税收协定，其第十二条规定，对于我国在其投资取得的租金收入，应按特许权使用费执行 10%的税率。杰瑞公司为此向该国主管税务机关发起了退税申请，但该国主管税务机关坚持执行国内法驳回了杰瑞公司的退税申请。该公司在国外维权异常被动。根据中哈税收协定规定的协商程序，我国税务机关辅导企业填写“启动相互协商程序申请书”，启动与该国相互协商程序。经过多轮艰苦的谈判，哈萨克斯坦最终退回了多征的150万元税款。

友情提醒：“走出去”遇到税收争议要找税务局。

中哈税务机关此次博弈，税额虽不算大，但意义极其重大。“走出去”企业在境外与当地税务机关产生征税争议也不用担心，可将争议案情提交至我国的主管税务当局，申请启动相互协商程序，由双方国的税务当局相互磋商解决企业税收争议。

难题二：国外工程购买国内设备能否退税？

案例：对外承包工程项目的出口货物可以退税。

胜利石油工程公司对外承包工程所耗用的钻具套管、钻机配件以及钻机等金额较大的自带设备多数由国内运往境外。针对企业出口业务规模大、原材料和设备种类繁多等特点，我国税务部门可采取一对一辅导模式，及时解决出口退税中存在的实际问题，确保符合条件的出口业务全部办理了出口退（免）税，累计办理免抵退税1.04亿元。

友情提醒：企业需了解哪些事项可办理出口退税。

按照国家税务总局〔2012〕第24号公告规定，用于对外承包工程项目的出口货物，可以享受增值税的退税优惠。但是由于企业境外承包工程出口的原材料和设备种类繁多，业务规模大，涉及的政策比较复杂，因此企业要和税务机关多沟通，及时了解哪些事项可办理出口退税。

难题三：企业已缴境外税款境内如何抵免？

境外税额抵免分为直接抵免和间接抵免。直接抵免是指，企业直接作为纳税人就其境外所得在境外缴纳的所得税额在我国应纳税额中抵免。间接抵免是指，境外企业就分配股息前的利润缴纳的外国所得税额中由我国居民企业就该项分得的股息性质的所得间接负担的部分，在我国的应纳税额中抵免。

案例：境外税收境内抵免要符合税法。

中石化工程设计公司近年来配合国家“走出去”发展战略，在阿尔及利亚、肯尼亚、加蓬、印度尼西亚等国开展了大量境外承包工程项目。该公司共取得阿尔及利亚、肯尼亚、印度尼西亚境外收入2289万元，相关支出3044万元，亏损755万元，境外收入、成本与境内账务一并核算，冲抵了境内的利润，违反了税法有关规定，税务机关主动开展调研，摸清该企业情况，结合企业境外投资所属行业、地区分布等特点，考察了解企业“走出去”规划、对外承包工程项目进展等情况，有针对性地开展税收协定、所得税法中有关境外所得核算、税收抵免等政策辅导，帮助企业将境外机构亏损抵减境内盈利的755万元在申报期内及时进行调整，规避了企业日后的税收风险。

友情提醒：境外所得涉税处理不能掉以轻心。

“走出去”企业在汇总缴纳企业所得税时，境内分支机构之间的盈亏允许互抵，境外同一国家（地区）分支机构之间的盈亏允许互抵，境外不同国家（地区）分支机构之间的盈亏不得互抵，境内与境外分支机构之间的盈亏也不得互抵。因此，企业在同一纳税年度的境内外所得加总为正数的，其境外分支机构发生的亏损，由于上述结转弥补的限制而发生的未予弥补的部分，今后在该分支机构的结转弥补期限不受5年期限制。

第四节 “走出去”税务架构案例分析

建筑企业“走出去”税务架构设计的核心在于，寻找投资母国、投资目的国以及其他相关国家或地区在税收政策以及税收协定上的优惠，并把一系列的税收优惠相联系，从而实现降低海外利润整体税负的功能。本节将举某中国企业在中亚的矿业投资项目案例，并分析在没有制定税务架构和利用 SPV 税务架构间利润的税负情况。

一、投资项目及其税收政策

A 公司为一家中国企业,计划与美国 B 公司进行合作,合作方式是由 A 公司与 B 公司共同出资设立合资公司,共同投资经营位于中亚某国(以下称为"投资目的地国")的矿山项目。对于该矿山项目,A 公司主要投资目的在于通过参股投资能够获得低廉的生产原料,满足 A 公司其他分公司的需求。同时,A 公司也考虑在合适时机,将海外矿山项目推向香港股票市场,并获取资本收益。目前,通过调查可以获取的相关国家或地区的税收政策及有关税收协定的规定如下。

香港:根据香港联交所的相关上市规定,中国境内、中国香港、百慕大和开曼群岛为法定允许的拟上市公司的注册地点,其他国家或地区所设立的公司需要到香港联交所进行单独的事前审批。香港税法规定,来源于香港境外的收入免税,已缴付香港利得税的法团所分派的股息收入免税。

中亚:投资目的地的企业所得税税率为 20%,股息预提所得税税率为 15%,投资目的地与香港、中国大陆均没有签订税收协定。

荷兰:荷兰税法规定,母公司持有子公司 5%以上股份的,母公司得自子公司的股息红利免税,母公司出售子公司股份的资本利得免税。荷兰与投资目的地签订有税收协定,并规定股息预提所得税税率为 5%。荷兰与香港签订有税收协定,并规定股息预提所得税税率为零。

二、税务架构的税负分析

中国 A 公司可以与美国 B 公司直接在投资目的地设立中亚矿业公司,但这一持股架构会带来两大弊端。第一,中亚矿业公司在香港联交所上市存在极大的困难。第二,中国 A 公司直接从中亚矿业公司获取股息收入的税收负担重。

根据下图中的税务架构,企业整体税负分析如下:

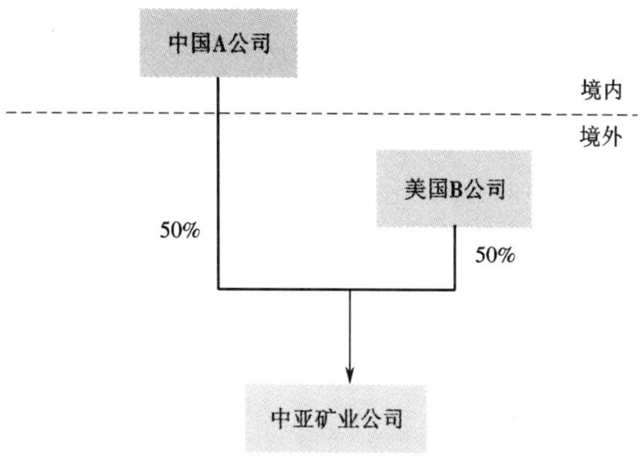

1. 中亚矿业公司税前利润为 100 万美元，税后利润为 100×(1－20%)＝80 万美元。

2. 中亚矿业公司向中国 A 公司支付的股息需要在投资所在国缴纳预提所得税，税额为 40×15%＝6 万美元。因此，中国 A 公司实际获得股息为 34 万美元，海外利润的海外税负比为(50－34)÷50＝32%。

三、SPV 税务架构的税负分析

由于中国 A 公司希望未来能够把矿山项目推向香港资本市场，因此，为满足此目的，可在香港设立合资公司。由于香港与投资目的地之间没有签订税收协定，未来从投资目的地汇回香港的各种收益有可能被投资目的地政府征收较高税款，因此，应在香港和投资目的地之间插入荷兰控股公司，以达到降低整体税负的目的。

根据下图所示的税务架构，企业整体税负分析如下：

1. 中亚矿业公司向荷兰控股公司支付股利。中亚矿业公司税前利润为 100 万美元，税后利润为 100×(1－20%)＝80 万美元。根据投资目的地与荷兰签订的税收协定，从投资目的地向荷兰支付的股利在投资目的地按照 5%缴纳预提所得税，税额为 80×5%＝4 万美元。因此，荷兰控股公司实际从中亚矿业公司获取股利为 76 万美元。

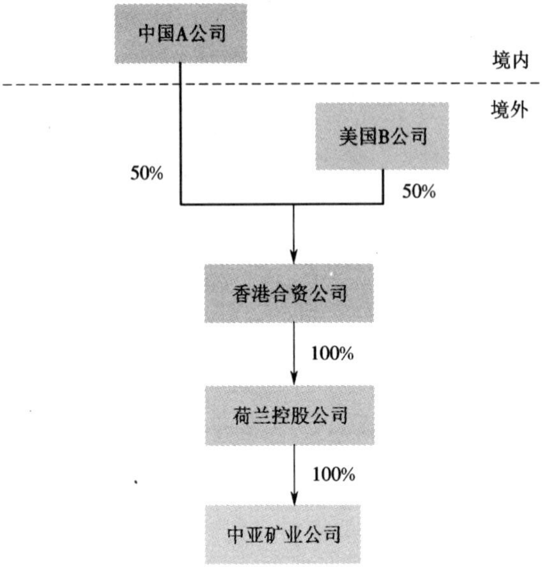

2. 荷兰控股公司向香港合资公司支付股利。根据荷兰参股所得免税制度，荷兰控股公司获取的股利无须在荷兰缴税。根据荷兰与香港签订的税收协定，从荷兰分派股利至香港的预提所得税税率为零。因此，香港合资公司实际从荷兰控股公司获取股利为 76 万美元。

3. 香港合资公司向中国 A 公司支付股利。根据香港《税务条例》的相关规定，香港公司来源于香港境外的收入免税，获取香港法团分派的股息免税。因此，香港合资公司实际可分配利润为 76 万美元，中国 A 公司实际可获得股息为 38 万美元，海外利润的海外税负比为(50－38)÷50＝24％。相较于直接投资，SPV 税务架构可以在很大程度上降低海外投资利润的税收成本，并且可以有效地支持海外投资的其他诸如资本运作、上市等目标的实现。但是，企业在制定并实施自身的海外投资税务架构时，应当准确把握其风险，并采取有效措施予以应对。

四、“走出去”典型案例分析

为帮助“走出去”建筑企业全面理解税法，本书归纳总结了“走出去”

企业常见税收问题，通过以下七个案例，为“走出去”企业维护合法权益提供参考。

(一)充分利用协定相关条款，减少税收成本

税收协定针对股息、利息和特许权使用费(含租金)等所得通过设置较低税率，限制来源国的征税权，体现税收协定优于国内税法征税规定的优惠待遇。“走出去”建筑企业应充分利用这些条款，在缔约国获得减免税待遇，降低税收成本。

【案例参考一】

2014 年，境内 A 公司走出国门，与 T 国当地商人合作投资创办 B 公司。A 公司以技术创新拥有了产业技术专利权，填补了 T 国在该产品领域的空白。然而，A 公司一直未把“走出去”以后的有关税收问题放到决策位置，因此，从未进行过深入的税收政策研究。T 国企业获得中方技术专利，在支付技术专利费时，T 国税务部门认定这笔费用属于特许权费用，需要按 20%税率征税。我国税务机关获悉情况后，告知企业，按照两国税收协定，可以按 15%的税率缴纳。最终，成功帮助“走出去”企业节税 5 个百分点。

【政策链接】

1. 什么是税收协定？

税收协定(Tax Treaty or Convention)，又称国际税收条约。是指两个或两个以上主权国家，为协调相互间的税收管辖关系和处理有关税务问题，通过谈判缔结的书面协议。签署税收协定主要是为解决：消除双重征税、稳定税收待遇、降低税率、归属利润、防止偷漏税、实行无差别待遇、建立争端解决机制。

2. 我国已签订税收协定概况？可在哪里查看该协定情况？

截至 2015 年 10 月底，我国已对外签署 101 个税收协定，与香港、澳门和台湾分别签署了税收安排。我国对外签订的避免双重征税协定详见税务总局网站。

(二)开具“中国税收居民身份证明”,享受税收协定待遇

凡是中国居民到境外从事经营活动,如其所在国家与我国有税收协定,“走出去”企业应持“中国税收居民身份证明”向对方国家要求享受税收协定规定的相关待遇。因此,要享受税收协定待遇,企业必须首先证明自己的中国居民身份。

【案例参考二】

2011 年,我国税务机关发现 A 公司在×国缴税很多。经过了解得知,企业不知我国与×国签署了税收协定,其从 B 公司的分红所得未享受按协定税率 10%缴纳所得税的优惠待遇。对此,我国税务机关立即提醒该企业尽快申领“中国税收居民身份证明”,及时向×国税务当局申请享受协定待遇。

A 公司持我国出具的“中国税收居民身份证明”,与×国税务当局进行了多次沟通,申请享受中国与×国的税收协定待遇,要求×国税务当局退还了其多缴的 1062 万欧元税款,约合人民币 9828 万元。

【政策链接】

“走出去”企业如何取得“中国税收居民身份证明”?

国家税务总局〔2008〕829 号文规定,税收居民身份证明由各地、市、州国税局、地税局负责向所辖企业和个人开具,申请人在开具证明时,应填写并向开具部门递交“中国税收居民身份证明”申请表,由局长签发。

缔约国对方税务主管当局对居民证明式样有特殊要求或其自行设计表格要给予签字盖章以证明纳税人是我国税收居民的,在完成对该居民填写的“中国税收居民身份证明”申请表内容审核后,予以办理。

(三)申请相互协商程序,解决国际税务争议

当“走出去”企业发现或认为缔约对方国家所采取措施已经或将会导致不符合税收协定规定的征税行为,可根据总局公告〔2013〕56 号规定,及时向税务部门反映并提出申请,由总局与缔约对方主管税务当局协商解决,通过政府间的正式接洽来解决税务争端和纠纷,维护企业的合法利益。

【案例参考三】

我国A公司一个税务问题却险些让该公司在R国的发展折戟沉沙。原来，为了避免被国外税务机关认定为常设机构，A公司经过税收筹划，在R国采用了“由当地子公司签订服务合同，由总机构签订商品销售合同”的经营方式，以规避双重征税。但是2009年2月，R国某基层税务分局却认定中国公司在R国构成常设机构，要求其补缴增值税、所得税和滞纳金等共计2000多万美元。

A公司虽然积极抗辩并诉至R国法院，但收效甚微。国内主管税务机关了解到A公司的处境后，对其境外税收争议焦点作了认真分析，建议A公司按照税收协定和《中国居民申请启动税务相互协商程序办法》的规定，申请启动两国税务机关间磋商机制。最终，经过两国税务机关多个回合谈判，R国税务局于2009年11月底复审裁决撤销原判罚，使A公司避免了近2亿元的损失。

【政策链接】

在国外做建筑工程、提供劳务需要注意什么?

在与我国签订有避免双重征税的税收协定的国家(地区)，做建筑工程、提供劳务需要注意在协定中关于构成常设机构时间的规定。其经营取得的利润，只有企业通过在该国设立的常设机构进行营业取得的利润才在该国纳税。不构成常设机构的，不在该国纳税。例如，我国企业在外国做建筑，承包工程、安装设备等，一般以连续超过6个月才构成常设机构。不超过6个月的，不在该国纳税。

(四)了解出口退税政策，及时申请出口退税

“走出去”企业在走出去过程中，如果用机器设备进行投资，或者向境外设立的企业出口货物，应及时向我国税务机关出口退税部门申请出口退税。

【案例参考四】

2011年，境内A公司通过输出生产线在M国投资建立工厂，生产线在国内采购组装后出口。由于财会人员对出口退税政策不熟悉，又未及时咨询税收政策，在海关报关出口后未及时办理出口退税。税务机关了解此情况后，主动上门为企业办理了14万元的出口退税。

【政策链接】

“走出去”企业是生产型企业，企业外购货物用于对外援助、对外承包、境外投资出口，能否退(免)税？

答案是可以。“走出去”生产型企业用于对外援助、境外投资、对外承包工程项目下的货物，以及生产自产货物的外购设备和原材料(农产品除外)，作为视同自产货物，可按规定办理免抵退税。

(五)关注预约定价安排，提高纳税确定性

预约定价安排是企业与税务机关就企业未来年度关联交易的定价原则和计算方法所达成的安排。中国“走出去”企业应关注通过合作途径如预约定价安排这一高级形式提高纳税确定性，降低其关联交易转让定价的相关税收风险。

【案例参考五】

中国某公司在欧洲某国设立了一家销售公司，中国公司将其生产的产品全部销售给欧洲公司。中国公司主要执行生产、原材料采购及研发等功能，并承担相应的生产风险、研发风险，不承担市场风险、信用风险和存货风险。瑞士公司执行产品销售、市场营销、物流和质量控制等职能，承担市场风险、信用风险以及汇兑风险。中国公司所在地税务机关根据中国公司境外投资特点，加强对该公司风险的识别分析，对其关联交易可能存在的税务风险及时进行了预警，中国公司为了避免其内部关联交易带来的税收风险，就其未来年度跨国关联公司之间交易的定价原则等向税务机关提出了预约定价安排申请。税务机关接受了中国公司的预约定价安排申请后，双方经过多轮约谈磋商，最终就中国公司与其欧洲公司的关联交易定价原则及计算方法等达成一致，签订了“预约定价安排”。

【政策链接】

预约定价安排一般适用于哪些企业？

预约定价安排一般适用于同时满足以下条件的企业：

(1)年度发生的关联交易金额在4000万元人民币以上；

(2)依法履行关联申报义务；

(3)按规定准备、保存和提供同期资料。

(六)加强税企沟通,提升纳税遵从

“走出去”企业应加强与国内外税务机关的信息交流,并按照总局38号公告要求履行相关资料报告和纳税申报义务等。

【案例参考六】

中国某公司采用“放风筝”式的方法管理境外企业:在境内接单结汇、境外加工生产。即境外企业的接单、原辅料供应、结汇等全部都在国内总公司进行,境外工厂只负责生产、质量和交货期。境外工厂只是集团的一个加工厂,工厂除有部分备用金外,所发生的费用均由总公司按期支付。根据国际惯例,这种经营方式存在关联交易转让定价的避税嫌疑,可能会受到项目所在国税务当局的关注。税务人员通过走访企业,发现对方税务机关已询问企业为何长期亏损还继续经营。我国税务人员帮助企业规范关联交易定价方法,避免了投资所在国税务当局的转让定价调查而引起的双重征税。

【政策链接】

居民企业在哪些情形下,需填报“受控外国企业信息报告表”?

居民企业发生下列情形,应该填报“受控外国企业信息报告表”:

(1)居民企业应该按照《企业所得税法》第四十五条规定,将其控制的境外企业未分配利润中应归属于本企业的部分计入本企业当期收入;

(2)居民企业设立在属于国家税务总局指定的非低税率国家(地区);或者主要利润来自于积极经营活动所得;或者年度利润总额低于500万元人民币,就无须将其控制的境外企业未分配利润中应归属于本企业部分计入本企业当期收入。

(七)××集团“走出去”税务经验

【案例参考七】

××集团在“走出去”过程中,主要从以下四个方面做好税务管控:

1.加强信息化，如果只涉及国内的运营，那么在同一个时区、同一个申报体系管控有一些便利条件；如果变成国际化的企业，就会同时面临多个国家税收制度，如果不用信息化管控单靠人工是做不到的。××集团目前在世界主要国家都进行了投资，因而这些投资分布对信息化要求非常高。

2.加大国际化，现在跨国企业所面临的不仅是税法的国际化而是税务关系国际化，“走出去”企业要从单纯的遵从国际税法升级到具备国际化的视野，建立国际化的团队。××集团以国际化视野、国际化团队，建立了国际化管理模式和税务管理体系。

3.优化其税负，其实在走出去的过程中会发现，可用的工具、可操作的空间是更加的丰富和扩大了，不像国内可进行税务筹划的空间比较小。

4.税务零风险，这是××集团一直追求的目标。因为××集团也是做建筑起家，所以一直强调零风险，管理模式从项目拿地到最后广场开业，确保每一个环节都零风险，不仅不能出现延迟申报的项目，在税收筹划的过程中也要控制风险。

××集团的税务人员在“走出去”的税务风险管控中，主要发挥了四点作用：①税收调研为财务计划打下基础；②税收筹划为投资计划添砖加瓦；③税收遵从为永续经营防微杜渐；④公正解决为企业发展保驾护航。

××集团在“走出去”的过程中，非常注重税收环境的调研以及税收筹划、税收遵从和税务争议的合法解决。当前，“走出去”建筑企业应主要依靠国际会计事务所，国内税务师事务所现在往往在经验和团队上还有所欠缺，但伴随着中国企业“走出去”的进程，国内税务师事务所必将会大有作为。

第十三章 “互联网+”与营改增

加强企业内部的管理，按照增值税管理链条，进行规范化、流程化、可控化的管理，确保合同流、货物流、发票流、资金流的四流合一。这需要企业总部的信息管控能力加强，对所属分公司、项目部管理适度加强，不能像现在很多企业对下面机构的业务情况都不能全面掌握。建筑企业经营管理有其非常明显的行业特色，无论是企业精细化管理还是加强与项目部、上下游信息互动都需要采用更加有效的信息管理方案和技术手段，而采用基于“互联网+”技术的管理信息化将是建筑企业应对营改增的重要支撑。

第一节 “互联网+”助力营改增落地

一、营改增催生建筑企业管控能力建设

营改增后增值税影响企业税负高低中非常重要的一项内容就是进项税额抵扣。按国家营改增实施办法中的规定“建筑服务发生地主管税务机关预缴、向机构所在地主管税务机关申报缴纳”。总机构进行进项税额的认证抵扣，进项税额抵扣要求法人单位对分公司和项目部的分包、租赁、采购等支出类合同，计量结算及出入库等物流信息，增值税专用发票，针对分包商、供应商的应收应付及资金支付信息进行集中管理，需要加强总部对下属分公司和项目部的管控能力。但建筑企业总部、项目部异地经营、产值规模引起的涉税数据量大、项目部实际经营过程中与总部的权责关系复杂等因素，使得传统的手工管理或者基于制造业设计的传统管

理信息系统都无法有效应对，需要基于工程项目为主线设计的采用“互联网＋”技术的管理信息化来帮助企业应对营改增。

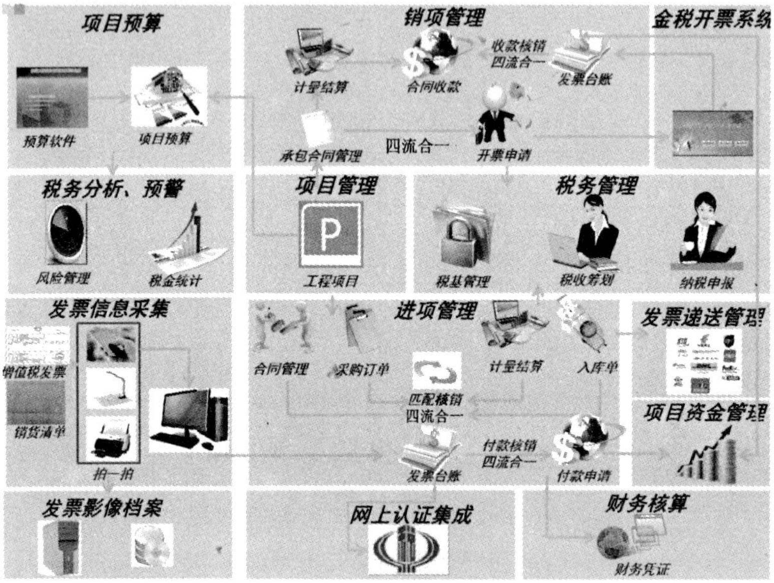

二、加强建筑企业“虚开虚抵”风险控制

营改增将使建筑企业经营管理风险的重点发生重大的变化，建筑企业因为其经营模式和管控能力将使其面临非常大的增值税发票“虚开虚抵”风险。

1.增值税是否存在虚开虚抵，稽查依据是“合同流、货物流、发票流、资金流”四流合一。对于企业来讲，未来税务风险控制主要是建立基于“四流合一”风险控制系统。以工程项目管理为主线，至少具备收入类合同、支出类合同、计量结算、物资出入库、增值税发票、项目应收应付等相应功能，基于互联网技术，及时把项目部、分公司的相关业务数据采集到数据库中，建立相应的匹配关系，将符合“四流一致”的增值税专用发票纳入增值税税务管理进行抵扣，对不符合的发票建立预警机制进行风险预控，防止“虚开虚抵”，减少企业经营风险。

2.鉴于税务管理部门有可能利用工程项目预算、决算数据，测算工程的材料耗用量，用测算的材料耗用量和实际企业抵扣的进项发票材料数量进行对比扫描，如超过测算数量就可能形成虚受虚抵稽查疑点进行稽查。为了提前防止税务稽查风险，同时也防止舞弊行为而产生税务风险。企业应该建立税务风险内部稽查扫描系统，基于投标预算或者最终决算，由系统自动测算材料计划耗用量，并同实际合同发生数、发票发生数进行动态扫描比对，智能扫描，发现稽核风险并自动启动风险预警。

三、破解建筑企业涉税数据采集难题

建筑业市场准入制度是对进入建筑市场提供产品和服务的主体资格进行限制和管理的制度。资质持有者一般是公司总部，工程投标也是以资质持有者的名义进行的，承包合同也是以公司总部名义签订，但实际执行者却是分公司或者项目部。营改增后要符合增值税稽查四流合一的要求，同时不违反《建筑法》第二十八条禁止违法转包或非法分包的规定，只能采用法人集中管理模式，税数务和财务管理全部集中在持有资质的法人单位。

增值税税务稽查、四流合一、相应数据之间的关联性很强，单是财务部门无法处理，需要项目部、分公司及其他职能部门之间协同处理。

涉及增值税管理的数据，包括合同、货物、发票、资金等信息，信息数据量大，采用传统手工管理将是一个无法处理的问题。

建筑企业异地经营的特点，增值税管控涉及的很多数据都在项目部或分公司，意味着涉税信息地域分散，存在空间上的距离，涉税信息按纳税人集中难度大，需要基于互联网和信息化解决此问题。

增值税按月申报，相对于企业所得税“按季预缴、按年汇算清缴”时效性将更强。涉税信息特别是进项发票信息的采集及“四流合一”验证的时效性要求大大提高，需要互联网及信息化提高管理效率。

四、降低建筑企业税务管理成本

建立增值税进项税额抵扣凭证管理系统,规范增值税纳税管理,防止增值税专用发票使用舞弊行为的发生。增值税发票不同于普通的发票,其开具、保管、缴销和认证都有严格的规定。由于建筑施工企业点多面广的特点,对发票的电子化保管和传递显得尤为重要,通过信息化可以防止发票保管不善或在传递过程中出现丢失、毁损现象,避免因此给企业带来严重的损失。

采用互联网云平台技术和OCR扫描识别技术相结合的方式进行发票管理系统的建设,能够有效解决此问题,非常适用于建筑企业的发票管理要求,可以针对性的解决"营改增"后建企发票异地采集、多点管理、远距离信息传递、及时信息交换的需要。而且可以大大节约建企的管理成本和人员工作强度,有利于管控方案的推广,减少管控系统推行阻力。

通过扫描仪扫描、高拍仪和手机拍照方式采集发票,并由系统自动进行发票真实性检查。

1.通过OCR识别技术自动对采集的发票数据进行识别,代替手工完成发票录入。

2.识别后的发票电子数据与合同、入库匹配核对完成四流合一。

3.对税务风险预警机制进行异常风险辨析,形成预警。

4.发票数据业税财一体生成财务凭证,完成核算。

5.发票信息与税务免认证抵扣平台进行集成完成抵扣。

五、构建企业财税共享中心

营改增后,建筑企业作为一个增值税纳税主体进行汇总申报。对于建筑企业特别是产值规模较大而且经营上主要以资质共享、项目经理承包经营机制为主的施工总承包企业。其在企业税务管理中更要体现增值税分级管理、分级统筹的管理特色,建筑企业根据其经营特点多存在总部、分公司、区域、项目部等多级管理,而这几级管理机构存在比较复杂的

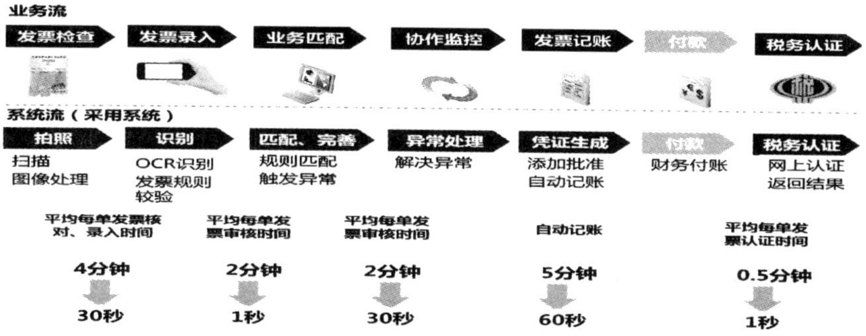

权利义务关系，管理考核是多基于承包人或者项目经理，企业应充分掌握每个项目的销项税额和进项税额，核算清楚每个项目的实际税负，充分考虑“单项项目税负核算”。企业总部也需要根据自身的多级管理，分层级建立增值税税负核算，包括销项税额、进项税额、承包人和项目经理内部统筹、内部留存备抵、预缴税金、内部实缴、内部欠缴等多级虚拟纳税主体的税务账本，算清楚不同利益主体的实际税负情况，从而在理清内部税负关系的前提下有效发挥企业增值税统筹收益，实现总承包企业资金流出最优化及相应资金收益。

六、提升供应商及采购价格管理能力

营改增后，供应商身份直接决定物资设备进项税额抵扣情况，通过信息化建立全企业共享的统一供应商管理体系，为营改增后供应商选择提供参考。通过供应商的入库管控和后续评审，防范因供应商原因带来的恶意虚开或善意虚开等税收风险。

在上游供应商信誉、货物质量相同的情况下，运用现金流入最大化模型，综合判断选择对企业最有利的采购价格。

现金流入最大化模型：

取17%专用发票情况下的现金净流量为：$M-A-(M\div1.11\times0.11-A\div1.17\times0.17)-[(M\div1.11\times0.11-A\div1.17\times0.17)\times0.1]-\{[M\div1.11-A\div1.17-(M\div1.11\times0.11-A\div1.17\times0.17)\times0.1]$

$\times 0.25\} = 0.668\,7M - 0.630\,2A$

即为：含税工程收入－含税进项货物－（工程收入销项税－购进货物进项税）－城建税和教育费附加－（不含税工程收入－不含税购进货物成本－城建税和教育费附加×0.25）

即为：含税工程收入－含税进项货物－应交增值税－应交城建税和教育费附加－应交企业所得税

取 11%专用发票情况下的现金净流入量为：$0.668\,7M - 0.668\,7B$。

取 6%专用发票情况下的现金净流入量为：$0.668\,7M - 0.703\,7C$。

取 3%专用发票情况下的现金净流入量为：$0.668\,7M - 0.726\,7D$。

基于上述模型我们可以发现，基于人工快速决策是存在较大难度的，特别是建筑业采购很多时间是由实际承包人或者项目经理决策的，需要每个人都掌握计算模型进行测算决策是不可能的。故建筑企业需要采用基于“互联网＋”的技术来把比价模型工具化，采购决策人员可通过 APP 进行快速模型比价的方式来确定合理低价，辅助我们采购决策。

七、完善增值税“价税分离”架构

营业税属于价内税，根据发票金额全额入成本，故在实际信息化管理中只需要体现数量、含税单价、金额三个要素，对应成本和应付账款。增值税属于价外税，在实际信息化管理中要价税分离，需要体现数量、不含税单价、税率、不含税金额、税额、价税合计等要素，这些要素对应不同含义：不含税金额对应成本、税额对应进项税额、价税合计对应应付账款。故信息系统需基于增值税架构，业务管理和财务管理需要同时支持价税分离，如合同、物资、成本等应用要实现价税分离管理，否则就会出现业务与财务不能匹配导致数据混乱问题。

第二节 业务财务一体协同管理

建筑企业在缴纳营业税时，营业税属于价内税，纳税的多少最关键的是营业额的多少，不存在购进抵扣环节，公司与涉税相关的职责集中在财务部。

营改增后，公司缴纳的增值税一方面与公司的销售业绩有关，营销模式的组织设计与会计的正确核算影响着销项税额，另一方面与公司取得的可抵扣进项税额的增值税专用发票有关。公司与涉税相关的职责不仅在财务部，更多地向市场经营部门、采购物资部门、工程管理部门、企业管理部门扩散。

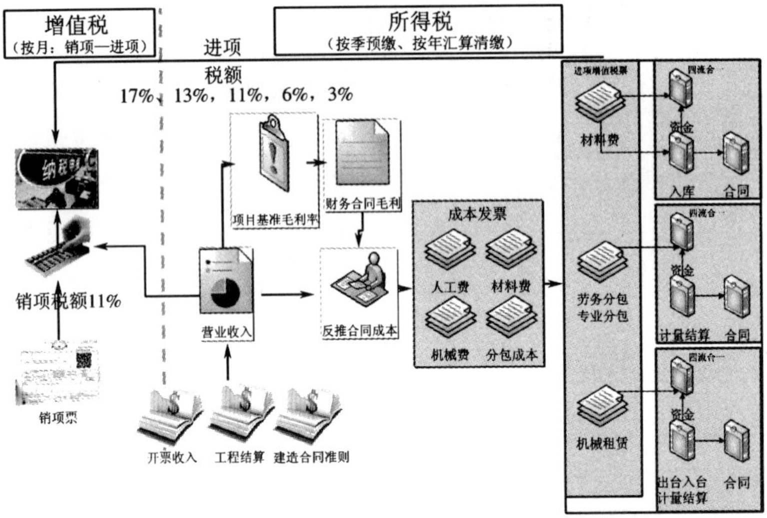

营改增后，建筑企业在工程决算完毕且工程决算价款全部收到前，很有可能出现财务部门收到的确认时间和计量金额，与工程款收到的时间和金额及增值税销项税额的时间和金额的明显差异。加强业务部门与财务部门的一体化协同，减少财务营业收入与验工计价的差异，掌握合适的纳税时点，关系企业资金是否提前流出，流出多少的问题。

营改增后，企业缴纳增值税的多少，与可抵扣进项税额的多少有密切关系，而且可抵扣进项税额与项目成本之间存在配比关系，企业本期入账的项目成本相关数据如物资出入库、分包结算等要与可抵扣进项税额存在合理的配比。这就要求实际财务入账数据能与合同管理、物资管理等主要成本业务系统数据保持一致，防止两者差异太大导致稽查风险。

财务部门与业务部门的信息应通过一个平台进行有效协同，核算数据直接来自于业务和税务管理系统，防止数据不一致导致税务稽查风险发生。

第三节 增值税发票、凭证的影像管理

为规范会计档案管理工作，提高会计档案现代化管理水平，2015 年财政部、国家档案局第 79 号令发布的《会计档案管理办法》肯定了电子会计档案的法律效力，电子会计凭证的获取、报销、入账、归档、保管等均可以实现电子化管理。

发票影像管理系统支持对增值税发票影像的采集、上传、认证和集中管理（审核、调阅），并实时跟踪的影像文件、纸质票据的状态和位置信息。通过电子影像系统与业务、税务、财务系统的一体化集成，实现基于影像的业务审批和财务审核。

发票影像管理系统分为扫描子系统和影像服务端子系统两个部分。

扫描子系统安装在扫描点本地电脑（也可以通过控件在 BS 端扫描），通过客户端控制高速扫描仪、高拍仪甚至于手机进行影像扫描、图像处理、封面条码识别、发票 OCR 识别、影像自动分组和影像上传功能（实时上传、批量上传），从而高效地采集票据影像并上传到影像服务端。

发票影像服务端子系统支持对实物票据和票据影像的管理。员工将实施增值税发票投递后，通过实物票据中心模块，记录、监控财务部门对实物票据的接收、内部转移信息；扫描岗通过客户端扫描上传票据影像后，通过票据影像中心模块完成对电子影像的审核、调阅和巡检，以及相关的报表统计。

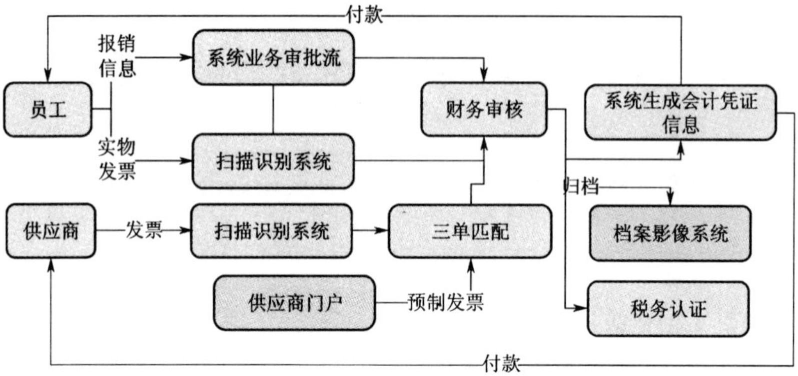

发票影像管理系统建成后，各地区分公司、各项目部产生的原始增值税发票可以扫描形成电子化文件，并传送至总部财务部门，解决了实物文件传递的安全性、准时性以及发票文件审阅的方便性问题。

第四节　营改增信息化案例

案例一

××集团建设有限公司（以下简称××建设）营改增信息化应对。

建筑业营改增实施在即，××建设项目管理相对粗放和管理不够规范，企业领导和财务部门对下属项目部的项目情况、实际应付情况、资金实际流向了解不够，缺少清晰信息，企业经营风险巨大。

企业高层特别是CFO有商贸企业财务税务管理经历，对增值税有深入研究，对企业现有管理会产生的风险有深入认识，急需强化企业内控。但因工程项目涉及面广，数据和信息处理工作量大，通过手工、EXCEL方式对项目进行管理，不能很好地实现风控目标。

希望通过信息化手段加强对项目的科学化、规范化管理，提高工作效率，并通过信息化工具为企业领导和各职能部门提供更好的服务。

通过系统的建设，借助“互联网＋”实现对项目合同、物资采购、发票及资金的精细化管理，加强对各项目合同流、货物流、资金流、发票流的跟踪能力和统一控制，并为决策层提供更准确的项目数据。

以发票、税务管理为重点，合同、物资管理为突破口，突出增值税合同流、货物流、发票流、资金流“四流合一”的管理要求，通过对合同、物资、发票、税务以及财务核算等管理，解决项目部异地核算问题，提高工作效率，防范税务风险。

实施业税财一体化，提升筹划能力，在经营中降低税负成本，创造更多价值，提升财税管理自动化程度，提升管理效率，减少工作量。

利用发票影像档案管理，帮助企业轻松实现发票档案管理和查阅，高效应对审计及税务稽查。

案例二

××工程局有限公司深化预算管理，建立项目成本预控信息化系统，应对营改增。

预算接口集成对接专业预算造价软件，提取项目投标预算数据和决算数据。

根据工程清单量表和单价分析表中相关数据，形成系统工程量、工程价款数据，同时自动测算出人、材、机的耗用量。

根据进度计划，按月形成月度产值、计划成本及资源计划耗用量，形成进度、产值、完工计划成本和实际成本的联动。

统计实际资源耗用，与计划耗用做对比分析，形成差异对比分析和预实分析表。

根据合同产值收入、完工计划成本、实际成本，按照建造合同成本套表的格式自动计算完工百分比，确定营业收入。

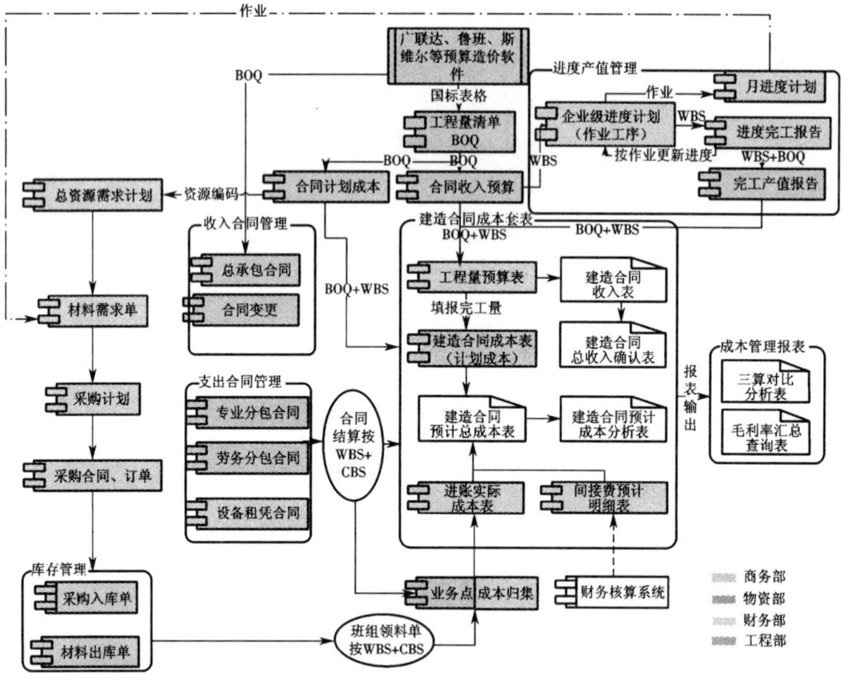

此系统的建立，在营改增后，针对虚开虚抵增值税的管控风险，系统就可以根据完工产值情况，自动测算出理论材料耗用量，和实际进项发票上的材料数量进行对比，采用智能扫描，发现稽核风险启动自动风险预警，从而实现“四流合一”，信息联动，防范稽查的防火墙体系。

第三部分

附录

关于全面推开营业税改征增值税试点的通知

关于组织开展建筑业及相关企业营业税改征增值税问题调研工作的通知

建筑施工企业“营改增”调研测算情况简要报告

关于《对“建筑业营改增实施办法和过渡性政策规定”的建议》的报告

关于对《关于全面推进营改增试点的汇报》稿的意见

致国务院领导同志的两份签报

赴法、德两国进行增值税问题学习调研情况报告

中国建筑业协会　中国建设会计学会印发《关于做好建筑业企业内部营改增准备工作的指导意见》的通知

附录一：关于全面推开营业税改征增值税试点的通知

财税〔2016〕36号

各省、自治区、直辖市、计划单列市财政厅（局）、国家税务局、地方税务局，新疆生产建设兵团财务局：

经国务院批准，自2016年5月1日起，在全国范围内全面推开营业税改征增值税（以下称营改增）试点，建筑业、房地产业、金融业、生活服务业等全部营业税纳税人，纳入试点范围，由缴纳营业税改为缴纳增值税。现将《营业税改征增值税试点实施办法》《营业税改征增值税试点有关事项的规定》《营业税改征增值税试点过渡政策的规定》和《跨境应税行为适用增值税零税率和免税政策的规定》印发你们，请遵照执行。

本通知附件规定的内容，除另有规定执行时间外，自2016年5月1日起执行。《财政部 国家税务总局关于将铁路运输和邮政业纳入营业税改征增值税试点的通知》（财税〔2013〕106号）、《财政部 国家税务总局关于铁路运输和邮政业营业税改征增值税试点有关政策的补充通知》（财税〔2013〕121号）、《财政部 国家税务总局关于将电信业纳入营业税改征增值税试点的通知》（财税〔2014〕43号）、《财政部 国家税务总局关于国际水路运输增值税零税率政策的补充通知》（财税〔2014〕50号）和《财政部 国家税务总局关于影视等出口服务适用增值税零税率政策的通知》（财税〔2015〕118号），除另有规定的条款外，相应废止。

各地要高度重视营改增试点工作，切实加强试点工作的组织领导，周密安排，明确责任，采取各种有效措施，做好试点前的各项准备以及试点过程中的监测分析和宣传解释等工作，确保改革的平稳、有序、顺利进行。遇到问题请及时向财政部和国家税务总局反映。

附件 1.营业税改征增值税试点实施办法

2.营业税改征增值税试点有关事项的规定

3.营业税改征增值税试点过渡政策的规定

4.跨境应税行为适用增值税零税率和免税政策的规定

财政部　国家税务总局

2016年3月23日

附件 1:

营业税改征增值税试点实施办法

第一章　纳税人和扣缴义务人

第一条　在中华人民共和国境内(以下称境内)销售服务、无形资产或者不动产(以下称应税行为)的单位和个人,为增值税纳税人,应当按照本办法缴纳增值税,不缴纳营业税。

单位,是指企业、行政单位、事业单位、军事单位、社会团体及其他单位。

个人,是指个体工商户和其他个人。

第二条　单位以承包、承租、挂靠方式经营的,承包人、承租人、挂靠人(以下统称承包人)以发包人、出租人、被挂靠人(以下统称发包人)名义对外经营并由发包人承担相关法律责任的,以该发包人为纳税人。否则,以承包人为纳税人。

第三条　纳税人分为一般纳税人和小规模纳税人。

应税行为的年应征增值税销售额(以下称应税销售额)超过财政部和国家税务总局规定标准的纳税人为一般纳税人,未超过规定标准的纳税人为小规模纳税人。

年应税销售额超过规定标准的其他个人不属于一般纳税人。年应税销售额超过规定标准但不经常发生应税行为的单位和个体工商户可选择按照小规模纳税人纳税。

第四条　年应税销售额未超过规定标准的纳税人,会计核算健全,能够提供准确税务资料的,可以向主管税务机关办理一般纳税人资格登记,成为一般纳税人。

会计核算健全,是指能够按照国家统一的会计制度规定设置账簿,根据合法、有效凭证核算。

第五条　符合一般纳税人条件的纳税人应当向主管税务机关办理一般纳税人资格登记。具体登记办法由国家税务总局制定。

除国家税务总局另有规定外,一经登记为一般纳税人后,不得转为小规模纳税人。

第六条 中华人民共和国境外(以下称境外)单位或者个人在境内发生应税行为,在境内未设有经营机构的,以购买方为增值税扣缴义务人。财政部和国家税务总局另有规定的除外。

第七条 两个或者两个以上的纳税人,经财政部和国家税务总局批准可以视为一个纳税人合并纳税。具体办法由财政部和国家税务总局另行制定。

第八条 纳税人应当按照国家统一的会计制度进行增值税会计核算。

第二章 征税范围

第九条 应税行为的具体范围,按照本办法所附的《销售服务、无形资产、不动产注释》执行。

第十条 销售服务、无形资产或者不动产,是指有偿提供服务、有偿转让无形资产或者不动产,但属于下列非经营活动的情形除外:

(一)行政单位收取的同时满足以下条件的政府性基金或者行政事业性收费。

1.由国务院或者财政部批准设立的政府性基金,由国务院或者省级人民政府及其财政、价格主管部门批准设立的行政事业性收费;

2.收取时开具省级以上(含省级)财政部门监(印)制的财政票据;

3.所收款项全额上缴财政。

(二)单位或者个体工商户聘用的员工为本单位或者雇主提供取得工资的服务。

(三)单位或者个体工商户为聘用的员工提供服务。

(四)财政部和国家税务总局规定的其他情形。

第十一条 有偿,是指取得货币、货物或者其他经济利益。

第十二条 在境内销售服务、无形资产或者不动产,是指:

(一)服务(租赁不动产除外)或者无形资产(自然资源使用权除外)的销售方或者购买方在境内;

(二)所销售或者租赁的不动产在境内;

(三)所销售自然资源使用权的自然资源在境内;

(四)财政部和国家税务总局规定的其他情形。

第十三条 下列情形不属于在境内销售服务或者无形资产:

(一)境外单位或者个人向境内单位或者个人销售完全在境外发生的服务。

(二)境外单位或者个人向境内单位或者个人销售完全在境外使用的无形资产。

(三)境外单位或者个人向境内单位或者个人出租完全在境外使用的有形动产。

(四)财政部和国家税务总局规定的其他情形。

第十四条 下列情形视同销售服务、无形资产或者不动产:

(一)单位或者个体工商户向其他单位或者个人无偿提供服务,但用于公益事业或者以社会公众为对象的除外。

(二)单位或者个人向其他单位或者个人无偿转让无形资产或者不动产,但用于公益事业或者以社会公众为对象的除外。

(三)财政部和国家税务总局规定的其他情形。

第三章 税率和征收率

第十五条 增值税税率:

(一)纳税人发生应税行为,除本条第(二)项、第(三)项、第(四)项规定外,税率为6%。

(二)提供交通运输、邮政、基础电信、建筑、不动产租赁服务,销售不动产,转让土地使用权,税率为11%。

(三)提供有形动产租赁服务,税率为17%。

(四)境内单位和个人发生的跨境应税行为,税率为零。具体范围由财政部和国家税务总局另行规定。

第十六条 增值税征收率为3%,财政部和国家税务总局另有规定的除外。

第四章　应纳税额的计算

第一节　一般性规定

第十七条　增值税的计税方法，包括一般计税方法和简易计税方法。

第十八条　一般纳税人发生应税行为适用一般计税方法计税。

一般纳税人发生财政部和国家税务总局规定的特定应税行为，可以选择适用简易计税方法计税，但一经选择，36个月内不得变更。

第十九条　小规模纳税人发生应税行为适用简易计税方法计税。

第二十条　境外单位或者个人在境内发生应税行为，在境内未设有经营机构的，扣缴义务人按照下列公式计算应扣缴税额：

应扣缴税额＝购买方支付的价款÷(1＋税率)×税率

第二节　一般计税方法

第二十一条　一般计税方法的应纳税额，是指当期销项税额抵扣当期进项税额后的余额。应纳税额计算公式：

应纳税额＝当期销项税额－当期进项税额

当期销项税额小于当期进项税额不足抵扣时，其不足部分可以结转下期继续抵扣。

第二十二条　销项税额，是指纳税人发生应税行为按照销售额和增值税税率计算并收取的增值税额。销项税额计算公式：

销项税额＝销售额×税率

第二十三条　一般计税方法的销售额不包括销项税额，纳税人采用销售额和销项税额合并定价方法的，按照下列公式计算销售额：

销售额＝含税销售额÷(1＋税率)

第二十四条　进项税额，是指纳税人购进货物、加工修理修配劳务、服务、无形资产或者不动产，支付或者负担的增值税额。

第二十五条　下列进项税额准予从销项税额中抵扣：

(一)从销售方取得的增值税专用发票(含税控机动车销售统一发票，下同)上注明的增值税额。

(二)从海关取得的海关进口增值税专用缴款书上注明的增值税额。

（三）购进农产品，除取得增值税专用发票或者海关进口增值税专用缴款书外，按照农产品收购发票或者销售发票上注明的农产品买价和13％的扣除率计算的进项税额。计算公式为：

进项税额＝买价×扣除率

买价，是指纳税人购进农产品在农产品收购发票或者销售发票上注明的价款和按照规定缴纳的烟叶税。

购进农产品，按照《农产品增值税进项税额核定扣除试点实施办法》抵扣进项税额的除外。

（四）从境外单位或者个人购进服务、无形资产或者不动产，自税务机关或者扣缴义务人取得的解缴税款的完税凭证上注明的增值税额。

第二十六条　纳税人取得的增值税扣税凭证不符合法律、行政法规或者国家税务总局有关规定的，其进项税额不得从销项税额中抵扣。

增值税扣税凭证，是指增值税专用发票、海关进口增值税专用缴款书、农产品收购发票、农产品销售发票和完税凭证。

纳税人凭完税凭证抵扣进项税额的，应当具备书面合同、付款证明和境外单位的对账单或者发票。资料不全的，其进项税额不得从销项税额中抵扣。

第二十七条　下列项目的进项税额不得从销项税额中抵扣：

（一）用于简易计税方法计税项目、免征增值税项目、集体福利或者个人消费的购进货物、加工修理修配劳务、服务、无形资产和不动产。其中涉及的固定资产、无形资产、不动产，仅指专用于上述项目的固定资产、无形资产（不包括其他权益性无形资产）、不动产。

纳税人的交际应酬消费属于个人消费。

（二）非正常损失的购进货物，以及相关的加工修理修配劳务和交通运输服务。

（三）非正常损失的在产品、产成品所耗用的购进货物（不包括固定资产）、加工修理修配劳务和交通运输服务。

（四）非正常损失的不动产，以及该不动产所耗用的购进货物、设计服务和建筑服务。

（五）非正常损失的不动产在建工程所耗用的购进货物、设计服务和建筑服务。

纳税人新建、改建、扩建、修缮、装饰不动产，均属于不动产在建工程。

（六）购进的旅客运输服务、贷款服务、餐饮服务、居民日常服务和娱乐服务。

（七）财政部和国家税务总局规定的其他情形。

本条第（四）项、第（五）项所称货物，是指构成不动产实体的材料和设备，包括建筑装饰材料和给排水、采暖、卫生、通风、照明、通信、煤气、消防、中央空调、电梯、电气、智能化楼宇设备及配套设施。

第二十八条 不动产、无形资产的具体范围，按照本办法所附的《销售服务、无形资产或者不动产注释》执行。

固定资产，是指使用期限超过12个月的机器、机械、运输工具以及其他与生产经营有关的设备、工具、器具等有形动产。

非正常损失，是指因管理不善造成货物被盗、丢失、霉烂变质，以及因违反法律法规造成货物或者不动产被依法没收、销毁、拆除的情形。

第二十九条 适用一般计税方法的纳税人，兼营简易计税方法计税项目、免征增值税项目而无法划分不得抵扣的进项税额，按照下列公式计算不得抵扣的进项税额：

不得抵扣的进项税额＝当期无法划分的全部进项税额×（当期简易计税方法计税项目销售额＋免征增值税项目销售额）÷当期全部销售额

主管税务机关可以按照上述公式依据年度数据对不得抵扣的进项税额进行清算。

第三十条 已抵扣进项税额的购进货物（不含固定资产）、劳务、服务，发生本办法第二十七条规定情形（简易计税方法计税项目、免征增值税项目除外）的，应当将该进项税额从当期进项税额中扣减；无法确定该进项税额的，按照当期实际成本计算应扣减的进项税额。

第三十一条 已抵扣进项税额的固定资产、无形资产或者不动产，发

生本办法第二十七条规定情形的,按照下列公式计算不得抵扣的进项税额:

不得抵扣的进项税额＝固定资产、无形资产或者不动产净值×适用税率

固定资产、无形资产或者不动产净值,是指纳税人根据财务会计制度计提折旧或摊销后的余额。

第三十二条 纳税人适用一般计税方法计税的,因销售折让、中止或者退回而退还给购买方的增值税额,应当从当期的销项税额中扣减;因销售折让、中止或者退回而收回的增值税额,应当从当期的进项税额中扣减。

第三十三条 有下列情形之一者,应当按照销售额和增值税税率计算应纳税额,不得抵扣进项税额,也不得使用增值税专用发票:

(一)一般纳税人会计核算不健全,或者不能够提供准确税务资料的。

(二)应当办理一般纳税人资格登记而未办理的。

第三节 简易计税方法

第三十四条 简易计税方法的应纳税额,是指按照销售额和增值税征收率计算的增值税额,不得抵扣进项税额。应纳税额计算公式:

应纳税额＝销售额×征收率

第三十五条 简易计税方法的销售额不包括其应纳税额,纳税人采用销售额和应纳税额合并定价方法的,按照下列公式计算销售额:

销售额＝含税销售额÷(1＋征收率)

第三十六条 纳税人适用简易计税方法计税的,因销售折让、中止或者退回而退还给购买方的销售额,应当从当期销售额中扣减。扣减当期销售额后仍有余额造成多缴的税款,可以从以后的应纳税额中扣减。

第四节 销售额的确定

第三十七条 销售额,是指纳税人发生应税行为取得的全部价款和价外费用,财政部和国家税务总局另有规定的除外。

价外费用,是指价外收取的各种性质的收费,但不包括以下项目:

（一）代为收取并符合本办法第十条规定的政府性基金或者行政事业性收费。

（二）以委托方名义开具发票代委托方收取的款项。

第三十八条 销售额以人民币计算。

纳税人按照人民币以外的货币结算销售额的，应当折合成人民币计算，折合率可以选择销售额发生的当天或者当月 1 日的人民币汇率中间价。纳税人应当在事先确定采用何种折合率，确定后 12 个月内不得变更。

第三十九条 纳税人兼营销售货物、劳务、服务、无形资产或者不动产，适用不同税率或者征收率的，应当分别核算适用不同税率或者征收率的销售额；未分别核算的，从高适用税率。

第四十条 一项销售行为如果既涉及服务又涉及货物，为混合销售。从事货物的生产、批发或者零售的单位和个体工商户的混合销售行为，按照销售货物缴纳增值税；其他单位和个体工商户的混合销售行为，按照销售服务缴纳增值税。

本条所称从事货物的生产、批发或者零售的单位和个体工商户，包括以从事货物的生产、批发或者零售为主，并兼营销售服务的单位和个体工商户在内。

第四十一条 纳税人兼营免税、减税项目的，应当分别核算免税、减税项目的销售额；未分别核算的，不得免税、减税。

第四十二条 纳税人发生应税行为，开具增值税专用发票后，发生开票有误或者销售折让、中止、退回等情形的，应当按照国家税务总局的规定开具红字增值税专用发票；未按照规定开具红字增值税专用发票的，不得按照本办法第三十二条和第三十六条的规定扣减销项税额或者销售额。

第四十三条 纳税人发生应税行为，将价款和折扣额在同一张发票上分别注明的，以折扣后的价款为销售额；未在同一张发票上分别注明的，以价款为销售额，不得扣减折扣额。

第四十四条 纳税人发生应税行为价格明显偏低或者偏高且不具有合理商业目的的,或者发生本办法第十四条所列行为而无销售额的,主管税务机关有权按照下列顺序确定销售额:

(一)按照纳税人最近时期销售同类服务、无形资产或者不动产的平均价格确定。

(二)按照其他纳税人最近时期销售同类服务、无形资产或者不动产的平均价格确定。

(三)按照组成计税价格确定。组成计税价格的公式为:

组成计税价格=成本×(1+成本利润率)

成本利润率由国家税务总局确定。

不具有合理商业目的,是指以谋取税收利益为主要目的,通过人为安排,减少、免除、推迟缴纳增值税税款,或者增加退还增值税税款。

第五章 纳税义务、扣缴义务发生时间和纳税地点

第四十五条 增值税纳税义务、扣缴义务发生时间为:

(一)纳税人发生应税行为并收讫销售款项或者取得索取销售款项凭据的当天;先开具发票的,为开具发票的当天。

收讫销售款项,是指纳税人销售服务、无形资产、不动产过程中或者完成后收到款项。

取得索取销售款项凭据的当天,是指书面合同确定的付款日期;未签订书面合同或者书面合同未确定付款日期的,为服务、无形资产转让完成的当天或者不动产权属变更的当天。

(二)纳税人提供建筑服务、租赁服务采取预收款方式的,其纳税义务发生时间为收到预收款的当天。

(三)纳税人从事金融商品转让的,为金融商品所有权转移的当天。

(四)纳税人发生本办法第十四条规定情形的,其纳税义务发生时间为服务、无形资产转让完成的当天或者不动产权属变更的当天。

(五)增值税扣缴义务发生时间为纳税人增值税纳税义务发生的当天。

第四十六条 增值税纳税地点为：

（一）固定业户应当向其机构所在地或者居住地主管税务机关申报纳税。总机构和分支机构不在同一县（市）的，应当分别向各自所在地的主管税务机关申报纳税；经财政部和国家税务总局或者其授权的财政和税务机关批准，可以由总机构汇总向总机构所在地的主管税务机关申报纳税。

（二）非固定业户应当向应税行为发生地主管税务机关申报纳税；未申报纳税的，由其机构所在地或者居住地主管税务机关补征税款。

（三）其他个人提供建筑服务，销售或者租赁不动产，转让自然资源使用权，应向建筑服务发生地、不动产所在地、自然资源所在地主管税务机关申报纳税。

（四）扣缴义务人应当向其机构所在地或者居住地主管税务机关申报缴纳扣缴的税款。

第四十七条 增值税的纳税期限分别为 1 日、3 日、5 日、10 日、15 日、1 个月或者 1 个季度。纳税人的具体纳税期限，由主管税务机关根据纳税人应纳税额的大小分别核定。以 1 个季度为纳税期限的规定适用于小规模纳税人、银行、财务公司、信托投资公司、信用社，以及财政部和国家税务总局规定的其他纳税人。不能按照固定期限纳税的，可以按次纳税。

纳税人以 1 个月或者 1 个季度为 1 个纳税期的，自期满之日起 15 日内申报纳税；以 1 日、3 日、5 日、10 日或者 15 日为 1 个纳税期的，自期满之日起 5 日内预缴税款，于次月 1 日起 15 日内申报纳税并结清上月应纳税款。

扣缴义务人解缴税款的期限，按照前两款规定执行。

第六章 税收减免的处理

第四十八条 纳税人发生应税行为适用免税、减税规定的，可以放弃免税、减税，依照本办法的规定缴纳增值税。放弃免税、减税后，36 个月内不得再申请免税、减税。

纳税人发生应税行为同时适用免税和零税率规定的,纳税人可以选择适用免税或者零税率。

第四十九条 个人发生应税行为的销售额未达到增值税起征点的,免征增值税;达到起征点的,全额计算缴纳增值税。

增值税起征点不适用于登记为一般纳税人的个体工商户。

第五十条 增值税起征点幅度如下:

(一)按期纳税的,为月销售额5000～20 000元(含本数)。

(二)按次纳税的,为每次(日)销售额300～500元(含本数)。

起征点的调整由财政部和国家税务总局规定。省、自治区、直辖市财政厅(局)和国家税务局应当在规定的幅度内,根据实际情况确定本地区适用的起征点,并报财政部和国家税务总局备案。

对增值税小规模纳税人中月销售额未达到2万元的企业或非企业性单位,免征增值税。2017年12月31日前,对月销售额2万元(含本数)至3万元的增值税小规模纳税人,免征增值税。

第七章 征收管理

第五十一条 营业税改征的增值税,由国家税务局负责征收。纳税人销售取得的不动产和其他个人出租不动产的增值税,国家税务局暂委托地方税务局代为征收。

第五十二条 纳税人发生适用零税率的应税行为,应当按期向主管税务机关申报办理退(免)税,具体办法由财政部和国家税务总局制定。

第五十三条 纳税人发生应税行为,应当向索取增值税专用发票的购买方开具增值税专用发票,并在增值税专用发票上分别注明销售额和销项税额。

属于下列情形之一的,不得开具增值税专用发票:

(一)向消费者个人销售服务、无形资产或者不动产。

(二)适用免征增值税规定的应税行为。

第五十四条 小规模纳税人发生应税行为,购买方索取增值税专用发票的,可以向主管税务机关申请代开。

第五十五条 纳税人增值税的征收管理，按照本办法和《中华人民共和国税收征收管理法》及现行增值税征收管理有关规定执行。

附：销售服务、无形资产、不动产注释

销售服务、无形资产、不动产注释

一、销售服务

销售服务，是指提供交通运输服务、邮政服务、电信服务、建筑服务、金融服务、现代服务、生活服务。

（一）交通运输服务。

交通运输服务，是指利用运输工具将货物或者旅客送达目的地，使其空间位置得到转移的业务活动。包括陆路运输服务、水路运输服务、航空运输服务和管道运输服务。

1. 陆路运输服务。

陆路运输服务，是指通过陆路（地上或者地下）运送货物或者旅客的运输业务活动，包括铁路运输服务和其他陆路运输服务。

（1）铁路运输服务，是指通过铁路运送货物或者旅客的运输业务活动。

（2）其他陆路运输服务，是指铁路运输以外的陆路运输业务活动。包括公路运输、缆车运输、索道运输、地铁运输、城市轻轨运输等。

出租车公司向使用本公司自有出租车的出租车司机收取的管理费用，按照陆路运输服务缴纳增值税。

2. 水路运输服务。

水路运输服务，是指通过江、河、湖、川等天然、人工水道或者海洋航道运送货物或者旅客的运输业务活动。

水路运输的程租、期租业务，属于水路运输服务。

程租业务，是指运输企业为租船人完成某一特定航次的运输任务并收取租赁费的业务。

期租业务，是指运输企业将配备有操作人员的船舶承租给他人使用一定期限，承租期内听候承租方调遣，不论是否经营，均按天向承租方收取租赁费，发生的固定费用均由船东负担的业务。

3.航空运输服务。

航空运输服务，是指通过空中航线运送货物或者旅客的运输业务活动。

航空运输的湿租业务，属于航空运输服务。

湿租业务，是指航空运输企业将配备有机组人员的飞机承租给他人使用一定期限，承租期内听候承租方调遣，不论是否经营，均按一定标准向承租方收取租赁费，发生的固定费用均由承租方承担的业务。

航天运输服务，按照航空运输服务缴纳增值税。

航天运输服务，是指利用火箭等载体将卫星、空间探测器等空间飞行器发射到空间轨道的业务活动。

4.管道运输服务。

管道运输服务，是指通过管道设施输送气体、液体、固体物质的运输业务活动。

无运输工具承运业务，按照交通运输服务缴纳增值税。

无运输工具承运业务，是指经营者以承运人身份与托运人签订运输服务合同，收取运费并承担承运人责任，然后委托实际承运人完成运输服务的经营活动。

（二）邮政服务。

邮政服务，是指中国邮政集团公司及其所属邮政企业提供邮件寄递、邮政汇兑和机要通信等邮政基本服务的业务活动。包括邮政普遍服务、邮政特殊服务和其他邮政服务。

1.邮政普遍服务。

邮政普遍服务，是指函件、包裹等邮件寄递，以及邮票发行、报刊发行和邮政汇兑等业务活动。

函件，是指信函、印刷品、邮资封片卡、无名址函件和邮政小包等。

包裹，是指按照封装上的名址递送给特定个人或者单位的独立封装的物品，其重量不超过 50 千克，任何一边的尺寸不超过 150 厘米，长、宽、高合计不超过 300 厘米。

2.邮政特殊服务。

邮政特殊服务，是指义务兵平常信函、机要通信、盲人读物和革命烈士遗物的寄递等业务活动。

3.其他邮政服务。

其他邮政服务，是指邮册等邮品销售、邮政代理等业务活动。

（三）电信服务。

电信服务，是指利用有线、无线的电磁系统或者光电系统等各种通信网络资源，提供语音通话服务，传送、发射、接收或者应用图像、短信等电子数据和信息的业务活动。包括基础电信服务和增值电信服务。

1.基础电信服务。

基础电信服务，是指利用固网、移动网、卫星、互联网，提供语音通话服务的业务活动，以及出租或者出售带宽、波长等网络元素的业务活动。

2.增值电信服务。

增值电信服务，是指利用固网、移动网、卫星、互联网、有线电视网络，提供短信和彩信服务、电子数据和信息的传输及应用服务、互联网接入服务等业务活动。

卫星电视信号落地转接服务，按照增值电信服务缴纳增值税。

（四）建筑服务。

建筑服务，是指各类建筑物、构筑物及其附属设施的建造、修缮、装饰，线路、管道、设备、设施等的安装以及其他工程作业的业务活动。包括工程服务、安装服务、修缮服务、装饰服务和其他建筑服务。

1.工程服务。

工程服务，是指新建、改建各种建筑物、构筑物的工程作业，包括与建筑物相连的各种设备或者支柱、操作平台的安装或者装设工程作业，以及各种窑炉和金属结构工程作业。

2.安装服务。

安装服务，是指生产设备、动力设备、起重设备、运输设备、传动设备、医疗实验设备以及其他各种设备、设施的装配、安置工程作业，包括与被安装设备相连的工作台、梯子、栏杆的装设工程作业，以及被安装设备的绝缘、防腐、保温、油漆等工程作业。

固定电话、有线电视、宽带、水、电、燃气、暖气等经营者向用户收取的安装费、初装费、开户费、扩容费以及类似收费，按照安装服务缴纳增值税。

3.修缮服务。

修缮服务，是指对建筑物、构筑物进行修补、加固、养护、改善，使之恢复原来的使用价值或者延长其使用期限的工程作业。

4.装饰服务。

装饰服务，是指对建筑物、构筑物进行修饰装修，使之美观或者具有特定用途的工程作业。

5.其他建筑服务。

其他建筑服务，是指上列工程作业之外的各种工程作业服务，如钻井(打井)、拆除建筑物或者构筑物、平整土地、园林绿化、疏浚(不包括航道疏浚)、建筑物平移、搭脚手架、爆破、矿山穿孔、表面附着物(包括岩层、土层、沙层等)剥离和清理等工程作业。

(五)金融服务。

金融服务，是指经营金融保险的业务活动。包括贷款服务、直接收费金融服务、保险服务和金融商品转让。

1.贷款服务。

贷款，是指将资金贷与他人使用而取得利息收入的业务活动。

各种占用、拆借资金取得的收入，包括金融商品持有期间(含到期)利息(保本收益、报酬、资金占用费、补偿金等)收入、信用卡透支利息收入、买入返售金融商品利息收入、融资融券收取的利息收入，以及融资性售后回租、押汇、罚息、票据贴现、转贷等业务取得的利息及利息性质的收入，按照贷款服务缴纳增值税。

融资性售后回租，是指承租方以融资为目的，将资产出售给从事融资性售后回租业务的企业后，从事融资性售后回租业务的企业将该资产出租给承租方的业务活动。

以货币资金投资收取的固定利润或者保底利润，按照贷款服务缴纳增值税。

2.直接收费金融服务。

直接收费金融服务，是指为货币资金融通及其他金融业务提供相关服务并且收取费用的业务活动。包括提供货币兑换、账户管理、电子银行、信用卡、信用证、财务担保、资产管理、信托管理、基金管理、金融交易场所（平台）管理、资金结算、资金清算、金融支付等服务。

3.保险服务。

保险服务，是指投保人根据合同约定，向保险人支付保险费，保险人对于合同约定的可能发生的事故因其发生所造成的财产损失承担赔偿保险金责任，或者当被保险人死亡、伤残、疾病或者达到合同约定的年龄、期限等条件时承担给付保险金责任的商业保险行为。包括人身保险服务和财产保险服务。

人身保险服务，是指以人的寿命和身体为保险标的的保险业务活动。

财产保险服务，是指以财产及其有关利益为保险标的的保险业务活动。

4.金融商品转让。

金融商品转让，是指转让外汇、有价证券、非货物期货和其他金融商品所有权的业务活动。

其他金融商品转让包括基金、信托、理财产品等各类资产管理产品和各种金融衍生品的转让。

（六）现代服务。

现代服务，是指围绕制造业、文化产业、现代物流产业等提供技术性、知识性服务的业务活动。包括研发和技术服务、信息技术服务、文化创意服务、物流辅助服务、租赁服务、鉴证咨询服务、广播影视服务、商务辅助服务和其他现代服务。

1. 研发和技术服务。

研发和技术服务,包括研发服务、合同能源管理服务、工程勘察勘探服务、专业技术服务。

(1)研发服务,也称技术开发服务,是指就新技术、新产品、新工艺或者新材料及其系统进行研究与试验开发的业务活动。

(2)合同能源管理服务,是指节能服务公司与用能单位以契约形式约定节能目标,节能服务公司提供必要的服务,用能单位以节能效果支付节能服务公司投入及其合理报酬的业务活动。

(3)工程勘察勘探服务,是指在采矿、工程施工前后,对地形、地质构造、地下资源蕴藏情况进行实地调查的业务活动。

(4)专业技术服务,是指气象服务、地震服务、海洋服务、测绘服务、城市规划、环境与生态监测服务等专项技术服务。

2. 信息技术服务。

信息技术服务,是指利用计算机、通信网络等技术对信息进行生产、收集、处理、加工、存储、运输、检索和利用,并提供信息服务的业务活动。包括软件服务、电路设计及测试服务、信息系统服务、业务流程管理服务和信息系统增值服务。

(1)软件服务,是指提供软件开发服务、软件维护服务、软件测试服务的业务活动。

(2)电路设计及测试服务,是指提供集成电路和电子电路产品设计、测试及相关技术支持服务的业务活动。

(3)信息系统服务,是指提供信息系统集成、网络管理、网站内容维护、桌面管理与维护、信息系统应用、基础信息技术管理平台整合、信息技术基础设施管理、数据中心、托管中心、信息安全服务、在线杀毒、虚拟主机等业务活动。包括网站对非自有的网络游戏提供的网络运营服务。

(4)业务流程管理服务,是指依托信息技术提供的人力资源管理、财务经济管理、审计管理、税务管理、物流信息管理、经营信息管理和呼叫中心等服务的活动。

(5)信息系统增值服务,是指利用信息系统资源为用户附加提供的信息技术服务。包括数据处理、分析和整合、数据库管理、数据备份、数据存储、容灾服务、电子商务平台等。

3. 文化创意服务。

文化创意服务,包括设计服务、知识产权服务、广告服务和会议展览服务。

(1)设计服务,是指把计划、规划、设想通过文字、语言、图画、声音、视觉等形式传递出来的业务活动。包括工业设计、内部管理设计、业务运作设计、供应链设计、造型设计、服装设计、环境设计、平面设计、包装设计、动漫设计、网游设计、展示设计、网站设计、机械设计、工程设计、广告设计、创意策划、文印晒图等。

(2)知识产权服务,是指处理知识产权事务的业务活动。包括对专利、商标、著作权、软件、集成电路布图设计的登记、鉴定、评估、认证、检索服务。

(3)广告服务,是指利用图书、报纸、杂志、广播、电视、电影、幻灯、路牌、招贴、橱窗、霓虹灯、灯箱、互联网等各种形式为客户的商品、经营服务项目、文体节目或者通告、声明等委托事项进行宣传和提供相关服务的业务活动。包括广告代理和广告的发布、播映、宣传、展示等。

(4)会议展览服务,是指为商品流通、促销、展示、经贸洽谈、民间交流、企业沟通、国际往来等举办或者组织安排的各类展览和会议的业务活动。

4. 物流辅助服务。

物流辅助服务,包括航空服务、港口码头服务、货运客运场站服务、打捞救助服务、装卸搬运服务、仓储服务和收派服务。

(1)航空服务,包括航空地面服务和通用航空服务。

航空地面服务,是指航空公司、飞机场、民航管理局、航站等向在境内航行或者在境内机场停留的境内外飞机或者其他飞行器提供的导航等劳务性地面服务的业务活动。包括旅客安全检查服务、停机坪管理服务、机场候机厅管理服务、飞机清洗消毒服务、空中飞行管理服务、飞机起降服务、飞行通信服务、地面信号服务、飞机安全服务、飞机跑道管理服务、空中交通管理服务等。

通用航空服务，是指为专业工作提供飞行服务的业务活动，包括航空摄影、航空培训、航空测量、航空勘探、航空护林、航空吊挂播洒、航空降雨、航空气象探测、航空海洋监测、航空科学实验等。

(2)港口码头服务，是指港务船舶调度服务、船舶通信服务、航道管理服务、航道疏浚服务、灯塔管理服务、航标管理服务、船舶引航服务、理货服务、系解缆服务、停泊和移泊服务、海上船舶溢油清除服务、水上交通管理服务、船只专业清洗消毒检测服务和防止船只漏油服务等为船只提供服务的业务活动。

港口设施经营人收取的港口设施保安费按照港口码头服务缴纳增值税。

(3)货运客运场站服务，是指货运客运场站提供货物配载服务、运输组织服务、中转换乘服务、车辆调度服务、票务服务、货物打包整理、铁路线路使用服务、加挂铁路客车服务、铁路行包专列发送服务、铁路到达和中转服务、铁路车辆编解服务、车辆挂运服务、铁路接触网服务、铁路机车牵引服务等业务活动。

(4)打捞救助服务，是指提供船舶人员救助、船舶财产救助、水上救助和沉船沉物打捞服务的业务活动。

(5)装卸搬运服务，是指使用装卸搬运工具或者人力、畜力将货物在运输工具之间、装卸现场之间或者运输工具与装卸现场之间进行装卸和搬运的业务活动。

(6)仓储服务，是指利用仓库、货场或者其他场所代客贮放、保管货物的业务活动。

(7)收派服务，是指接受寄件人委托，在承诺的时限内完成函件和包裹的收件、分拣、派送服务的业务活动。

收件服务，是指从寄件人收取函件和包裹，并运送到服务提供方同城的集散中心的业务活动。

分拣服务，是指服务提供方在其集散中心对函件和包裹进行归类、分发的业务活动。

派送服务，是指服务提供方从其集散中心将函件和包裹送达同城的收件人的业务活动。

5.租赁服务。

租赁服务，包括融资租赁服务和经营租赁服务。

(1)融资租赁服务，是指具有融资性质和所有权转移特点的租赁活动。即出租人根据承租人所要求的规格、型号、性能等条件购入有形动产或者不动产租赁给承租人，合同期内租赁物所有权属于出租人，承租人只拥有使用权，合同期满付清租金后，承租人有权按照残值购入租赁物，以拥有其所有权。不论出租人是否将租赁物销售给承租人，均属于融资租赁。

按照标的物的不同，融资租赁服务可分为有形动产融资租赁服务和不动产融资租赁服务。

融资性售后回租不按照本税目缴纳增值税。

(2)经营租赁服务，是指在约定时间内将有形动产或者不动产转让他人使用且租赁物所有权不变更的业务活动。

按照标的物的不同，经营租赁服务可分为有形动产经营租赁服务和不动产经营租赁服务。

将建筑物、构筑物等不动产或者飞机、车辆等有形动产的广告位出租给其他单位或者个人用于发布广告，按照经营租赁服务缴纳增值税。

车辆停放服务、道路通行服务(包括过路费、过桥费、过闸费等)等按照不动产经营租赁服务缴纳增值税。

水路运输的光租业务、航空运输的干租业务，属于经营租赁。

光租业务，是指运输企业将船舶在约定的时间内出租给他人使用，不配备操作人员,不承担运输过程中发生的各项费用,只收取固定租赁费的业务活动。

干租业务,是指航空运输企业将飞机在约定的时间内出租给他人使用,不配备机组人员,不承担运输过程中发生的各项费用,只收取固定租赁费的业务活动。

6.鉴证咨询服务。

鉴证咨询服务,包括认证服务、鉴证服务和咨询服务。

(1)认证服务,是指具有专业资质的单位利用检测、检验、计量等技术,证明产品、服务、管理体系符合相关技术规范、相关技术规范的强制性要求或者标准的业务活动。

(2)鉴证服务,是指具有专业资质的单位受托对相关事项进行鉴证,发表具有证明力的意见的业务活动。包括会计鉴证、税务鉴证、法律鉴证、职业技能鉴定、工程造价鉴证、工程监理、资产评估、环境评估、房地产土地评估、建筑图纸审核、医疗事故鉴定等。

(3)咨询服务,是指提供信息、建议、策划、顾问等服务的活动。包括金融、软件、技术、财务、税收、法律、内部管理、业务运作、流程管理、健康等方面的咨询。

翻译服务和市场调查服务按照咨询服务缴纳增值税。

7.广播影视服务。

广播影视服务,包括广播影视节目(作品)的制作服务、发行服务和播映(含放映,下同)服务。

(1)广播影视节目(作品)制作服务,是指进行专题(特别节目)、专栏、综艺、体育、动画片、广播剧、电视剧、电影等广播影视节目和作品制作的服务。具体包括与广播影视节目和作品相关的策划、采编、拍摄、录音、音视频文字图片素材制作、场景布置、后期的剪辑、翻译(编译)、字幕制作、片头、片尾、片花制作、特效制作、影片修复、编目和确权等业务活动。

(2)广播影视节目(作品)发行服务,是指以分账、买断、委托等方式,向影院、电台、电视台、网站等单位和个人发行广播影视节目(作品)以及转让体育赛事等活动的报道及播映权的业务活动。

(3)广播影视节目(作品)播映服务,是指在影院、剧院、录像厅及其他场所播映广播影视节目(作品),以及通过电台、电视台、卫星通信、互联网、有线电视等无线或者有线装置播映广播影视节目(作品)的业务活动。

8.商务辅助服务。

商务辅助服务,包括企业管理服务、经纪代理服务、人力资源服务、安全保护服务。

(1)企业管理服务,是指提供总部管理、投资与资产管理、市场管理、物业管理、日常综合管理等服务的业务活动。

(2)经纪代理服务,是指各类经纪、中介、代理服务。包括金融代理、知识产权代理、货物运输代理、代理报关、法律代理、房地产中介、职业中介、婚姻中介、代理记账、拍卖等。

货物运输代理服务,是指接受货物收货人、发货人、船舶所有人、船舶承租人或者船舶经营人的委托,以委托人的名义,为委托人办理货物运输、装卸、仓储和船舶进出港口、引航、靠泊等相关手续的业务活动。

代理报关服务,是指接受进出口货物的收、发货人委托,代为办理报关手续的业务活动。

(3)人力资源服务,是指提供公共就业、劳务派遣、人才委托招聘、劳动力外包等服务的业务活动。

(4)安全保护服务,是指提供保护人身安全和财产安全,维护社会治安等的业务活动。包括场所住宅保安、特种保安、安全系统监控以及其他安保服务。

9.其他现代服务。

其他现代服务,是指除研发和技术服务、信息技术服务、文化创意服务、物流辅助服务、租赁服务、鉴证咨询服务、广播影视服务和商务辅助服务以外的现代服务。

(七)生活服务。

生活服务,是指为满足城乡居民日常生活需求提供的各类服务活动。

包括文化体育服务、教育医疗服务、旅游娱乐服务、餐饮住宿服务、居民日常服务和其他生活服务。

1.文化体育服务。

文化体育服务,包括文化服务和体育服务。

(1)文化服务,是指为满足社会公众文化生活需求提供的各种服务。包括:文艺创作、文艺表演、文化比赛,图书馆的图书和资料借阅,档案馆的档案管理,文物及非物质遗产保护,组织举办宗教活动、科技活动、文化活动,提供游览场所。

(2)体育服务,是指组织举办体育比赛、体育表演、体育活动,以及提供体育训练、体育指导、体育管理的业务活动。

2.教育医疗服务。

教育医疗服务,包括教育服务和医疗服务。

(1)教育服务,是指提供学历教育服务、非学历教育服务、教育辅助服务的业务活动。

学历教育服务,是指根据教育行政管理部门确定或者认可的招生和教学计划组织教学,并颁发相应学历证书的业务活动。包括初等教育、初级中等教育、高级中等教育、高等教育等。

非学历教育服务,包括学前教育、各类培训、演讲、讲座、报告会等。

教育辅助服务,包括教育测评、考试、招生等服务。

(2)医疗服务,是指提供医学检查、诊断、治疗、康复、预防、保健、接生、计划生育、防疫服务等方面的服务,以及与这些服务有关的提供药品、医用材料器具、救护车、病房住宿和伙食的业务。

3.旅游娱乐服务。

旅游娱乐服务,包括旅游服务和娱乐服务。

(1)旅游服务,是指根据旅游者的要求,组织安排交通、游览、住宿、餐饮、购物、文娱、商务等服务的业务活动。

(2)娱乐服务,是指为娱乐活动同时提供场所和服务的业务。

具体包括:歌厅、舞厅、夜总会、酒吧、台球、高尔夫球、保龄球、游艺

(包括射击、狩猎、跑马、游戏机、蹦极、卡丁车、热气球、动力伞、射箭、飞镖)。

4.餐饮住宿服务。

餐饮住宿服务,包括餐饮服务和住宿服务。

(1)餐饮服务,是指通过同时提供饮食和饮食场所的方式为消费者提供饮食消费服务的业务活动。

(2)住宿服务,是指提供住宿场所及配套服务等的活动。包括宾馆、旅馆、旅社、度假村和其他经营性住宿场所提供的住宿服务。

5.居民日常服务。

居民日常服务,是指主要为满足居民个人及其家庭日常生活需求提供的服务,包括市容市政管理、家政、婚庆、养老、殡葬、照料和护理、救助救济、美容美发、按摩、桑拿、氧吧、足疗、沐浴、洗染、摄影扩印等服务。

6.其他生活服务。

其他生活服务,是指除文化体育服务、教育医疗服务、旅游娱乐服务、餐饮住宿服务和居民日常服务之外的生活服务。

二、销售无形资产

销售无形资产,是指转让无形资产所有权或者使用权的业务活动。无形资产,是指不具实物形态,但能带来经济利益的资产,包括技术、商标、著作权、商誉、自然资源使用权和其他权益性无形资产。

技术,包括专利技术和非专利技术。

自然资源使用权,包括土地使用权、海域使用权、探矿权、采矿权、取水权和其他自然资源使用权。

其他权益性无形资产,包括基础设施资产经营权、公共事业特许权、配额、经营权(包括特许经营权、连锁经营权、其他经营权)、经销权、分销权、代理权、会员权、席位权、网络游戏虚拟道具、域名、名称权、肖像权、冠名权、转会费等。

三、销售不动产

销售不动产,是指转让不动产所有权的业务活动。不动产,是指不能移动或者移动后会引起性质、形状改变的财产,包括建筑物、构筑物等。

建筑物,包括住宅、商业营业用房、办公楼等可供居住、工作或者进行其他活动的建造物。

构筑物,包括道路、桥梁、隧道、水坝等建造物。

转让建筑物有限产权或者永久使用权的,转让在建的建筑物或者构筑物所有权的,以及在转让建筑物或者构筑物时一并转让其所占土地的使用权的,按照销售不动产缴纳增值税。

附件 2：

营业税改征增值税试点有关事项的规定

一、营改增试点期间，试点纳税人[指按照《营业税改征增值税试点实施办法》(以下称《试点实施办法》)缴纳增值税的纳税人]有关政策

(一)兼营。

试点纳税人销售货物、加工修理修配劳务、服务、无形资产或者不动产适用不同税率或者征收率的，应当分别核算适用不同税率或者征收率的销售额，未分别核算销售额的，按照以下方法适用税率或者征收率：

1. 兼有不同税率的销售货物、加工修理修配劳务、服务、无形资产或者不动产，从高适用税率。

2. 兼有不同征收率的销售货物、加工修理修配劳务、服务、无形资产或者不动产，从高适用征收率。

3. 兼有不同税率和征收率的销售货物、加工修理修配劳务、服务、无形资产或者不动产，从高适用税率。

(二)不征收增值税项目。

1. 根据国家指令无偿提供的铁路运输服务、航空运输服务，属于《试点实施办法》第十四条规定的用于公益事业的服务。

2. 存款利息。

3. 被保险人获得的保险赔付。

4. 房地产主管部门或者其指定机构、公积金管理中心、开发企业以及物业管理单位代收的住宅专项维修资金。

5. 在资产重组过程中，通过合并、分立、出售、置换等方式，将全部或者部分实物资产以及与其相关联的债权、负债和劳动力一并转让给其他单位和个人，其中涉及的不动产、土地使用权转让行为。

(三)销售额。

1. 贷款服务，以提供贷款服务取得的全部利息及利息性质的收入为销售额。

2. 直接收费金融服务，以提供直接收费金融服务收取的手续费、佣

金、酬金、管理费、服务费、经手费、开户费、过户费、结算费、转托管费等各类费用为销售额。

3.金融商品转让，按照卖出价扣除买入价后的余额为销售额。

转让金融商品出现的正负差，按盈亏相抵后的余额为销售额。若相抵后出现负差，可结转下一纳税期与下期转让金融商品销售额相抵，但年末时仍出现负差的，不得转入下一个会计年度。

金融商品的买入价，可以选择按照加权平均法或者移动加权平均法进行核算，选择后36个月内不得变更。

金融商品转让，不得开具增值税专用发票。

4.经纪代理服务，以取得的全部价款和价外费用，扣除向委托方收取并代为支付的政府性基金或者行政事业性收费后的余额为销售额。向委托方收取的政府性基金或者行政事业性收费，不得开具增值税专用发票。

5.融资租赁和融资性售后回租业务。

(1)经人民银行、银监会或者商务部批准从事融资租赁业务的试点纳税人，提供融资租赁服务，以取得的全部价款和价外费用，扣除支付的借款利息(包括外汇借款和人民币借款利息)、发行债券利息和车辆购置税后的余额为销售额。

(2)经人民银行、银监会或者商务部批准从事融资租赁业务的试点纳税人，提供融资性售后回租服务，以取得的全部价款和价外费用(不含本金)，扣除对外支付的借款利息(包括外汇借款和人民币借款利息)、发行债券利息后的余额作为销售额。

(3)试点纳税人根据2016年4月30日前签订的有形动产融资性售后回租合同，在合同到期前提供的有形动产融资性售后回租服务，可继续按照有形动产融资租赁服务缴纳增值税。

继续按照有形动产融资租赁服务缴纳增值税的试点纳税人，经人民银行、银监会或者商务部批准从事融资租赁业务的，根据2016年4月30日前签订的有形动产融资性售后回租合同，在合同到期前提供的有形动产融资性售后回租服务，可以选择以下方法之一计算销售额：

①以向承租方收取的全部价款和价外费用，扣除向承租方收取的价款本金，以及对外支付的借款利息(包括外汇借款和人民币借款利息)、发行债券利息后的余额为销售额。

纳税人提供有形动产融资性售后回租服务，计算当期销售额时可以扣除的价款本金，为书面合同约定的当期应当收取的本金。无书面合同或者书面合同没有约定的，为当期实际收取的本金。

试点纳税人提供有形动产融资性售后回租服务，向承租方收取的有形动产价款本金，不得开具增值税专用发票，可以开具普通发票。

②以向承租方收取的全部价款和价外费用，扣除支付的借款利息(包括外汇借款和人民币借款利息)、发行债券利息后的余额为销售额。

(4)经商务部授权的省级商务主管部门和国家经济技术开发区批准的从事融资租赁业务的试点纳税人，2016 年 5 月 1 日后实收资本达到 1.7 亿元的，从达到标准的当月起按照上述第(1)、(2)、(3)点规定执行；2016 年 5 月 1 日后实收资本未达到 1.7 亿元但注册资本达到 1.7 亿元的，在 2016 年 7 月 31 日前仍可按照上述第(1)、(2)、(3)点规定执行，2016 年 8 月 1 日后开展的融资租赁业务和融资性售后回租业务不得按照上述第(1)、(2)、(3)点规定执行。

6. 航空运输企业的销售额，不包括代收的机场建设费和代售其他航空运输企业客票而代收转付的价款。

7. 试点纳税人中的一般纳税人(以下称一般纳税人)提供客运场站服务，以其取得的全部价款和价外费用，扣除支付给承运方运费后的余额为销售额。

8. 试点纳税人提供旅游服务，可以选择以取得的全部价款和价外费用，扣除向旅游服务购买方收取并支付给其他单位或者个人的住宿费、餐饮费、交通费、签证费、门票费和支付给其他接团旅游企业的旅游费用后的余额为销售额。

选择上述办法计算销售额的试点纳税人，向旅游服务购买方收取并支付的上述费用，不得开具增值税专用发票，可以开具普通发票。

9.试点纳税人提供建筑服务适用简易计税方法的,以取得的全部价款和价外费用扣除支付的分包款后的余额为销售额。

10.房地产开发企业中的一般纳税人销售其开发的房地产项目(选择简易计税方法的房地产老项目除外),以取得的全部价款和价外费用,扣除受让土地时向政府部门支付的土地价款后的余额为销售额。

房地产老项目,是指建筑工程施工许可证注明的合同开工日期在2016年4月30日前的房地产项目。

11.试点纳税人按照上述4～10款的规定从全部价款和价外费用中扣除的价款,应当取得符合法律、行政法规和国家税务总局规定的有效凭证。否则,不得扣除。

上述凭证是指:

(1)支付给境内单位或者个人的款项,以发票为合法有效凭证。

(2)支付给境外单位或者个人的款项,以该单位或者个人的签收单据为合法有效凭证,税务机关对签收单据有疑义的,可以要求其提供境外公证机构的确认证明。

(3)缴纳的税款,以完税凭证为合法有效凭证。

(4)扣除的政府性基金、行政事业性收费或者向政府支付的土地价款,以省级以上(含省级)财政部门监(印)制的财政票据为合法有效凭证。

(5)国家税务总局规定的其他凭证。

纳税人取得的上述凭证属于增值税扣税凭证的,其进项税额不得从销项税额中抵扣。

(四)进项税额。

1.适用一般计税方法的试点纳税人,2016年5月1日后取得并在会计制度上按固定资产核算的不动产或者2016年5月1日后取得的不动产在建工程,其进项税额应自取得之日起分2年从销项税额中抵扣,第一年抵扣比例为60%,第二年抵扣比例为40%。

取得不动产,包括以直接购买、接受捐赠、接受投资入股、自建以及抵债等各种形式取得不动产,不包括房地产开发企业自行开发的房地产项目。

融资租入的不动产以及在施工现场修建的临时建筑物、构筑物，其进项税额不适用上述分2年抵扣的规定。

2.按照《试点实施办法》第二十七条第（一）项规定不得抵扣且未抵扣进项税额的固定资产、无形资产、不动产，发生用途改变，用于允许抵扣进项税额的应税项目，可在用途改变的次月按照下列公式计算可以抵扣的进项税额：

可以抵扣的进项税额＝固定资产、无形资产、不动产净值/（1＋适用税率）×适用税率

上述可以抵扣的进项税额应取得合法有效的增值税扣税凭证。

3.纳税人接受贷款服务向贷款方支付的与该笔贷款直接相关的投融资顾问费、手续费、咨询费等费用，其进项税额不得从销项税额中抵扣。

（五）一般纳税人资格登记。

《试点实施办法》第三条规定的年应税销售额标准为500万元（含本数）。财政部和国家税务总局可以对年应税销售额标准进行调整。

（六）计税方法。

一般纳税人发生下列应税行为可以选择适用简易计税方法计税：

1.公共交通运输服务。

公共交通运输服务，包括轮客渡、公交客运、地铁、城市轻轨、出租车、长途客运、班车。

班车，是指按固定路线、固定时间运营并在固定站点停靠的运送旅客的陆路运输服务。

2.经认定的动漫企业为开发动漫产品提供的动漫脚本编撰、形象设计、背景设计、动画设计、分镜、动画制作、摄制、描线、上色、画面合成、配音、配乐、音效合成、剪辑、字幕制作、压缩转码（面向网络动漫、手机动漫格式适配）服务，以及在境内转让动漫版权（包括动漫品牌、形象或者内容的授权及再授权）。

动漫企业和自主开发、生产动漫产品的认定标准和认定程序，按照

《文化部 财政部 国家税务总局关于印发〈动漫企业认定管理办法(试行)〉的通知》(文市发〔2008〕51号)的规定执行。

3.电影放映服务、仓储服务、装卸搬运服务、收派服务和文化体育服务。

4.以纳入营改增试点之日前取得的有形动产为标的物提供的经营租赁服务。

5.在纳入营改增试点之日前签订的尚未执行完毕的有形动产租赁合同。

(七)建筑服务。

1.一般纳税人以清包工方式提供的建筑服务,可以选择适用简易计税方法计税。

以清包工方式提供建筑服务,是指施工方不采购建筑工程所需的材料或只采购辅助材料,并收取人工费、管理费或者其他费用的建筑服务。

2.一般纳税人为甲供工程提供的建筑服务,可以选择适用简易计税方法计税。

甲供工程,是指全部或部分设备、材料、动力由工程发包方自行采购的建筑工程。

3.一般纳税人为建筑工程老项目提供的建筑服务,可以选择适用简易计税方法计税。

建筑工程老项目,是指:

(1)建筑工程施工许可证注明的合同开工日期在2016年4月30日前的建筑工程项目;

(2)未取得建筑工程施工许可证的,建筑工程承包合同注明的开工日期在2016年4月30日前的建筑工程项目。

4.一般纳税人跨县(市)提供建筑服务,适用一般计税方法计税的,应以取得的全部价款和价外费用为销售额计算应纳税额。纳税人应以取得的全部价款和价外费用扣除支付的分包款后的余额,按照2%的预征率在建筑服务发生地预缴税款后,向机构所在地主管税务机关进行纳税申报。

5.一般纳税人跨县(市)提供建筑服务,选择适用简易计税方法计税的,应以取得的全部价款和价外费用扣除支付的分包款后的余额为销售额,按照3%的征收率计算应纳税额。纳税人应按照上述计税方法在建筑服务发生地预缴税款后,向机构所在地主管税务机关进行纳税申报。

6.试点纳税人中的小规模纳税人(以下称小规模纳税人)跨县(市)提供建筑服务,应以取得的全部价款和价外费用扣除支付的分包款后的余额为销售额,按照3%的征收率计算应纳税额。纳税人应按照上述计税方法在建筑服务发生地预缴税款后,向机构所在地主管税务机关进行纳税申报。

(八)销售不动产。

1.一般纳税人销售其2016年4月30日前取得(不含自建)的不动产,可以选择适用简易计税方法,以取得的全部价款和价外费用减去该项不动产购置原价或者取得不动产时的作价后的余额为销售额,按照5%的征收率计算应纳税额。纳税人应按照上述计税方法在不动产所在地预缴税款后,向机构所在地主管税务机关进行纳税申报。

2.一般纳税人销售其2016年4月30日前自建的不动产,可以选择适用简易计税方法,以取得的全部价款和价外费用为销售额,按照5%的征收率计算应纳税额。纳税人应按照上述计税方法在不动产所在地预缴税款后,向机构所在地主管税务机关进行纳税申报。

3.一般纳税人销售其2016年5月1日后取得(不含自建)的不动产,应适用一般计税方法,以取得的全部价款和价外费用为销售额计算应纳税额。纳税人应以取得的全部价款和价外费用减去该项不动产购置原价或者取得不动产时的作价后的余额,按照5%的预征率在不动产所在地预缴税款后,向机构所在地主管税务机关进行纳税申报。

4.一般纳税人销售其2016年5月1日后自建的不动产,应适用一般计税方法,以取得的全部价款和价外费用为销售额计算应纳税额。纳税人应以取得的全部价款和价外费用,按照5%的预征率在不动产所在地预缴税款后,向机构所在地主管税务机关进行纳税申报。

5. 小规模纳税人销售其取得(不含自建)的不动产(不含个体工商户销售购买的住房和其他个人销售不动产),应以取得的全部价款和价外费用减去该项不动产购置原价或者取得不动产时的作价后的余额为销售额,按照5%的征收率计算应纳税额。纳税人应按照上述计税方法在不动产所在地预缴税款后,向机构所在地主管税务机关进行纳税申报。

6. 小规模纳税人销售其自建的不动产,应以取得的全部价款和价外费用为销售额,按照5%的征收率计算应纳税额。纳税人应按照上述计税方法在不动产所在地预缴税款后,向机构所在地主管税务机关进行纳税申报。

7. 房地产开发企业中的一般纳税人,销售自行开发的房地产老项目,可以选择适用简易计税方法按照5%的征收率计税。

8. 房地产开发企业中的小规模纳税人,销售自行开发的房地产项目,按照5%的征收率计税。

9. 房地产开发企业采取预收款方式销售所开发的房地产项目,在收到预收款时按照3%的预征率预缴增值税。

10. 个体工商户销售购买的住房,应按照附件3《营业税改征增值税试点过渡政策的规定》第五条的规定免征增值税。纳税人应按照上述计税方法在不动产所在地预缴税款后,向机构所在地主管税务机关进行纳税申报。

11. 其他个人销售其取得(不含自建)的不动产(不含其购买的住房),应以取得的全部价款和价外费用减去该项不动产购置原价或者取得不动产时的作价后的余额为销售额,按照5%的征收率计算应纳税额。

(九)不动产经营租赁服务。

1. 一般纳税人出租其2016年4月30日前取得的不动产,可以选择适用简易计税方法,按照5%的征收率计算应纳税额。纳税人出租其2016年4月30日前取得的与机构所在地不在同一县(市)的不动产,应按照上述计税方法在不动产所在地预缴税款后,向机构所在地主管税务机关进行纳税申报。

2. 公路经营企业中的一般纳税人收取试点前开工的高速公路的车辆通行费，可以选择适用简易计税方法，减按3%的征收率计算应纳税额。

试点前开工的高速公路，是指相关施工许可证明上注明的合同开工日期在2016年4月30日前的高速公路。

3. 一般纳税人出租其2016年5月1日后取得的、与机构所在地不在同一县（市）的不动产，应按照3%的预征率在不动产所在地预缴税款后，向机构所在地主管税务机关进行纳税申报。

4. 小规模纳税人出租其取得的不动产（不含个人出租住房），应按照5%的征收率计算应纳税额。纳税人出租与机构所在地不在同一县（市）的不动产，应按照上述计税方法在不动产所在地预缴税款后，向机构所在地主管税务机关进行纳税申报。

5. 其他个人出租其取得的不动产（不含住房），应按照5%的征收率计算应纳税额。

6. 个人出租住房，应按照5%的征收率减按1.5%计算应纳税额。

（十）一般纳税人销售其2016年4月30日前取得的不动产（不含自建），适用一般计税方法计税的，以取得的全部价款和价外费用为销售额计算应纳税额。上述纳税人应以取得的全部价款和价外费用减去该项不动产购置原价或者取得不动产时的作价后的余额，按照5%的预征率在不动产所在地预缴税款后，向机构所在地主管税务机关进行纳税申报。

房地产开发企业中的一般纳税人销售房地产老项目，以及一般纳税人出租其2016年4月30日前取得的不动产，适用一般计税方法计税的，应以取得的全部价款和价外费用，按照3%的预征率在不动产所在地预缴税款后，向机构所在地主管税务机关进行纳税申报。

一般纳税人销售其2016年4月30日前自建的不动产，适用一般计税方法计税的，应以取得的全部价款和价外费用为销售额计算应纳税额。纳税人应以取得的全部价款和价外费用，按照5%的预征率在不动产所在地预缴税款后，向机构所在地主管税务机关进行纳税申报。

(十一)一般纳税人跨省(自治区、直辖市或者计划单列市)提供建筑服务或者销售、出租取得的与机构所在地不在同一省(自治区、直辖市或者计划单列市)的不动产,在机构所在地申报纳税时,计算的应纳税额小于已预缴税额,且差额较大的,由国家税务总局通知建筑服务发生地或者不动产所在地省级税务机关,在一定时期内暂停预缴增值税。

(十二)纳税地点。

属于固定业户的试点纳税人,总分支机构不在同一县(市),但在同一省(自治区、直辖市、计划单列市)范围内的,经省(自治区、直辖市、计划单列市)财政厅(局)和国家税务局批准,可以由总机构汇总向总机构所在地的主管税务机关申报缴纳增值税。

(十三)试点前发生的业务。

1.试点纳税人发生应税行为,按照国家有关营业税政策规定差额征收营业税的,因取得的全部价款和价外费用不足以抵减允许扣除项目金额,截至纳入营改增试点之日前尚未扣除的部分,不得在计算试点纳税人增值税应税销售额时抵减,应当向原主管地税机关申请退还营业税。

2.试点纳税人发生应税行为,在纳入营改增试点之日前已缴纳营业税,营改增试点后因发生退款减除营业额的,应当向原主管地税机关申请退还已缴纳的营业税。

3.试点纳税人纳入营改增试点之日前发生的应税行为,因税收检查等原因需要补缴税款的,应按照营业税政策规定补缴营业税。

(十四)销售使用过的固定资产。

一般纳税人销售自己使用过的、纳入营改增试点之日前取得的固定资产,按照现行旧货相关增值税政策执行。

使用过的固定资产,是指纳税人符合《试点实施办法》第二十八条规定并根据财务会计制度已经计提折旧的固定资产。

(十五)扣缴增值税适用税率。

境内的购买方为境外单位和个人扣缴增值税的,按照适用税率扣缴增值税。

（十六）其他规定。

1.试点纳税人销售电信服务时，附带赠送用户识别卡、电信终端等货物或者电信服务的，应将其取得的全部价款和价外费用进行分别核算，按各自适用的税率计算缴纳增值税。

2.油气田企业发生应税行为，适用《试点实施办法》规定的增值税税率，不再适用《财政部 国家税务总局关于印发〈油气田企业增值税管理办法〉的通知》（财税〔2009〕8 号）规定的增值税税率。

二、原增值税纳税人［指按照《中华人民共和国增值税暂行条例》（国务院令第 538 号）（以下称《增值税暂行条例》）缴纳增值税的纳税人］有关政策

（一）进项税额。

1.原增值税一般纳税人购进服务、无形资产或者不动产，取得的增值税专用发票上注明的增值税额为进项税额，准予从销项税额中抵扣。

2016 年 5 月 1 日后取得并在会计制度上按固定资产核算的不动产或者 2016 年 5 月 1 日后取得的不动产在建工程，其进项税额应自取得之日起分 2 年从销项税额中抵扣，第一年抵扣比例为 60％，第二年抵扣比例为 40％。

融资租入的不动产以及在施工现场修建的临时建筑物、构筑物，其进项税额不适用上述分 2 年抵扣的规定。

2.原增值税一般纳税人自用的应征消费税的摩托车、汽车、游艇，其进项税额准予从销项税额中抵扣。

3.原增值税一般纳税人从境外单位或者个人购进服务、无形资产或者不动产，按照规定应当扣缴增值税的，准予从销项税额中抵扣的进项税额为自税务机关或者扣缴义务人取得的解缴税款的完税凭证上注明的增值税额。

纳税人凭完税凭证抵扣进项税额的，应当具备书面合同、付款证明和境外单位的对账单或者发票。资料不全的，其进项税额不得从销项税额中抵扣。

4.原增值税一般纳税人购进货物或者接受加工修理修配劳务，用于《销售服务、无形资产或者不动产注释》所列项目的，不属于《增值税暂行条例》第十条所称的用于非增值税应税项目，其进项税额准予从销项税额中抵扣。

5.原增值税一般纳税人购进服务、无形资产或者不动产，下列项目的进项税额不得从销项税额中抵扣：

(1)用于简易计税方法计税项目、免征增值税项目、集体福利或者个人消费。其中涉及的无形资产、不动产，仅指专用于上述项目的无形资产(不包括其他权益性无形资产)、不动产。

纳税人的交际应酬消费属于个人消费。

(2)非正常损失的购进货物，以及相关的加工修理修配劳务和交通运输服务。

(3)非正常损失的在产品、产成品所耗用的购进货物(不包括固定资产)、加工修理修配劳务和交通运输服务。

(4)非正常损失的不动产，以及该不动产所耗用的购进货物、设计服务和建筑服务。

(5)非正常损失的不动产在建工程所耗用的购进货物、设计服务和建筑服务。

纳税人新建、改建、扩建、修缮、装饰不动产，均属于不动产在建工程。

(6)购进的旅客运输服务、贷款服务、餐饮服务、居民日常服务和娱乐服务。

(7)财政部和国家税务总局规定的其他情形。

上述第(4)点、第(5)点所称货物，是指构成不动产实体的材料和设备，包括建筑装饰材料和给排水、采暖、卫生、通风、照明、通信、煤气、消防、中央空调、电梯、电气、智能化楼宇设备及配套设施。

纳税人接受贷款服务向贷款方支付的与该笔贷款直接相关的投融资顾问费、手续费、咨询费等费用，其进项税额不得从销项税额中抵扣。

6.已抵扣进项税额的购进服务，发生上述第5点规定情形(简易计税方法计税项目、免征增值税项目除外)的，应当将该进项税额从当期进项税额中扣减；无法确定该进项税额的，按照当期实际成本计算应扣减的进项税额。

7.已抵扣进项税额的无形资产或者不动产，发生上述第5点规定情形的，按照下列公式计算不得抵扣的进项税额：

不得抵扣的进项税额＝无形资产或者不动产净值×适用税率

8.按照《增值税暂行条例》第十条和上述第5点不得抵扣且未抵扣进项税额的固定资产、无形资产、不动产，发生用途改变，用于允许抵扣进项税额的应税项目，可在用途改变的次月按照下列公式，依据合法有效的增值税扣税凭证，计算可以抵扣的进项税额：

可以抵扣的进项税额＝固定资产、无形资产、不动产净值/(1＋适用税率)×适用税率

上述可以抵扣的进项税额应取得合法有效的增值税扣税凭证。

(二)增值税期末留抵税额。

原增值税一般纳税人兼有销售服务、无形资产或者不动产的，截止到纳入营改增试点之日前的增值税期末留抵税额，不得从销售服务、无形资产或者不动产的销项税额中抵扣。

(三)混合销售。

一项销售行为如果既涉及货物又涉及服务，为混合销售。从事货物的生产、批发或者零售的单位和个体工商户的混合销售行为，按照销售货物缴纳增值税；其他单位和个体工商户的混合销售行为，按照销售服务缴纳增值税。

上述从事货物的生产、批发或者零售的单位和个体工商户，包括以从事货物的生产、批发或者零售为主，并兼营销售服务的单位和个体工商户在内。

附件3:

营业税改征增值税试点过渡政策的规定

一、下列项目免征增值税

(一)托儿所、幼儿园提供的保育和教育服务。

托儿所、幼儿园,是指经县级以上教育部门审批成立、取得办园许可证的实施0～6岁学前教育的机构,包括公办和民办的托儿所、幼儿园、学前班、幼儿班、保育院、幼儿园。

公办托儿所、幼儿园免征增值税的收入是指,在省级财政部门和价格主管部门审核报省级人民政府批准的收费标准以内收取的教育费、保育费。

民办托儿所、幼儿园免征增值税的收入是指,在报经当地有关部门备案并公示的收费标准范围内收取的教育费、保育费。

超过规定收费标准的收费,以开办实验班、特色班和兴趣班等为由另外收取的费用以及与幼儿入园挂钩的赞助费、支教费等超过规定范围的收入,不属于免征增值税的收入。

(二)养老机构提供的养老服务。

养老机构,是指依照民政部《养老机构设立许可办法》(民政部令第48号)设立并依法办理登记的为老年人提供集中居住和照料服务的各类养老机构;养老服务,是指上述养老机构按照民政部《养老机构管理办法》(民政部令第49号)的规定,为收住的老年人提供的生活照料、康复护理、精神慰藉、文化娱乐等服务。

(三)残疾人福利机构提供的育养服务。

(四)婚姻介绍服务。

(五)殡葬服务。

殡葬服务,是指收费标准由各地价格主管部门会同有关部门核定,或者实行政府指导价管理的遗体接运(含抬尸、消毒)、遗体整容、遗体防腐、存放(含冷藏)、火化、骨灰寄存、吊唁设施设备租赁、墓穴租赁及管理等服务。

（六）残疾人员本人为社会提供的服务。

（七）医疗机构提供的医疗服务。

医疗机构，是指依据国务院《医疗机构管理条例》（国务院令第149号）及卫生部《医疗机构管理条例实施细则》（卫生部令第35号）的规定，经登记取得“医疗机构执业许可证”的机构，以及军队、武警部队各级各类医疗机构。具体包括：各级各类医院、门诊部（所）、社区卫生服务中心（站）、急救中心（站）、城乡卫生院、护理院（所）、疗养院、临床检验中心，各级政府及有关部门举办的卫生防疫站（疾病控制中心）、各种专科疾病防治站（所），各级政府举办的妇幼保健所（站）、母婴保健机构、儿童保健机构，各级政府举办的血站（血液中心）等医疗机构。

本项所称的医疗服务，是指医疗机构按照不高于地（市）级以上价格主管部门会同同级卫生主管部门及其他相关部门制定的医疗服务指导价格（包括政府指导价和按照规定由供需双方协商确定的价格等）为就医者提供《全国医疗服务价格项目规范》所列的各项服务，以及医疗机构向社会提供卫生防疫、卫生检疫的服务。

（八）从事学历教育的学校提供的教育服务。

1.学历教育，是指受教育者经过国家教育考试或者国家规定的其他入学方式，进入国家有关部门批准的学校或者其他教育机构学习，获得国家承认的学历证书的教育形式。具体包括：

（1）初等教育：普通小学、成人小学。

（2）初级中等教育：普通初中、职业初中、成人初中。

（3）高级中等教育：普通高中、成人高中和中等职业学校（包括普通中专、成人中专、职业高中、技工学校）。

（4）高等教育：普通本专科、成人本专科、网络本专科、研究生（博士、硕士）、高等教育自学考试、高等教育学历文凭考试。

2.从事学历教育的学校，是指：

（1）普通学校。

（2）经地（市）级以上人民政府或者同级政府的教育行政部门批准成

立、国家承认其学员学历的各类学校。

(3)经省级及以上人力资源社会保障行政部门批准成立的技工学校、高级技工学校。

(4)经省级人民政府批准成立的技师学院。

上述学校均包括符合规定的从事学历教育的民办学校,但不包括职业培训机构等国家不承认学历的教育机构。

3.提供教育服务免征增值税的收入,是指对列入规定招生计划的在籍学生提供学历教育服务取得的收入,具体包括:经有关部门审核批准并按规定标准收取的学费、住宿费、课本费、作业本费、考试报名费收入,以及学校食堂提供餐饮服务取得的伙食费收入。除此之外的收入,包括学校以各种名义收取的赞助费、择校费等,不属于免征增值税的范围。

学校食堂是指依照《学校食堂与学生集体用餐卫生管理规定》(教育部令第14号)管理的学校食堂。

(九)学生勤工俭学提供的服务。

(十)农业机耕、排灌、病虫害防治、植物保护、农牧保险以及相关技术培训业务,家禽、牲畜、水生动物的配种和疾病防治。

农业机耕,是指在农业、林业、牧业中使用农业机械进行耕作(包括耕耘、种植、收割、脱粒、植物保护等)的业务;排灌,是指对农田进行灌溉或者排涝的业务;病虫害防治,是指从事农业、林业、牧业、渔业的病虫害测报和防治的业务;农牧保险,是指为种植业、养殖业、牧业种植和饲养的动植物提供保险的业务;相关技术培训,是指与农业机耕、排灌、病虫害防治、植物保护业务相关以及为使农民获得农牧保险知识的技术培训业务;家禽、牲畜、水生动物的配种和疾病防治业务的免税范围,包括与该项服务有关的提供药品和医疗用具的业务。

(十一)纪念馆、博物馆、文化馆、文物保护单位管理机构、美术馆、展览馆、书画院、图书馆在自己的场所提供文化体育服务取得的第一道门票收入。

(十二)寺院、宫观、清真寺和教堂举办文化、宗教活动的门票收入。

（十三）行政单位之外的其他单位收取的符合《试点实施办法》第十条规定条件的政府性基金和行政事业性收费。

（十四）个人转让著作权。

（十五）个人销售自建自用住房。

（十六）2018 年 12 月 31 日前，公共租赁住房经营管理单位出租公共租赁住房。

公共租赁住房，是指纳入省、自治区、直辖市、计划单列市人民政府及新疆生产建设兵团批准的公共租赁住房发展规划和年度计划，并按照《关于加快发展公共租赁住房的指导意见》（建保〔2010〕87 号）和市、县人民政府制定的具体管理办法进行管理的公共租赁住房。

（十七）台湾航运公司、航空公司从事海峡两岸海上直航、空中直航业务在大陆取得的运输收入。

台湾航运公司，是指取得交通运输部颁发的"台湾海峡两岸间水路运输许可证"且该许可证上注明的公司登记地址在台湾的航运公司。

台湾航空公司，是指取得中国民用航空局颁发的"经营许可"或者依据《海峡两岸空运协议》和《海峡两岸空运补充协议》规定，批准经营两岸旅客、货物和邮件不定期（包机）运输业务，且公司登记地址在台湾的航空公司。

（十八）纳税人提供的直接或者间接国际货物运输代理服务。

1. 纳税人提供直接或者间接国际货物运输代理服务，向委托方收取的全部国际货物运输代理服务收入，以及向国际运输承运人支付的国际运输费用，必须通过金融机构进行结算。

2. 纳税人为大陆与香港、澳门、台湾地区之间的货物运输提供的货物运输代理服务参照国际货物运输代理服务有关规定执行。

3. 委托方索取发票的，纳税人应当就国际货物运输代理服务收入向委托方全额开具增值税普通发票。

（十九）以下利息收入。

1. 2016 年 12 月 31 日前，金融机构农户小额贷款。

小额贷款,是指单笔且该农户贷款余额总额在10万元(含本数)以下的贷款。

所称农户,是指长期(一年以上)居住在乡镇(不包括城关镇)行政管理区域内的住户,还包括长期居住在城关镇所辖行政村范围内的住户和户口不在本地而在本地居住一年以上的住户,国有农场的职工和农村个体工商户。位于乡镇(不包括城关镇)行政管理区域内和在城关镇所辖行政村范围内的国有经济的机关、团体、学校、企事业单位的集体户,有本地户口但举家外出谋生一年以上的住户,无论是否保留承包耕地均不属于农户。农户以户为统计单位,既可以从事农业生产经营,也可以从事非农业生产经营。农户贷款的判定应以贷款发放时的承贷主体是否属于农户为准。

2.国家助学贷款。

3.国债、地方政府债。

4.人民银行对金融机构的贷款。

5.住房公积金管理中心用住房公积金在指定的委托银行发放的个人住房贷款。

6.外汇管理部门在从事国家外汇储备经营过程中,委托金融机构发放的外汇贷款。

7.统借统还业务中,企业集团或企业集团中的核心企业以及集团所属财务公司按不高于支付给金融机构的借款利率水平或者支付的债券票面利率水平,向企业集团或者集团内下属单位收取的利息。

统借方向资金使用单位收取的利息,高于支付给金融机构借款利率水平或者支付的债券票面利率水平的,应全额缴纳增值税。

统借统还业务,是指:

(1)企业集团或者企业集团中的核心企业向金融机构借款或对外发行债券取得资金后,将所借资金分拨给下属单位(包括独立核算单位和非独立核算单位,下同),并向下属单位收取用于归还金融机构或债券购买方本息的业务。

(2)企业集团向金融机构借款或对外发行债券取得资金后，由集团所属财务公司与企业集团或者集团内下属单位签订统借统还贷款合同并分拨资金，并向企业集团或者集团内下属单位收取本息，再转付企业集团，由企业集团统一归还金融机构或债券购买方的业务。

(二十)被撤销金融机构以货物、不动产、无形资产、有价证券、票据等财产清偿债务。

被撤销金融机构，是指经人民银行、银监会依法决定撤销的金融机构及其分设于各地的分支机构，包括被依法撤销的商业银行、信托投资公司、财务公司、金融租赁公司、城市信用社和农村信用社。除另有规定外，被撤销金融机构所属、附属企业，不享受被撤销金融机构增值税免税政策。

(二十一)保险公司开办的一年期以上人身保险产品取得的保费收入。

一年期以上人身保险，是指保险期间为一年期及以上返还本利的人寿保险、养老年金保险，以及保险期间为一年期及以上的健康保险。

人寿保险，是指以人的寿命为保险标的的人身保险。

养老年金保险，是指以养老保障为目的，以被保险人生存为给付保险金条件，并按约定的时间间隔分期给付生存保险金的人身保险。养老年金保险应当同时符合下列条件：

1.保险合同约定给付被保险人生存保险金的年龄不得小于国家规定的退休年龄。

2.相邻两次给付的时间间隔不得超过一年。

健康保险，是指以因健康原因导致损失为给付保险金条件的人身保险。

上述免税政策实行备案管理，具体备案管理办法按照《国家税务总局关于一年期以上返还性人身保险产品免征营业税审批事项取消后有关管理问题的公告》(国家税务总局公告2015年第65号)规定执行。

(二十二)下列金融商品转让收入。

1.合格境外投资者(QFII)委托境内公司在我国从事证券买卖业务。

2.香港市场投资者(包括单位和个人)通过沪港通买卖上海证券交易所上市A股。

3.对香港市场投资者(包括单位和个人)通过基金互认买卖内地基金份额。

4.证券投资基金(封闭式证券投资基金,开放式证券投资基金)管理人运用基金买卖股票、债券。

5.个人从事金融商品转让业务。

(二十三)金融同业往来利息收入。

1.金融机构与人民银行所发生的资金往来业务。包括人民银行对一般金融机构贷款,以及人民银行对商业银行的再贴现等。

2.银行联行往来业务。同一银行系统内部不同行、处之间所发生的资金账务往来业务。

3.金融机构间的资金往来业务。是指经人民银行批准,进入全国银行间同业拆借市场的金融机构之间通过全国统一的同业拆借网络进行的短期(一年以下,含一年)无担保资金融通行为。

4.金融机构之间开展的转贴现业务。

金融机构是指:

(1)银行:包括人民银行、商业银行、政策性银行。

(2)信用合作社。

(3)证券公司。

(4)金融租赁公司、证券基金管理公司、财务公司、信托投资公司、证券投资基金。

(5)保险公司。

(6)其他经人民银行、银监会、证监会、保监会批准成立且经营金融保险业务的机构等。

(二十四)同时符合下列条件的担保机构从事中小企业信用担保或者再担保业务取得的收入(不含信用评级、咨询、培训等收入)3年内免征增值税：

1. 已取得监管部门颁发的融资性担保机构经营许可证，依法登记注册为企（事）业法人，实收资本超过2000万元。

2. 平均年担保费率不超过银行同期贷款基准利率的50%。平均年担保费率＝本期担保费收入/（期初担保余额＋本期增加担保金额）×100%。

3. 连续合规经营2年以上，资金主要用于担保业务，具备健全的内部管理制度和为中小企业提供担保的能力，经营业绩突出，对受保项目具有完善的事前评估、事中监控、事后追偿与处置机制。

4. 为中小企业提供的累计担保贷款额占其两年累计担保业务总额的80%以上，单笔800万元以下的累计担保贷款额占其累计担保业务总额的50%以上。

5. 对单个受保企业提供的担保余额不超过担保机构实收资本总额的10%，且平均单笔担保责任金额最多不超过3000万元人民币。

6. 担保责任余额不低于其净资产的3倍，且代偿率不超过2%。

担保机构免征增值税政策采取备案管理方式。符合条件的担保机构应到所在地县（市）主管税务机关和同级中小企业管理部门履行规定的备案手续，自完成备案手续之日起，享受3年免征增值税政策。3年免税期满后，符合条件的担保机构可按规定程序办理备案手续后继续享受该项政策。

具体备案管理办法按照《国家税务总局关于中小企业信用担保机构免征营业税审批事项取消后有关管理问题的公告》（国家税务总局公告2015年第69号）规定执行，其中税务机关的备案管理部门统一调整为县（市）级国家税务局。

（二十五）国家商品储备管理单位及其直属企业承担商品储备任务，从中央或者地方财政取得的利息补贴收入和价差补贴收入。

国家商品储备管理单位及其直属企业，是指接受中央、省、市、县四级政府有关部门（或者政府指定管理单位）委托，承担粮（含大豆）、食用油、棉、糖、肉、盐(限于中央储备)等 6 种商品储备任务,并按有关政策收储、销售上述 6 种储备商品,取得财政储备经费或者补贴的商品储备企业。利息补贴收入,是指国家商品储备管理单位及其直属企业因承担上述商品储备任务从金融机构贷款,并从中央或者地方财政取得的用于偿还贷款利息的贴息收入。价差补贴收入包括销售价差补贴收入和轮换价差补贴收入。销售价差补贴收入,是指按照中央或者地方政府指令销售上述储备商品时,由于销售收入小于库存成本而从中央或者地方财政获得的全额价差补贴收入。轮换价差补贴收入,是指根据要求定期组织政策性储备商品轮换而从中央或者地方财政取得的商品新陈品质价差补贴收入。

(二十六)纳税人提供技术转让、技术开发和与之相关的技术咨询、技术服务。

1. 技术转让、技术开发,是指《销售服务、无形资产、不动产注释》中"转让技术""研发服务"范围内的业务活动。技术咨询,是指就特定技术项目提供可行性论证、技术预测、专题技术调查、分析评价报告等业务活动。

与技术转让、技术开发相关的技术咨询、技术服务,是指转让方(或者受托方)根据技术转让或者开发合同的规定,为帮助受让方(或者委托方)掌握所转让(或者委托开发)的技术,而提供的技术咨询、技术服务业务,且这部分技术咨询、技术服务的价款与技术转让或者技术开发的价款应当在同一张发票上开具。

2. 备案程序。试点纳税人申请免征增值税时,须持技术转让、开发的书面合同,到纳税人所在地省级科技主管部门进行认定,并持有关的书面合同和科技主管部门审核意见证明文件报主管税务机关备查。

(二十七)同时符合下列条件的合同能源管理服务:

1. 节能服务公司实施合同能源管理项目相关技术,应当符合国家质量监督检验检疫总局和国家标准化管理委员会发布的《合同能源管理技术通则》(GB/T 24915—2010)规定的技术要求。

2.节能服务公司与用能企业签订节能效益分享型合同，其合同格式和内容，符合《中华人民共和国合同法》和《合同能源管理技术通则》(GB/T 24915—2010)等规定。

(二十八)2017 年 12 月 31 日前，科普单位的门票收入，以及县级及以上党政部门和科协开展科普活动的门票收入。

科普单位，是指科技馆、自然博物馆，对公众开放的天文馆(站、台)、气象台(站)、地震台(站)，以及高等院校、科研机构对公众开放的科普基地。

科普活动，是指利用各种传媒以浅显的、让公众易于理解、接受和参与的方式，向普通大众介绍自然科学和社会科学知识，推广科学技术的应用，倡导科学方法，传播科学思想，弘扬科学精神的活动。

(二十九)政府举办的从事学历教育的高等、中等和初等学校(不含下属单位)，举办进修班、培训班取得的全部归该学校所有的收入。

全部归该学校所有，是指举办进修班、培训班取得的全部收入进入该学校统一账户，并纳入预算全额上缴财政专户管理，同时由该学校对有关票据进行统一管理和开具。

举办进修班、培训班取得的收入进入该学校下属部门自行开设账户的，不予免征增值税。

(三十)政府举办的职业学校设立的主要为在校学生提供实习场所、由学校出资自办、由学校负责经营管理、经营收入归学校所有的企业，从事《销售服务、无形资产或者不动产注释》中“现代服务”(不含融资租赁服务、广告服务和其他现代服务)“生活服务”(不含文化体育服务、其他生活服务和桑拿、氧吧)业务活动取得的收入。

(三十一)家政服务企业由员工制家政服务员提供家政服务取得的收入。

家政服务企业，是指在企业营业执照的规定经营范围中包括家政服务内容的企业。

员工制家政服务员，是指同时符合下列 3 个条件的家政服务员：

1.依法与家政服务企业签订半年及半年以上的劳动合同或者服务协议，且在该企业实际上岗工作。

2.家政服务企业为其按月足额缴纳了企业所在地人民政府根据国家政策规定的基本养老保险、基本医疗保险、工伤保险、失业保险等社会保险。对已享受新型农村养老保险和新型农村合作医疗等社会保险或者下岗职工原单位继续为其缴纳社会保险的家政服务员，如果本人书面提出不再缴纳企业所在地人民政府根据国家政策规定的相应的社会保险，并出具其所在乡镇或者原单位开具的已缴纳相关保险的证明，可视同家政服务企业已为其按月足额缴纳了相应的社会保险。

3.家政服务企业通过金融机构向其实际支付不低于企业所在地适用的经省级人民政府批准的最低工资标准的工资。

(三十二)福利彩票、体育彩票的发行收入。

(三十三)军队空余房产租赁收入。

(三十四)为了配合国家住房制度改革，企业、行政事业单位按房改成本价、标准价出售住房取得的收入。

(三十五)将土地使用权转让给农业生产者用于农业生产。

(三十六)涉及家庭财产分割的个人无偿转让不动产、土地使用权。

家庭财产分割，包括下列情形：离婚财产分割；无偿赠予配偶、父母、子女、祖父母、外祖父母、孙子女、外孙子女、兄弟姐妹；无偿赠予对其承担直接抚养或者赡养义务的抚养人或者赡养人；房屋产权所有人死亡，法定继承人、遗嘱继承人或者受遗赠人依法取得房屋产权。

(三十七)土地所有者出让土地使用权和土地使用者将土地使用权归还给土地所有者。

(三十八)县级以上地方人民政府或自然资源行政主管部门出让、转让或收回自然资源使用权(不含土地使用权)。

(三十九)随军家属就业。

1.为安置随军家属就业而新开办的企业，自领取税务登记证之日起，其提供的应税服务3年内免征增值税。

享受税收优惠政策的企业，随军家属必须占企业总人数的60%(含)以上，并有军(含)以上政治和后勤机关出具的证明。

2.从事个体经营的随军家属，自办理税务登记事项之日起，其提供的应税服务3年内免征增值税。

随军家属必须有师以上政治机关出具的可以表明其身份的证明。

按照上述规定，每一名随军家属可以享受一次免税政策。

(四十)军队转业干部就业。

1.从事个体经营的军队转业干部，自领取税务登记证之日起，其提供的应税服务3年内免征增值税。

2.为安置自主择业的军队转业干部就业而新开办的企业，凡安置自主择业的军队转业干部占企业总人数60%(含)以上的，自领取税务登记证之日起，其提供的应税服务3年内免征增值税。

享受上述优惠政策的自主择业的军队转业干部必须持有师以上部队颁发的转业证件。

二、增值税即征即退

(一)一般纳税人提供管道运输服务，对其增值税实际税负超过3%的部分实行增值税即征即退政策。

(二)经人民银行、银监会或者商务部批准从事融资租赁业务的试点纳税人中的一般纳税人，提供有形动产融资租赁服务和有形动产融资性售后回租服务，对其增值税实际税负超过3%的部分实行增值税即征即退政策。商务部授权的省级商务主管部门和国家经济技术开发区批准的从事融资租赁业务和融资性售后回租业务的试点纳税人中的一般纳税人，2016年5月1日后实收资本达到1.7亿元的，从达到标准的当月起按照上述规定执行；2016年5月1日后实收资本未达到1.7亿元但注册资本达到1.7亿元的，在2016年7月31日前仍可按照上述规定执行，2016年8月1日后开展的有形动产融资租赁业务和有形动产融资性售后回租业务不得按照上述规定执行。

(三)本规定所称增值税实际税负，是指纳税人当期提供应税服务实际缴纳的增值税额占纳税人当期提供应税服务取得的全部价款和价外费用的比例。

三、扣减增值税规定

(一)退役士兵创业就业。

1.对自主就业退役士兵从事个体经营的,在3年内按每户每年8000元为限额依次扣减其当年实际应缴纳的增值税、城市维护建设税、教育费附加、地方教育附加和个人所得税。限额标准最高可上浮20%,各省、自治区、直辖市人民政府可根据本地区实际情况在此幅度内确定具体限额标准,并报财政部和国家税务总局备案。

纳税人年度应缴纳税款小于上述扣减限额的,以其实际缴纳的税款为限;大于上述扣减限额的,应以上述扣减限额为限。纳税人的实际经营期不足一年的,应当以实际月份换算其减免税限额。换算公式为:减免税限额=年度减免税限额÷12×实际经营月数。

纳税人在享受税收优惠政策的当月,持"中国人民解放军义务兵退出现役证"或"中国人民解放军士官退出现役证"以及税务机关要求的相关材料向主管税务机关备案。

2.对商贸企业、服务型企业、劳动就业服务企业中的加工型企业和街道社区具有加工性质的小型企业实体,在新增加的岗位中,当年新招用自主就业退役士兵,与其签订1年以上期限劳动合同并依法缴纳社会保险费的,在3年内按实际招用人数予以定额依次扣减增值税、城市维护建设税、教育费附加、地方教育附加和企业所得税优惠。定额标准为每人每年4000元,最高可上浮50%,各省、自治区、直辖市人民政府可根据本地区实际情况在此幅度内确定具体定额标准,并报财政部和国家税务总局备案。

本条所称服务型企业是指从事《销售服务、无形资产、不动产注释》中"不动产租赁服务""商务辅助服务"(不含货物运输代理和代理报关服务)"生活服务"(不含文化体育服务)范围内业务活动的企业以及按照《民办非企业单位登记管理暂行条例》(国务院令第251号)登记成立的民办非企业单位。

纳税人按企业招用人数和签订的劳动合同时间核定企业减免税总额，在核定减免税总额内每月依次扣减增值税、城市维护建设税、教育费附加和地方教育附加。纳税人实际应缴纳的增值税、城市维护建设税、教育费附加和地方教育附加小于核定减免税总额的，以实际应缴纳的增值税、城市维护建设税、教育费附加和地方教育附加为限；实际应缴纳的增值税、城市维护建设税、教育费附加和地方教育附加大于核定减免税总额的，以核定减免税总额为限。

纳税年度终了，如果企业实际减免的增值税、城市维护建设税、教育费附加和地方教育附加小于核定的减免税总额，企业在企业所得税汇算清缴时扣减企业所得税。当年扣减不足的，不再结转以后年度扣减。

计算公式为：企业减免税总额＝∑每名自主就业退役士兵本年度在本企业工作月份÷12×定额标准。

企业自招用自主就业退役士兵的次月起享受税收优惠政策，并于享受税收优惠政策的当月，持下列材料向主管税务机关备案：

(1)新招用自主就业退役士兵的“中国人民解放军义务兵退出现役证”或“中国人民解放军士官退出现役证”。

(2)企业与新招用自主就业退役士兵签订的劳动合同(副本)，企业为职工缴纳的社会保险费记录。

(3)自主就业退役士兵本年度在企业工作时间表。

(4)主管税务机关要求的其他相关材料。

3.上述所称自主就业退役士兵是指依照《退役士兵安置条例》(国务院、中央军委令第608号)的规定退出现役并按自主就业方式安置的退役士兵。

4.上述税收优惠政策的执行期限为2016年5月1日至2016年12月31日，纳税人在2016年12月31日未享受满3年的，可继续享受至3年期满为止。

按照《财政部 国家税务总局 民政部关于调整完善扶持自主就业退

役士兵创业就业有关税收政策的通知》（财税〔2014〕42号）规定享受营业税优惠政策的纳税人，自2016年5月1日起按照上述规定享受增值税优惠政策，在2016年12月31日未享受满3年的，可继续享受至3年期满为止。

《财政部 国家税务总局关于将铁路运输和邮政业纳入营业税改征增值税试点的通知》（财税〔2013〕106号）附件3第一条第（十二）项城镇退役士兵就业免征增值税政策，自2014年7月1日起停止执行。在2014年6月30日未享受满3年的，可继续享受至3年期满为止。

（二）重点群体创业就业。

1. 对持“就业创业证”（注明“自主创业税收政策”或“毕业年度内自主创业税收政策”）或2015年1月27日前取得的“就业失业登记证”（注明“自主创业税收政策”或附着“高校毕业生自主创业证”）的人员从事个体经营的，在3年内按每户每年8000元为限额依次扣减其当年实际应缴纳的增值税、城市维护建设税、教育费附加、地方教育附加和个人所得税。限额标准最高可上浮20%，各省、自治区、直辖市人民政府可根据本地区实际情况在此幅度内确定具体限额标准，并报财政部和国家税务总局备案。

纳税人年度应缴纳税款小于上述扣减限额的，以其实际缴纳的税款为限；大于上述扣减限额的，应以上述扣减限额为限。

上述人员是指：

(1)在人力资源社会保障部门公共就业服务机构登记失业半年以上的人员。

(2)零就业家庭、享受城市居民最低生活保障家庭劳动年龄内的登记失业人员。

(3)毕业年度内高校毕业生。高校毕业生是指实施高等学历教育的普通高等学校、成人高等学校毕业的学生；毕业年度是指毕业所在自然年，即1月1日至12月31日。

2. 对商贸企业、服务型企业、劳动就业服务企业中的加工型企业和街道社区具有加工性质的小型企业实体，在新增加的岗位中，当年新招用在人力资源社会保障部门公共就业服务机构登记失业半年以上且持“就业创业证”或2015年1月27日前取得的“就业失业登记证”（注明“企业吸纳税收政策”）人员，与其签订1年以上期限劳动合同并依法缴纳社会保险费的，在3年内按实际招用人数予以定额依次扣减增值税、城市维护建设税、教育费附加、地方教育附加和企业所得税优惠。定额标准为每人每年4000元，最高可上浮30%，各省、自治区、直辖市人民政府可根据本地区实际情况在此幅度内确定具体定额标准，并报财政部和国家税务总局备案。

按上述标准计算的税收扣减额应在企业当年实际应缴纳的增值税、城市维护建设税、教育费附加、地方教育附加和企业所得税税额中扣减，当年扣减不足的，不得结转下年使用。

本条所称服务型企业是指从事《销售服务、无形资产、不动产注释》中“不动产租赁服务”“商务辅助服务”（不含货物运输代理和代理报关服务）“生活服务”（不含文化体育服务）范围内业务活动的企业以及按照《民办非企业单位登记管理暂行条例》（国务院令第251号）登记成立的民办非企业单位。

3.享受上述优惠政策的人员按以下规定申领“就业创业证”：

（1）按照《就业服务与就业管理规定》（劳动和社会保障部令第28号）第六十三条的规定，在法定劳动年龄内，有劳动能力、有就业要求、处于无业状态的城镇常住人员，在公共就业服务机构进行失业登记，申领“就业创业证”。其中，农村进城务工人员和其他非本地户籍人员在常住地稳定就业满6个月的，失业后可以在常住地登记。

（2）零就业家庭凭社区出具的证明，城镇低保家庭凭低保证明，在公共就业服务机构登记失业，申领“就业创业证”。

（3）毕业年度内高校毕业生在校期间凭学生证向公共就业服务机构按规定申领“就业创业证”，或委托所在高校就业指导中心向公共就业服务机构按规定代为其申领“就业创业证”；毕业年度内高校毕业生离校后直接向公共就业服务机构按规定申领“就业创业证”。

(4)上述人员申领相关凭证后，由就业和创业地人力资源社会保障部门对人员范围、就业失业状态、已享受政策情况进行核实，在“就业创业证”上注明“自主创业税收政策”“毕业年度内自主创业税收政策”或“企业吸纳税收政策”字样，同时符合自主创业和企业吸纳税收政策条件的，可同时加注；主管税务机关在“就业创业证”上加盖戳记，注明减免税所属时间。

4. 上述税收优惠政策的执行期限为 2016 年 5 月 1 日至 2016 年 12 月 31 日，纳税人在 2016 年 12 月 31 日未享受满 3 年的，可继续享受至 3 年期满为止。

按照《财政部 国家税务总局 人力资源社会保障部关于继续实施支持和促进重点群体创业就业有关税收政策的通知》(财税〔2014〕39 号)规定享受营业税优惠政策的纳税人，自 2016 年 5 月 1 日起按照上述规定享受增值税优惠政策，在 2016 年 12 月 31 日未享受满 3 年的，可继续享受至 3 年期满为止。

《财政部 国家税务总局关于将铁路运输和邮政业纳入营业税改征增值税试点的通知》(财税〔2013〕106 号)附件 3 第一条第(十三)项失业人员就业增值税优惠政策，自 2014 年 1 月 1 日起停止执行。在 2013 年 12 月 31 日未享受满 3 年的，可继续享受至 3 年期满为止。

四、金融企业发放贷款后，自结息日起 90 天内发生的应收未收利息按现行规定缴纳增值税，自结息日起 90 天后发生的应收未收利息暂不缴纳增值税，待实际收到利息时按规定缴纳增值税。

上述所称金融企业，是指银行(包括国有、集体、股份制、合资、外资银行以及其他所有制形式的银行)、城市信用社、农村信用社、信托投资公司、财务公司。

五、个人将购买不足 2 年的住房对外销售的，按照 5%的征收率全额缴纳增值税；个人将购买 2 年以上(含 2 年)的住房对外销售的，免征增值税。上述政策适用于北京市、上海市、广州市和深圳市之外的地区。

个人将购买不足2年的住房对外销售的，按照5%的征收率全额缴纳增值税；个人将购买2年以上（含2年）的非普通住房对外销售的，以销售收入减去购买住房价款后的差额按照5%的征收率缴纳增值税；个人将购买2年以上（含2年）的普通住房对外销售的，免征增值税。上述政策仅适用于北京市、上海市、广州市和深圳市。

办理免税的具体程序、购买房屋的时间、开具发票、非购买形式取得住房行为及其他相关税收管理规定，按照《国务院办公厅转发建设部等部门关于做好稳定住房价格工作意见的通知》（国办发〔2005〕26号）、《国家税务总局 财政部 建设部关于加强房地产税收管理的通知》（国税发〔2005〕89号）和《国家税务总局关于房地产税收政策执行中几个具体问题的通知》（国税发〔2005〕172号）的有关规定执行。

六、上述增值税优惠政策除已规定期限的项目和第五条政策外，其他均在营改增试点期间执行。如果试点纳税人在纳入营改增试点之日前已经按照有关政策规定享受了营业税税收优惠，在剩余税收优惠政策期限内，按照本规定享受有关增值税优惠。

附件4:

跨境应税行为适用增值税零税率和免税政策的规定

一、中华人民共和国境内(以下称境内)的单位和个人销售的下列服务和无形资产,适用增值税零税率:

(一)国际运输服务。

国际运输服务,是指:

1.在境内载运旅客或者货物出境。

2.在境外载运旅客或者货物入境。

3.在境外载运旅客或者货物。

(二)航天运输服务。

(三)向境外单位提供的完全在境外消费的下列服务:

1.研发服务。

2.合同能源管理服务。

3.设计服务。

4.广播影视节目(作品)的制作和发行服务。

5.软件服务。

6.电路设计及测试服务。

7.信息系统服务。

8.业务流程管理服务。

9.离岸服务外包业务。

离岸服务外包业务,包括信息技术外包服务(ITO)、技术性业务流程外包服务(BPO)、技术性知识流程外包服务(KPO),其所涉及的具体业务活动,按照《销售服务、无形资产、不动产注释》相对应的业务活动执行。

10.转让技术。

(四)财政部和国家税务总局规定的其他服务。

二、境内的单位和个人销售的下列服务和无形资产免征增值税,但财政部和国家税务总局规定适用增值税零税率的除外:

(一)下列服务:

1.工程项目在境外的建筑服务。

2.工程项目在境外的工程监理服务。

3.工程、矿产资源在境外的工程勘察勘探服务。

4.会议展览地点在境外的会议展览服务。

5.存储地点在境外的仓储服务。

6.标的物在境外使用的有形动产租赁服务。

7.在境外提供的广播影视节目(作品)的播映服务。

8.在境外提供的文化体育服务、教育医疗服务、旅游服务。

(二)为出口货物提供的邮政服务、收派服务、保险服务。

为出口货物提供的保险服务,包括出口货物保险和出口信用保险。

(三)向境外单位提供的完全在境外消费的下列服务和无形资产:

1.电信服务。

2.知识产权服务。

3.物流辅助服务(仓储服务、收派服务除外)。

4.鉴证咨询服务。

5.专业技术服务。

6.商务辅助服务。

7.广告投放地在境外的广告服务。

8.无形资产。

(四)以无运输工具承运方式提供的国际运输服务。

(五)为境外单位之间的货币资金融通及其他金融业务提供的直接收费金融服务,且该服务与境内的货物、无形资产和不动产无关。

(六)财政部和国家税务总局规定的其他服务。

三、按照国家有关规定应取得相关资质的国际运输服务项目,纳税人取得相关资质的,适用增值税零税率政策,未取得的,适用增值税免税政策。

境内的单位或个人提供程租服务,如果租赁的交通工具用于国际运输服务和港澳台运输服务,由出租方按规定申请适用增值税零税率。

境内的单位和个人向境内单位或个人提供期租、湿租服务，如果承租方利用租赁的交通工具向其他单位或个人提供国际运输服务和港澳台运输服务，由承租方适用增值税零税率。境内的单位或个人向境外单位或个人提供期租、湿租服务，由出租方适用增值税零税率。

境内单位和个人以无运输工具承运方式提供的国际运输服务，由境内实际承运人适用增值税零税率；无运输工具承运业务的经营者适用增值税免税政策。

四、境内的单位和个人提供适用增值税零税率的服务或者无形资产，如果属于适用简易计税方法的，实行免征增值税办法。如果属于适用增值税一般计税方法的，生产企业实行免抵退税办法，外贸企业外购服务或者无形资产出口实行免退税办法，外贸企业直接将服务或自行研发的无形资产出口，视同生产企业连同其出口货物统一实行免抵退税办法。

服务和无形资产的退税率为其按照《试点实施办法》第十五条第(一)至(三)项规定适用的增值税税率。实行退(免)税办法的服务和无形资产，如果主管税务机关认定出口价格偏高的，有权按照核定的出口价格计算退(免)税，核定的出口价格低于外贸企业购进价格的，低于部分对应的进项税额不予退税，转入成本。

五、境内的单位和个人销售适用增值税零税率的服务或无形资产的，可以放弃适用增值税零税率，选择免税或按规定缴纳增值税。放弃适用增值税零税率后，36 个月内不得再申请适用增值税零税率。

六、境内的单位和个人销售适用增值税零税率的服务或无形资产，按月向主管退税的税务机关申报办理增值税退(免)税手续。具体管理办法由国家税务总局商财政部另行制定。

七、本规定所称完全在境外消费，是指：

(一)服务的实际接受方在境外，且与境内的货物和不动产无关。

(二)无形资产完全在境外使用，且与境内的货物和不动产无关。

(三)财政部和国家税务总局规定的其他情形。

八、境内单位和个人发生的与香港、澳门、台湾有关的应税行为，除本文另有规定外，参照上述规定执行。

九、2016 年 4 月 30 日前签订的合同，符合《财政部 国家税务总局关于将铁路运输和邮政业纳入营业税改征增值税试点的通知》（财税〔2013〕106 号）附件 4 和《财政部 国家税务总局关于影视等出口服务适用增值税零税率政策的通知》（财税〔2015〕118 号）规定的零税率或者免税政策条件的，在合同到期前可以继续享受零税率或者免税政策。

附录二：关于组织开展建筑业及相关企业营业税改征增值税问题调研工作的通知

建办计函〔2012〕205 号

各省、自治区住房和城乡建设厅，直辖市建委（建交委），新疆生产建设兵团建设局，山东省建管局，部属（管）各有关单位：

为贯彻落实国务院关于“营业税改增值税”的重大部署，引导企业做好实施营业税改增值税的各项准备工作，了解企业改税过程中可能遇到的问题，我部拟对建筑业企业及相关企业营业税改增值税情况进行调研。现将有关事项通知如下：

一、调研内容

对企业 2011 年营业税缴纳情况进行摸底，对将要进行的营业税改征增值税税负情况进行测算并进行对比，分析研究实施此项税收对建筑业企业及相关企业的影响，提出应对政策建议。

二、调研方式

调研拟采用函调和座谈的方式，选择 100 家以上不同类型、不同规模、不同所有制的建筑业企业进行调查。具体工作拟委托中国建设会计学会组织实施，相关专业协会配合。调研方案详见附件 1。

各省、自治区、直辖市除配合做好调研工作外，可自行组织对本地区建筑业企业摸底调查，并将调查结果于 2012 年 6 月底前报送我部计划财务与外事司。

与建筑业相关的勘察设计、建设监理、招标代理、工程造价咨询、建筑机械租赁等行业将一并列入此次调研范围。

请各地认真学习《财政部 国家税务总局关于印发〈营业税改征增值

税试点方案〉的通知》(财税〔2011〕110 号)和《财政部 国家税务总局关于在上海市开展交通运输业和部分现代服务业营业税改征增值税试点的通知》(财税〔2011〕111 号),协助选定本地区不同类别建筑业企业 2～3 家,并将其通讯录(附件 2)于 2012 年 4 月 12 日前报中国建设会计学会,以便为下一阶段的调研做好准备。

联系人:

计划财务与外事司　×××

中国建设会计学会　×××

附件　1.《建筑业及相关企业营业税改征增值税问题》调研方案

2.调研企业通讯录

二〇一二年四月五日

附件1:

《建筑业及相关企业营业税改征增值税问题》调研方案

一、目的和任务

开展建筑业及相关企业营业税改征增值税问题的调研,主要是为了贯彻落实好国务院关于营业税改征增值税的重大部署,帮助广大建筑业企业及相关企业积极做好实施营业税改征增值税的准备工作,研究改税过程中可能遇到的问题,为政府有关部门进一步完善营业税改征增值税的相关政策提供参考性的依据和建议。

二、组织领导

(一)住房城乡建设部计划财务与外事司、建筑市场监管司、标准定额司共同委托中国建设会计学会组织开展本次调研工作。

(二)在计划财务与外事司、建筑市场监管司、标准定额司的指导下,通过联席会议形式共同商定调研方案,协调调研工作,审查、分析调研资料,修改、审定调研报告。

联席会议成员单位有:中国建设会计学会、建设部政策研究中心、中国建筑业协会、中国勘察设计协会、中国建设监理协会、中国建筑装饰协会、中国安装协会、中国市政工程协会、中国建筑金属结构协会、中国建设工程造价管理协会、中国建筑业协会机械管理与租赁分会,北京市、上海市、天津市、重庆市、江苏省、河北省、四川省、浙江省、辽宁省的有关部门或单位,中国建筑工程总公司、中国中铁股份有限公司、中国建筑科学研究院。联席会议成员单位可根据调研工作需要进行动态调整。

联席会议主召集人由中国建设会计学会会长秦玉文担任。其他联席会议成员单位分别指定一名负责同志作为轮值召集人。

(三)中国建设会计学会秘书处与建筑会计学术委员会承担联席会议办公室的职责,负责落实联席会议的安排部署,组织有关研讨、交流、分析和整理调研资料、起草调研报告等具体工作。

三、主要政策依据

(一)《中华人民共和国增值税暂行条例》《中华人民共和国增值税暂

行条例实施细则》。

（二）《营业税改征增值税试点方案》（财税〔2011〕110 号）文件。

（三）《交通运输业和部分现代服务业营业税改征增值税试点实施办法》《交通运输业和部分现代服务业营业税改征增值税试点有关事项的规定》和《交通运输业和部分现代服务业营业税改征增值税试点过渡政策的规定》（财税〔2011〕110 号）文件。

（四）其他相关法律法规或制度、政策、规定。

四、调研的具体内容

（一）学习研究国务院关于营业税改征增值税重大部署的基本精神，沟通、了解财税部门对建筑业营业税改征增值税的基本要求、基本政策、措施和有关安排、设想等。

（二）对不同类型、不同规模、不同所有制形式的建筑业及相关企业 2011 年缴税（重点是营业税）的情况进行摸底调查。

（三）以纳税法人单位为对象，以 2011 年为测算期，选择不同类型、不同规模、不同所有制形式的建筑业及相关企业，进行营业税改征增值税税负情况的调研测算。

（四）根据调研数据，分析研究实施营业税改征增值税对建筑业及相关企业的影响，提出政策建议和意见。

五、实施方法和注意问题

（一）此次调研，采取在全国选定百户企业进行重点摸底测算，与各省、自治区、直辖市组织本地区建筑业企业进行摸底测算相结合的办法。

（二）请各相关专业学会、协会和各省、自治区、直辖市协助落实重点摸底测算的百户企业名单，其中：中国建筑业协会 10 户（含中建总公司、中铁总公司等部分央企），中国勘察设计协会 10 户，中国建设监理协会 10 户，中国建筑装饰协会 4 户，中国安装协会 4 户，中国市政工程协会 3 户，中国建筑金属结构协会 3 户，机械管理与租赁分会 3 户，中国建筑机械租赁分会 3 户，中国建设工程造价管理协会 3 户，中国建设会计学会建筑会计学术委员会 15 户，中国建设会计学会财务管理学术委员会 1 户；

各省、自治区、直辖市分别落实2～3户(建筑业企业)。

落实重点摸底测算的企业名单,要兼顾到企业的不同类型、不同规模、不同所有制形式。

(三)全国的重点摸底测算,要统一部署,集中进行填报调查摸底测算表的培训。各省、自治区、直辖市自行组织的普遍性调查摸底测算,要遵循本调查方案的基本精神自行部署。联席会议成员单位应当在相关具体工作上给予支持。

(四)摸底测算数据必须使用财会原始资料,数据要真实、准确。

六、调研资料的使用

(一)根据此次调研的目的和任务,调研单位对自己摸底测算、整理分析的各种调研资料享有完全使用权,但应按方案要求及时上报。

(二)调查摸底测算数据和分析研究资料,主要采取以下两个渠道实现共享:一是组织不同形式规模、不同测算内容的成果(资料)交流、研讨会;二是在遵守商业秘密的前提下,通过网站信息、资料汇编等形式,将有关调查研究资料和成果报告等反馈所有参加调研的单位。

七、进度计划安排

(一)准备工作阶段(3月底完成)

1.落实联席会议成员单位,召开联席会议,研究确定调研方案,商定纳入本次重点调研摸底测算的对象、数量和名单。

2.请财税部门或相关专家讲解建筑业企业实施营业税改征增值税的有关政策规定等。

3.确定调研摸底测算的具体内容、指标、程序和方法手段等;制订“建筑业及相关企业纳税情况调查表”和“建筑业及相关企业营业税改征增值税税负情况测算表”。

(二)调查摸底测算和分析研讨阶段(6月底完成)

1.部署方案,并组织进行填报摸底调查表的培训工作。

2.组织部分相关专家赴北京、上海等地实地调研试点地方建筑业及相关企业营业税改征增值税的有关情况。

3.组织各种形式的研讨会，请调研单位和相关专家、学者一起，对调研中得到的情况和问题，进行具体分析研究，提出意见建议。

（三）形成报告阶段（7月底完成）

1.收集调研、测算、研讨等资料，进行汇总分析，组织撰写调研总报告。

2.起草调研总报告初稿，召开2～3次各成员单位和相关专家、学者的座谈会，征求修改意见及建议。

3.调研总报告形成后，报送住房城乡建部有关司，并分送各有关单位。

附件2：调研企业通讯录（略）

附录三:建筑施工企业“营改增”调研测算情况简要报告

中建会字〔2013〕1号

住建部计划财务与外事司、建筑市场监管司、标准定额司:

今年四月,住建部以建办计函〔2012〕205号文下发了《关于组织开展建筑业及相关企业营业税改征增值税问题调研工作的通知》,随文下发了调研测算工作方案和测算表,明确由住建部计划财务与外事司、建筑市场监管司、标准定额司共同委托中国建设会计学会与相关专业协会一起,重点对各省、直辖市、自治区和各专业协会分别推荐的145户企业进行“营改增”后税负情况的调研测算。随后,在计划财务与外事司指导下,中国建设会计学会编印了《建筑业企业营业税改征增值税学习材料》,举办了营业税改征增值税政策解析培训班,召开了建筑业营改增动员布置和测算报表填报讲解会,赴上海建工和建筑科学研究院进行了实地调研,组织力量指导、催要、审核、汇总调研测算资料。截至目前,纳入调研测算重点企业名单并上报调研测算资料的企业共有78户,其中有5户企业因数据明显失实而没有采用,另有9户企业虽然没有列入重点调研测算名单,但他们自愿上报了调研测算资料,增减变动后总计已经汇总调研测算资料的企业共有82户。在这82户企业中,建筑施工和劳务公司有66户,建筑业相关服务业有14户,建筑机械租赁公司有2户。

下面,主要将66户建筑施工企业的调研测算情况初步汇总报告如下。

一、这次调研测算,按国家“方案”有关规定,进行了理论和实际两种测算,其结果反差较大;我们经过综合分析研究,得出的基本结论是“营改增”将使建筑施工企业的税负增加。

根据66户企业的理论测算结果，营改增后，企业平均减轻税负83%。而实际测算结果是，企业平均增加税负93%，相当于原来3%的营业税税率增加到了5.80%，增加2.8个百分点。

我们又在66户企业中选出更具有代表性的24户企业进行调研座谈，其理论测算结果是，营改增后，企业平均减轻税负63%。而实际测算结果是，企业平均增加税负94%，相当于原来3%的营业税税率增加到了5.84%，增加2.84个百分点。

理论和实际两种调研测算结果之所以反差较大，主要是理论测算的方法严重脱离实际。这种理论测算，是以十分理想的税收环境为前提，即：假设向建筑施工企业提供产品与服务的全社会各行业均实行了增值税，且建筑施工企业无一遗漏地均能取得进项税发票；在进项税税率中，只有国家统一规定的17%、13%、11%和6%四档，不存在小规模纳税人、简易纳税法、进项税比例扣除法以及诸如节能减排免税等优惠政策和甲方供料等实际问题。这些假设，不仅严重脱离实际，今后任何时候、任何情况下都是不可能的。当然，实际测算也有其不足之处，比如，2011年，由于建筑施工企业以及其他一些有关行业，还没有全面实施"营改增"，建筑施工企业实际应该能够取得进项税发票的资料还不十分完整，致使进项税扣除数也存在着被低估的问题。尽管如此，但我们经过综合分析研究，认为营改增总体上将使建筑施工企业的税负增加。这除了有以上测算结果的佐证之外，还因为：

第一，虽然增值税是价外税，理论上可以转嫁给消费者，但它与我国现行的建筑产品计价、结算方式，以及严酷的低价中标竞争形势之间，存在着制度政策和实际操作上的尖锐矛盾。如果建筑产品的计价和结算方式不能改变，低价中标的形势不能扭转，建筑施工企业的11%增值税就根本不可能全部转移给消费者。

第二，我们依据2008、2009、2010、2011这四年的中国统计年鉴公布的建筑业总产值和增加值来模拟计算，可扣除进项税的进项业务发生额占计算增值税总收入的比重，最低年份为72.8%，最高年份为80.2%，平均为77.5%;另据有关权威人士介绍,建筑施工企业以现在的11%增值税率计算,可扣除进项税的进项业务发生额占计算增值税总收入的比重应不低于72%。而根据调研测算资料,66户企业可扣除进项税的进项业务发生额占计算增值税总收入的比重平均为71%,而更具有代表性的24户企业,平均为68%。由此可见,建筑施工企业可扣除进项税的进项业务发生额占计算增值税总收入的比重低于11%增值税率所要求的最低界限。

第三,现实中,为建筑施工企业提供产品与服务的单位中,存在着一大批小规模纳税人(尤其是比重较大的地方料)和简易纳税人,甚至还存在诸如提供绿色环保混凝土预制构件的各种免税者等等;另外,无法取得进项税发票的其他个性和共性问题也较多。

初步判断,建筑施工企业按照11%的税率和一般纳税人的纳税方法实施营改增,不包括水涨船高的城市维护建设税和教育费附加,相当于原有3% 的营业税率将增加到5.8%以上。

二、建筑施工企业营业税改征增值税,有许多政策衔接和税收征管问题亟待进一步梳理,对此需要研究和提出更具体的解决办法。

根据企业测算上报资料和调研座谈情况整理,政策衔接和税收征管的问题主要有:甲方供料的进项税额扣除问题,改征增值税时间点前购置的固定资产进项税的扣除问题,新老合同的衔接问题,销项税与进项税的配比问题,纳税确认、纳税时间、纳税地点等征管问题等等,所有这些,都需要根据建筑施工企业的生产和产品特点,实事求是地再进一步细化。

三、综合各方的意见和建议,本着既考虑要积极推进增值税改革,又要确保改革稳妥而不出问题,既要不使国家减少税收,又能切实做到结构性减税、不增加企业税负的原则,我们主要对财政和税务部门提出以下一些意见和建议:

1.鉴于为建筑施工企业提供产品与服务的部门和行业十分广泛,为了减少震动,在全国的总体试点期间内,应尽量推后建筑施工企业的税改试点。

2.鉴于建筑业是一个充分竞争的行业，全国是一个统一的大市场，根据建筑施工企业的生产和产品特点，应安排在全国全行业统一进行税改。

3.在建筑业增值税未能完全转移给消费者，建筑产品计价、结算方式没有彻底改变之前，请求降低11%的增值税率到8%。

4.在不能和无法确定降低增值税税率的情况下，对全国建筑施工企业的一般纳税人统一按小规模纳税人征税，先试行3～5年，这样做既可以不减少国家税收，又能在推进增值税改革中不增加企业税负。

5.以相应的营业税计征额为计算依据，“营改增”后，实行即征即退的办法。这种办法，虽然也有上述第四条措施的好处，但手续繁杂，搞不好会大量占用企业经营资金，而且同比例多上交的城市维护建设税和教育费附加不能返还。

与此同时，大家也强烈呼吁，如果11%的税率不能降低，建设行政主管部门就应尽快研究、修订、修改建筑(建设)工程造价定额标准和招标投标计价、结算方式，提高造价，以适应增值税是价外税、由消费者承担的目标。

对于企业自身，大家都认为必须认真学习、研究“营改增”方案和相关法律法规，在自身认真测算的基础上，从企业结构、内部制度、管理措施等方面积极做好税改的各项准备工作，使自身适应“营改增”。

四、下一步工作的安排。

第一，全国重点调研测算所确定的企业，未上报测算资料的，请有关省市自治区建设行政主管部门和学、协会继续催报；已上报的，特别是24户企业，再全面进行一次核实，并重点对税改衔接和税收征管的问题提出具体详细的意见和建议，于十月一日之前，一起报给中国建设会计学会，同时抄报给住建部相关司局。

第二，在继续组织好调研测算的同时，建议以住建部名义向财政部、国家税务总局及时反映情况、意见和建议。建议部里的相关司局出面，想办法进一步打通中间环节，请各省、直辖市、自治区建设行政主管部门，组织好本地方的调研测算和资料汇总，及时向同级财税部门汇报，抓紧反映意见和建议。同时,已经搞了调研测算的企业,也要主动向主管自己的税务所汇报和请教。尽快形成部、省(市、自治区)、企三级联动。

第三,支持和鼓励各地方、各学协会,乃至于每个企业,要采取多种办法,多举办一些报告(汇报)会、情况交流会、研讨(学习)会等,广泛宣传、汇报、反映建筑施工企业“营改增”调研测算的情况和意见建议,学习、交流自身做好“营改增”准备工作的具体做法。中国建设会计学会将对各地方、各学协会、各有关企业开展这样的互动,给予可能的帮助和支持。

第四,近期,我们通过向住建部计划财务与外事司、建筑市场监管司、标准定额司做调研测算情况的初步报告,请三个司进一步加强领导和指导。我们也将根据三个司的要求,加强与财政、税务部门的联系,争取按照部里的统一步调,解决好建筑施工企业“营改增”中存在的问题,推动“营改增”健康发展。

中国建设会计学会

二〇一二年九月二十四日

附录四：关于《对“建筑业营改增实施办法和过渡性政策规定”的建议》的报告

中建会字〔2014〕18号

计划财务与外事司：

根据上海开展“营改增”试点后各地建筑企业的强烈反应，2012年4月，计划财务与外事司、建筑市场监管司、标准定额司，共同委托我会牵头，就“营改增”对建筑业的税负影响问题进行调研测算。同年9月，我会完成测算，提出意见建议，报送了《报告》。根据测算结果和《报告》，2013年1月，住建部向财政部和国家税务总局函送了《住房城乡建设部关于建筑业营业税改征增值税调研测算情况和建议的函》，主要针对营改增《方案》，提出推后建筑业营改增试点、降低税率等意见建议。

时至今日，上海“试点”已经过去将近三年，此间，虽然建筑业营改增的外部环境已经有所好转，但影响建筑业税负的问题并没有完全消失；同时，降低建筑业11%试点税率的可能性极小。按照“十二五期间全覆盖”的精神，建筑业正式实施营改增已进入倒计时。为了推动其健康发展，根据我们对建筑业“营改增准备工作”的调查研究，并参考了贵司对河北等六省的调研结果，起草了“对建筑业营改增实施办法和过渡性政策规定的建议”，现送上。希望能函告财税部门，以便为其制定“建筑业营改增实施办法和过渡性政策规定”提供参考。

特此报告。

附：对“建筑业营改增实施办法和过渡性政策规定”的建议

中国建设会计学会

2014.11.24

抄报:×××,×××

抄送:住建部办公厅、建筑市场监管司、标准定额司、人事司等有关司局;住建部政策研究中心,中国建筑业协会等有关协会、学会。

附件:

对"建筑业营改增实施办法和过渡性政策规定"的建议

一、对建筑业营改增实施办法中一些长期性政策规定的建议

(一)关于建筑业增值税的纳税人问题

所谓纳税人,即纳税义务人,是税法规定的直接负有纳税义务的单位和个人。

增值税暂行条例规定,销售货物或者提供加工、修理修配劳务以及进口货物的单位和个人,为增值税的纳税人。

建筑业,是对建筑产品进行加工制造或提供建筑劳务的生产部门。建筑业增值税的纳税人,应该是销售其加工制造的建筑产品或提供建筑劳务的单位和个人。但是,现实中,这种"单位"有多种形式,其中,按法人级别划分,就有一级法人单位、二级法人单位和三级法人单位等;按机构设置划分,有集团公司或总公司等总机构,有分公司、专业公司、工程处等分支机构,还有流动的独立承担工程项目的项目部或工程部等等。在缴纳营业税的情况下,只要是法人单位,就是纳税人。法人单位内部的分支机构、内部核算单位、独立的工程项目承担单位,都是在企业法人授权的情况下,代表企业法人在其注册地申报纳税。说到底,最终纳税人还是法人单位。所以,鉴于建筑业的这种实际情况,为了减少歧义,且便于理解和操作,我们建议,在建筑业营改增实施办法中应进一步明确:建筑业增值税的纳税人,是销售其加工制造的建筑产品或提供建筑劳务的法人单位和个人。

(二)关于建筑业增值税的纳税义务发生时间的问题

纳税义务发生时间,是纳税人产生纳税义务的时间点。它意味着从该时间点起,纳税人对国家就有了一种"债务",纳税人有义务支付税款,偿清"债务"。

在营业税的情况下,营业税暂行条例规定,"营业税纳税义务发生时间为纳税人提供应税劳务、转让无形资产或者销售不动产并收讫营业收入款项或者取得索取营业收入款项凭据的当天。国务院财政、税务主管

部门另有规定的，从其规定”。在实际执行中，补充了“依据合同条款征收营业税”的规定，即“纳税人提供建筑业应税劳务，施工单位与发包单位签订书面合同，如合同明确规定付款（包括提供原材料、动力及其他物资，不含预收工程价款）日期的，按合同规定的付款日期为纳税义务发生时间。合同未明确规定付款日期的，或者是未签订书面合同的，其纳税义务发生时间为纳税人收讫营业收入款项或者取得索取营业收入款项凭证的当天”。总结历史经验教训，这种双重标准同时存在，给交缴双方留下了各自的自由裁量权，一方面，一些建筑企业不得不提前交税、贷款交税，严重影响企业利益和发展；另一方面，一些建筑企业又可以坦然地欠缴税金，影响国家税金足额按时入库。

建筑业营改增之后，增值税的价外税属性和销项税减进项税的计征方法，决定了“没有销项税，就无法准确计算增值税的纳税额”。因此，根据增值税暂行条例的规定，同时吸取缴纳营业税时关于纳税义务发生时间的经验教训，我们建议，应该而且必须革除缴纳营业税时关于“按合同规定的付款日期为纳税义务发生时间”的规定。建筑业增值税的纳税义务发生时间应为“纳税人收讫加工制造建筑产品、提供建筑劳务的销售款项，或者取得索取销售款项凭据的当天。其中，先开具发票的，为开具发票的当天”。操作上“以票（销项税）控税，按票（销项税）纳税”。

与征收营业税相比较，这样规定建筑业增值税纳税义务发生时间，其有利条件之一，是因为税控机的普遍应用，为“以票（销项税）控税、按票（销项税）纳税”提供了技术手段上的保障。另外，由于营改增的普遍实施，发包单位（甲方）为了自己的进项税额抵扣，按时索要发票是必然的，会遏制建筑业企业企图“晚开发票、延迟交税”的行为。

（三）关于在法规规定范围内延长建筑业纳税期的问题

纳税期是指纳税人在其纳税义务发生后，实际缴纳税款的日期。增值税暂行条例规定，“增值税的纳税期分别为 1 日、3 日、5 日、10 日、15 日、1 个月或者 1 个季度。纳税人的具体纳税期限，由主管税务机关根据纳税人应纳税额的大小分别核定；不能按照固定期限纳税的，可以按次纳税”。

根据建筑业的产品和生产特点，在缴纳营业税的情况下，我国建筑业的纳税期普遍规定为 1 个月。营改增后，根据建筑业的特点，考虑进一步支持建筑业的发展，缓解 11%增值税率可能增加企业税负的实际情况，我们建议，在增值税暂行条例的规定范围内，适当延长建筑业的纳税期限，全国统一规定为“建筑业增值税的纳税期限为一个季度，自期满之日起 15 日内申报纳税”。

（四）关于建筑施工企业的纳税地点和交税方法问题

纳税地点是指纳税人申报缴纳税款的地点。

在缴纳营业税的情况下，按照营业税暂行条例规定，同时也是从“地方保税源、企业揽任务”的实际情况出发，建筑业普遍是在企业分支机构注册的工程项目所在地申报纳税，取得完税证明后，再提交给法人单位机构所在的税务机关，由企业法人在其机构所在的税务机关统一结清税款。

增值税暂行条例规定：“①固定业户应当向其机构所在地的主管税务机关申报纳税。总机构和分支机构不在同一县（市）的，应当分别向各自所在地的主管税务机关申报纳税；经国务院财政、税务主管部门或者其授权的财政、税务机关批准，可以由总机构汇总向总机构所在地的主管税务机关申报纳税。②固定业户到外县（市）销售货物或者应税劳务，应当向其机构所在地的主管税务机关申请开具外出经营活动税收管理证明，并向其机构所在地的主管税务机关申报纳税；未开具证明的，应当向销售地或者劳务发生地的主管税务机关申报纳税；未向销售地或者劳务发生地的主管税务机关申报纳税的，由其机构所在地的主管税务机关补征税款。③非固定业户销售货物或者应税劳务，应当向销售地或者劳务发生地的主管税务机关申报纳税；未向销售地或者劳务发生地的主管税务机关申报纳税的，由其机构所在地或者居住地的主管税务机关补征税款”。

建筑业企业具有固定业户和非固定业户的双重特点，产品固定，生产流动，总机构所在地基本不变，项目所在地经常变化。总结缴纳营业税的历史经验教训，依据增值税暂行条例规定，并参照对已经试点行业、企业的有关政策规定,我们建议,建筑业在纳税期内缴纳增值税,采取“单位法人向其分支机构注册的工程项目所在地税务机关申报纳税预交、与向法人单位机构所在地税务机关申报纳税清缴相结合”的方式。预交比例为开票额的1.5%,最高不超过2%。

(五)关于商品混凝土增值税简易征收影响建筑施工企业税负问题

据建筑业的全行业平均估算,商品混凝土在工程项目的中间投入当中,占比超过15%。商品混凝土税率的高低,以及能否取得进项税发票,关系建筑施工企业进项税额的扣除问题,对建筑业税负影响极大。

今年6月13日,财政部和国家税务总局下发了财税〔2014〕57号文件,规定从7月1日开始,将商品混凝土原来的6%简易计征率合并调整为3%简易计征率。使本来就很难取得增值税专用发票的商品混凝土进项税额抵扣问题,又增添了再次降低税率问题,进一步加重了建筑施工企业的税负负担。

理论上说,国家运用税收政策支持某一方面的发展,其支出应当是由国家负担,不应该转嫁给与其相关的其他企业而在行业内自行消化。为此,我们要求,作为建筑业主要材料的商品混凝土,其增值税简易征收所带来的建筑施工企业进项税额抵扣问题,应当在建筑业营改增实施办法中做出明确规定。我们认为,即使要求商品混凝土销售方必须到当地税务机关开具专用发票,但其扣除进项税的比例(3%)也很低,难以使建筑施工企业获得公平的进项税额扣除。因此我们建议,建筑施工企业可以以有效的商品混凝土购进发票额为计算依据,按6%的扣除率计算进项税额扣除,进行纳税扣除。

(六)关于不能取得进项税发票的砂石等地方料的进项税额扣除问题

建筑施工企业承建的工程项目,普遍比较分散,且有些工程项目所处地域偏僻,大部分砖瓦、白灰、砂石、土方等地方料以及部分小五金等零星材料,多数是就地取材,当地采购;采购时所面对的供应商,一般均为小规模纳税人,甚至是个体户或农民,难以取得增值税专用发票,无法获得纳税抵扣。这在建筑施工企业中,是一种极其普遍的客观现象。

参照财税〔2012〕38 号文《关于在部分行业试行农产品增值税进项税额核定扣除办法的通知》，我们建议，经过工程项目所在地税务机关认定，建筑施工企业可以以购进砖瓦、白灰、砂石、土方等地方料的实际支出额为计算依据，按 11%的扣除率计算进项税额，进行纳税扣除。

（七）关于甲方供料的进项税额扣除问题

甲方供料是建筑市场中长期存在的“发包单位（甲方）向施工单位提供建筑材料，但不提供进项税发票，施工单位无法进行纳税抵扣”的一种经济合同关系。此类客观存在的市场经济合同关系，今后无论怎样加强市场管理，都很难完全消失。在营业税的情况下，它对企业税负并不产生影响。但营改增之后，因取得不了进项税发票而必然增加建筑企业税负。为了让建筑企业能享受到公平的纳税环境，在建筑业营改增实施办法中，应该对（仅仅对）甲乙双方经济合同中明确的此类甲方供料问题做出规定。我们建议，对甲乙双方经济合同中明确规定甲方向乙方提供建筑材料且甲方不能向乙方提供增值税专用发票的，准许以甲方向乙方转入的供料款额为准，从建筑施工企业计算销项税的销售额中予以扣除。

二、对建筑业营改增短期过渡性政策规定的建议

（一）关于区分新老合同工程，分别纳税问题

建筑业无论在哪个时点上进行营改增，普遍都会有一大批老的合同工程存在，据估算，平均约占全年合同工程总量的 50%以上。这些老合同工程一般可分为三种情况。一是竣工已经结算的老合同工程。这种形式的老合同工程，在企业账面上，多数已经形成了长期拖欠的应收工程款。这些应收工程款已经没有了进项税，但需要在营改增以后的时间里收讫款项并向甲方开具发票。二是竣工未结算的老合同工程。这种形式的老合同工程，与竣工已经结算的老合同工程相比较，除了绝大部分还未形成账面上的应收工程款之外，同样是已经没有了进项税，需要在营改增以后的时间里收讫款项并向甲方开具发票。三是没有竣工也没有结算的老合同工程。这些正在建设的老合同工程项目，在全部老合同中所占比重很大。营改增前的已完工部分，已经没有了进项税，但相应的工程款同

样需要在营改增以后的时间里收讫并向甲方开具发票。营改增后收讫以上三种形式的老合同工程的款项,如果均按11%税率开具增值税专用发票发票,企业将全额承担纳税,极大地增加企业税负,极其不公平。

营改增后,如果不能给予建筑业3~5年过渡期和实行“即征即退”(超征返还)政策,则我们建议,要区分新老合同工程,原则上老合同老办法、新合同新办法,分别纳税。具体来说,营改增后承揽的新合同工程,严格执行新的增值税税率和一般纳税人的纳税方法。增值税前的老合同工程,仍然按照原来的营业税税率继续缴纳营业税;或者采取按3%的简易计征率缴纳增值税。执行时间可以限定3~5年,也可以到在建项目全部竣工并结清税款为止。

在营改增的过渡期间里,采取上述区分新老合同工程分别纳税的过渡办法,好处是公平、合理,但具体操作上,交缴双方都很麻烦和烦琐,需要事先做出更详细的设计和安排。

(二)关于生产用存量资产的进项税额抵扣问题

建筑企业的生产用存量资产,如固定资产、周转材料、临时设施等,其净值或摊余价值,还要在营改增以后的一段时间内转移为建筑施工产值,同时产生销项税。但可扣除的进项税额已经无法取得,造成了“营改增”后的销项税和进项税不匹配,产生纳税的不公平,相对增加企业税负。它涉及建筑业中的每一个企业,量大面广。

营改增后,如果不能给予建筑业3~5年过渡期和实行“即征即退”(超征返还)政策,则我们建议,以建筑企业营改增时点前生产用存量资产的净值和摊余价值为准,按照“营改增”时点后被使用而转化为销售额的实际数乘以相应进项税率,逐月计算出进项税额,在相应的纳税期内,在相应的合同工程上作纳税抵扣。抵扣时间可以限定为3~5年,也可以到各项存量资产的净值(或摊余价值)至零为止。

在营改增的过渡期间,采取上述办法对生产用存量资产的进项税额进行计算抵扣,对企业是公平的,但具体操作上,与上述采取区分新老合同工程分别纳税的过渡办法一样,交缴双方都很麻烦和烦琐,需要事先做出更详细的设计和安排。

(三)关于给予建筑业3～5年过渡期,过渡期内实行“即征即退”(超征返还)政策问题

2013年1月9日,住房城乡建设部向财政部和国家税务总局函送了“关于建筑业营业税改正增值税调研测算情况和建议”,提出按照11%税率和一般纳税人计税方法进行营改增,建筑业虽然理论模拟测算可以减轻税负,但主要由于进项税额扣除不足,建筑企业的平均实际税负将增加85.6%。要求将增值税率由11%降至6%。

时至今日,上海“试点”已经过去将近三年,此间,虽然建筑业营改增的外部环境已经有所好转,但影响建筑业税负的问题并没有完全消失;同时,降低建筑业11%试点税率的可能性极小。为了确保建筑业营改增健康推进,综合考虑了区分新老合同工程分别纳税和生产用存量资产进项税额抵扣等问题的操作难度之后,我们建议,在建筑业实施办法中,全国应统一明确规定,给予建筑业3～5年过渡期,过渡期内实行“即征即退”(超征返还)政策。

对税负增加的企业实行“即征即退”,是财税部门在营改增试点中总结和倡导的一项有效措施。给予建筑业3～5年过渡期,过渡期内实行“即征即退”(超征返还)政策,还具有以下好处:

1.既能有效落实不增加企业税负的要求,又不严重减少国家税收,同时还能使建筑企业平稳、健康地推进营改增。

2.有了这3～5年的过渡期,就可以不再单独考虑解决新老不同合同工程的纳税问题和存量资产的进项税额扣除问题。

3.即征即退政策,是一项“符合条件即退,不符合条件必然不退”的定期过渡性政策;全国统一做出规定,由企业法人机构所在地相应税务机构具体承办退税,公平合理,简便易行。既没有任何麻烦,也不会产生任何混乱。

4.全国统一做出规定,能避免数万户建筑企业分别与当地税务机关“讨价还价”式地“一对一”谈判。

附录五：关于对《关于全面推进营改增试点的汇报》稿的意见

中建会字〔2015〕1号

计划财务与外事司：

贵司来文收悉。经研究，仅从建筑业营改增的角度，提出以下一些意见。

一、同意下一步对营改增的新增试点行业（建筑业、房地产业、金融业和生活服务行业）进行“总体设计、同步实施”的基本思路；同意“统一将不动产纳入抵扣范围”；同意“适当减并税率”；同意“2015年10月1日全面实施营改增并同步减并税率”的初步选择。同时，根据建筑业的实际情况，我们也强烈建议：

1. 应允许建筑企业全额抵扣借款利息的进项税；

2. 应允许建筑企业全额抵扣构建生产用不动产的进项税；

3. 应最少提前2至3个月颁发试点《实施办法》和相关政策规定，以便给税企各方留出做好有针对性准备工作的时间。

二、从2012年1月上海开始营改增试点到现在，已经过去三年了。下一步又将在建筑业、房地产业、金融业和生活服务业同步推行营改增，建筑业营改增的外部环境确实已经有所好转。但是，时至目前，建筑业进项税额不能有效扣除的问题依然存在，有的甚至还进一步恶化。比如因国家对商品混凝土等实行减免税而导致相关建筑企业拿不到进项税发票的问题更加严重；又如地方料问题，甲方供料问题，新老合同工程的衔接问题，存量资产进项税额不能扣除问题，新构建的不动产也只是实行“比例扣除”问题，暂不允许抵扣借款利息的进项税问题等等。有鉴于此，并根据2012年的测算结果，我们认为对建筑业仍然坚持实行11%税率，建筑业总体上税负增加是大概率事件。

三、我们认为，本《汇报》稿中关于“为确保营改增试点顺利进行，继续授权财政部和税务总局在增值税立法前可针对具体行业和老合同采取适当过渡政策”的意见是可行的。在落实这个意见的过程中，我们强烈要求针对建筑业的情况，单独制定具体的实施办法和过渡政策。

四、我们针对建筑业营改增问题，曾先后两次发函反映意见。希望能认真考虑并吸纳我们“对建筑业营改增实施办法和过渡性政策的建议”中提出的各项政策建议，也希望能就此多相互交换意见。

五、借向财政部《关于全面推进营改增试点的汇报》稿提意见的机会，也希望我们住建部自己，能继续按照增值税是价外税的属性，重视加快工程造价计价规则的改革（最好能同步推出该项改革），重视引导广大建筑企业有针对性地做好营改增的准备工作。

中国建设会计学会

2015 年 3 月 20 日

附录六：致国务院领导同志的两份签报

2014 年 12 月 16 日第一份签报

关于建筑业营业税改征增值税有关问题的建议

×××并×××：

我们对于国家营改增这项重大税制改革完全拥护。得知你们对建筑业推进营改增工作十分关注，并曾明确指示，营改增不宜出现建筑业税负增加情况，我们更加深受鼓舞，一定认真履行我们应尽的各项义务。

为使这项结构性减税措施在建筑业得到落实，切实起到减轻企业负担的作用，我们特将有关情况和建议报告如下：

一、在现阶段实行 11%的税率，建筑业企业税负将大幅增加

《营业税改征增值税试点方案》(财税〔2011〕110 号)规定，建筑业将适用 11%的增值税税率。方案出台后，建筑业企业反应强烈。根据住房城乡建设部组织的有关行业协会(学会)参加的对 120 家不同规模和类型的建筑业企业的调查分析结果，如按 11%的税率实行营改增，建筑业企业的平均税款增加幅度为 85%左右。主要原因是目前建筑业增值税的抵扣链条不完整，进项税额不能抵扣或抵扣不足。具体有以下几个因素：一是对于相当多的砂、石、土方、砖瓦等地方材料，甲方(建设项目业主)提供的材料和设备，以及营改增前企业购置的固定资产、原材料、周转材料等，均无法取得增值税发票；二是为建筑业提供产品和服务的企业中有相当一部分是小规模纳税人或享受免税政策的，没有或少有进项税额可供建筑业企业抵扣；三是由于金融业尚未实行营改增，建筑业企业无法取得贷款利息的增值税发票。

以上问题是多年形成的，不是建筑业企业自身加强和改善管理所能

解决的。

二、在现阶段实行11%的税率，将对建筑业和社会造成不利影响

（一）建筑业企业财务状况将恶化，经营效益有可能大幅下滑。建筑业是一个微利行业，根据国家统计局发布的统计数据，2013年建筑业的产值利润率为3.50%（其中包含了多种经营和部分兼营房地产开发的利润），而同为第二产业的工业企业销售利润率为6.11%。随着经济结构的调整，今后固定资产投资恐难以保持前一时期的增幅，这将给建筑业企业的经营带来新的困难。目前，建筑业企业已被业主拖欠工程款和有关部门规定的名目繁多的保证金等问题严重困扰，企业反映，如现阶段即对建筑业实行11%的增值税率，无异于雪上加霜，全行业很可能形成大面积亏损的局面，一部分中小企业很可能因此倒闭。

（二）不利于建筑业的转型升级。近30多年来国家对建筑业几乎没有资金投入，企业仅靠从微薄的利润中挤出一点资金用于科技投入和节能减排。资金匮乏本来就是建筑业在技术改造、转变生产方式方面落后于其他行业的主要原因，如果税负增加，一批企业将只能勉力维持经营，内部资金分配首先挤掉的必然是用于科技投入和节能减排的部分，行业的科技进步和管理创新将受到严重影响，不利于实现建筑产业现代化。

（三）将对就业和社会稳定造成不利影响。2013年，建筑业增加值占GDP的比重为6.86%，在各行业中排名第四。建筑业带动了若干相关产业发展，吸纳了大量劳动力就业。建筑业从业人员达到4499万人，约占全社会从业人员的5.84%；外出农民工在建筑业就业的为3903万人，占全部外出农民工总数的23.5%。建筑业的兴衰直接影响全国至少1亿人口的生计。如果企业负担大幅增加，将不得不压缩经营规模，裁减员工。即使短期产生这样的波动，也难免影响稳增长、调结构、惠民生目标的实现，在一定程度上为社会稳定带来不利因素。

三、有关政策措施建议

为避免建筑业营改增后企业实际税负大幅增加，我们提出以下建议：

（一）建筑业适用6%的增值税税率。从目前看，这样可使建筑业的

实际税负与税改前基本持平，保障利润率很低的建筑业平稳发展；经过若干年，如果进项税额抵扣等问题逐步解决，建筑业的税负有可能降低，这样就真正实现了通过营改增减轻企业负担的目标，建筑业能更好地发挥作为国民经济支柱产业的作用。

（二）建筑业与未试点行业同步实行营改增。建议建筑业营改增时间不早于房地产业、金融保险业、生活服务业（包括 BT、BOT 的地方政府投资平台）等未试点行业，以减少不能抵扣的进项税额。

（三）有关部门联合调研测算企业税负。据我们了解，对于适用 11% 税率造成的建筑业企业税负的增长状况，政府各相关部门测算数据有很大差距。我们建议有关部门开展联合调查，扩大调查面，科学取样，以取得符合实际的、一致认可的数据，作为确定建筑业适用税率的基本依据。

（四）有关部门协商制定营改增实施细则。建议有关部门共同研究制定建筑业营改增实施细则，以解决增值税抵扣链条不完整、税改前固定资产存量抵扣办法，以及企业纳税地点在注册所在地还是工程项目所在地、材料和设备的集中采购与分散使用的矛盾等一系列实际问题。

以上意见难免有片面和不妥之处，但我们相信国家各有关部门一定会认真执行你们的指示精神，妥善解决建筑业推进营改增中面临的问题。

中国建筑业协会　　中国建设会计学会

中国电力建设企业协会　　中国公路建设行业协会

中国石油工程建设协会　中国冶金建设协会

中国煤炭建设协会　中国有色金属建设协会

中国化工施工企业协会　　中国水运建设行业协会

中国市政工程协会　　中国林业工程建设协会

中国建筑工程总公司　中国铁路工程总公司

中国铁道建筑总公司　　中国交通建设集团有限公司

中国电力建设集团有限公司　中国冶金科工集团有限公司

2014 年 12 月 16 日

抄报：财政部、住房和城乡建设部、国家税务总局

2015年3月24日第二份签报

关于建筑业营改增有关问题的报告

×××并×××：

我们曾于2014年12月16日向你们呈报了《关于建筑业营业税改征增值税有关问题的建议》，得到了你们的重要批示。我们深受鼓舞，深切地感受到国务院领导同志对建筑业营改增工作的高度重视。但使我们感到疑惑的是，自你们对建议批示以来的三个月时间里，没有任何部门和我们沟通情况，听取意见。3月17日，在没有任何解释的情况下，财政部和国家税务总局在拟提请国务院常务会议审议的汇报材料中，仍坚持建筑业适用11％的税率。对此，我们很不理解。

我们通过调研认为，在现阶段建筑业实行11％的税率，企业的实际税负确实将大幅增加，不利于建筑业的持续健康发展，并将对就业和社会稳定造成不利影响。根据建筑业的实际情况，宜适用6％的增值税税率，从目前看，这样可使建筑业的实际税负与税改前基本持平，保障利润率很低的建筑业平稳发展；经过若干年，如果进项税额抵扣等问题逐步解决，建筑业的税负有可能降低，这样就真正实现了通过营改增减轻企业负担的目标，建筑业能更好地发挥作为国民经济支柱产业的作用。

特此报告，恳请你们在百忙中过问此事。

中国建筑业协会　　中国建设会计学会

中国电力建设企业协会　　中国公路建设行业协会

中国石油工程建设协会　　中国冶金建设协会

中国煤炭建设协会　　中国有色金属建设协会

中国化工施工企业协会　　中国水运建设行业协会

中国市政工程协会　　中国林业工程建设协会

中国建筑工程总公司　　中国铁路工程总公司

中国铁道建筑总公司　　中国交通建设集团有限公司

中国电力建设集团有限公司　　中国冶金科工集团有限公司

2015年3月23日

抄报:财政部、住房和城乡建设部、国家税务总局

附录七：赴法、德两国进行增值税问题学习调研情况报告

根据住建部出国计划安排，由五名同志组成学习研讨组，自2015年11月30日至12月7日，赴法、德两国进行了有关增值税问题的学习研讨。现将有关情况报告如下：

一、基本情况

此次出国学习研讨，是由中国建设会计学会具体组织的。其主要起因是：中国建设会计学会接受住建部委托，组织开展了建筑业营改增的重点课题研究；法德两国，特别是法国，是世界上增值税的创始国，法制完备，经验丰富；计划通过学习调研，促进提高课题研究的水平和质量。

出国前，拟定了《学习调研提纲》(附件一)，对方接待单位参照提纲内容，提前做了充分准备。2015年12月2日，在德国法兰克福 Haasund Kollegen 律师事务所，主要与该所合伙人哈斯进行了学习研讨(附件二)；2015年12月4日，在法国巴黎 SARL FARRY ASSOCIE 会计师事务所，主要与该所会计部门负责人进行了学习研讨(附件三)。

二、收获

主要是对法、德两国的增值税制度有了比较深刻的了解。

1. 加深了对增值税一些本质属性的了解。

法国是世界上最早开征增值税的国家，拥有一套较为完善的增值税计算、征缴体系。法国增值税的一切法律法规，都是建立在“增值税是对在经济活动中产生的增加值计征的税种、是一种由消费者承担的税种”的基础上。该税在生产流通过程中的每一个环节上进行征收，由从事独立经济活动的个人或法人缴纳，而不管其活动是否具有营利的目的。增值税从严格意义上来讲不是一个由企业负担的税，企业只是帮国家来征收，

真正的纳税者是消费者。

同法国一样，德国的增值税也是严格贯彻由最终消费者实际承担的属性。因此，德国企业普遍认识到，增值税并不是企业的税务负担。

2. 了解了法、德两国的增值税税率情况。

法国增值税的一般税率为 20%，大多数商品销售和服务都是这个税率。除此之外，还有以下一些税率：

特殊情况的低税率 5.5%，适用于食品、部分农产品、客运、大多数剧场经营、出版、部分第一住宅工程；更优惠的税率 2.1%，适用于社会福利范围内可报销的药品、产肉牲畜的出售、电视税、某些演出、已注册的新闻出版物；专业增值税率，如对证券、股票、专利经营许可、专利发明、生产工艺收入等，实行特殊税率。2005 年 1 月 1 日起，税率为 15%。2006 年 1 月 1 日起，某些税率为 8%，其余为 15%。

另外，法国对涉及货物运输或者是提供服务方面，税率会根据具体情况而有所不同。因贷款产生的增值税可以要求返还(remboursement du crédit de TVA)；有些商品的增值税可以减免，如海洋渔业、外贸出口、非营利性质的活动、医疗、教育、不动产(无装修)住房出租(location nue à usage d'habitation)、房屋(带家具)出租、工业废料及回收物品的运送；有些行业的增值税是不能够享受减免政策的，譬如旅游业的交通工具等。

在法国，增值税的征缴，只针对法国境内开展的经营活动，但商品出口以及欧盟内部的商品贸易，原则上免除增值税。商品进口应缴纳增值税，纳税地点为商品运抵法国时的入境海关。企业在欧盟内部的收购活动，也应申报增值税。

在德国，凡是通过市场销售货物、提供劳务和服务的企业、单位和个人，均要缴纳增值税，增值税税率一般均为 19%。此外，还有 7%和零这两个税率，比如，食品的增值税率为 7%，医生开出的药费账单的增值税率为零(免缴增值税)。对有些商业活动予以免税，如出口、部分银行和保险业务。

3.了解了法、德两国的纳税申报方式。

在法国，增值税的缴纳，一般有两种申报方式：

一是按月申报交款。企业按“正常实际税制”纳税的，按月申报交款。其中，如果增值税额每年低于4000欧元的，申报单可延至每季度提交一次。二是分期申报交款。按“简化实际税制”纳税的，在每年的4月、7月、10月、12月分期申报交款。

法国已开通网上申报和缴付增值税。企业销售额如超过1500万欧元，必须通过网上申报和缴付。此外，法国大企业，不论其营业额有多少，都必须通过网上申报和缴付。大多数小企业一般是每三个月缴纳一次增值税，小企业指的是年营业额不超过7630 000欧元，一年分4次缴纳固定的预付金，做年度会计报表(BILAN)时汇总核算，多退少补。

4.了解了法、德两国增值税计征方法的本质。

根据法、德两国的介绍，从根本上说，企业发生的销项税额是由企业全部上缴财政，企业发生的进项税额是财政全部返还给该企业。把这种理论上的计征方法落实在实际操作上，则是在企业报税时，同时上报销项税和进项税数额，最终通过销项税减进项税的方法实现“全额上缴和全额返还”，进而实现企业只对增值部分纳税，并达到由消费者最终承担增值税的目的。

与法国基本相同，在德国，增值税采取“发票扣税法”征收。实际操作上同样是由企业按照规定的纳税期，主要通过纳税系统申报纳税。同样是采取销项税减进项税的方法计征纳税。

5.加深了对法、德两国企业为何非常重视纳税的理解。

增值税在法国国家税收中占30%～45%，比例最大。法、德两国对此税都十分重视，向企业追讨不遗余力。任何企业或个人，没有哪个敢于逃税、漏税的。因为万一被查到逃税、漏税，处罚、补缴是小事，他们最害怕的是被国税局列入黑名单。一旦被列入黑名单，对企业今后的生存发展都将产生无法估量的深远影响。

三、启发

1.改革招标投标计价规则是当前推动“营改增”健康发展的一个关键问题。

在法国和德国，国家对建筑业企业，不规定统一的“取费标准”，像其他销售货物和提供劳务、服务一样，增值税是按照国家统一税率合法计取的。与国外比较，我国建筑业营改增与其最大差别是还没有按照“增值税是价外税”的属性彻底改变建筑工程计价规则，仍然用营业税时的计价规则搞“营改增”，这是导致建筑企业税负必然出现问题的一个根本原因。建议借鉴法、德两国的成功经验和做法，彻底改革计划经济时代遗留的计价规则，在价格管理上体现增值税是价外税的属性。对于这个建筑业营改增进程中迫切需要解决的重要问题，主管建筑工程造价的主管部门应当予以重点关注，并主动认真尽快解决。

2.建议在法律层面研究尽量避免增值税出现预征预交和按合同条款纳税问题。

法、德两国，对建筑企业增值税的征收管理，与其他企业并没有什么差别，不存在增值税的预征预交问题。对于合同条款中确定的建筑工程付款时间主要是作为检测企业纳税情况的依据。建议我们也应该从法律层面研究这个问题。

3.征收管理必须严格，但手续应尽量简便。

在法、德两国，增值税发票并不是国家统一印制的，是每一个企业，按照法律统一规定的诸如欧盟统一纳税编号、国家统一纳税编号、企业纳税编号、企业名称等十几项必备的信息和标准样本，由企业自己印制的。他们认为这个办法，可以保证税票的真实可靠，防止造假，又可以减少许多麻烦。再如，法、德两国，并不是对每一个企业的每一张进项税发票都一张不漏地进行审查确认，他们会区分不同企业和情况，对有些企业和单位采取保留审查、检查权利，特别是发现异常情况，即进行严格审查，查出问题严罚严打、“处以极刑”。目前，我国企业和个人的税收观念总体较差，征收管理必须相对严格，但从长期看，还是要尽量简化手续，以便尽量减小征税成本。

这次出国学习调研，对我们更好地完成建筑业营改增课题研究任务有很大帮助。由衷感谢计划财务与外事司的关心和支持。

附件　1.《学习调研提纲》(略)

　　　2.在德国学习调研照片(略)

　　　3.在法国学习调研照片(略)

增值税问题学习研讨小组　组长：秦玉文

2015 年 12 月 16 日

附录八：中国建筑业协会 中国建设会计学会印发《关于做好建筑业企业内部营改增准备工作的指导意见》的通知

中建会字〔2016〕1号

各省、自治区直辖市建筑业协会（联合会、施工行业协会）、建设（建筑）会计学会，中国建筑业协会、中国建设会计学会所属的分支机构及会员，各建筑企业：

建筑业营改增实施在即，为推动营改增工作顺利、平稳、健康开展，我们组织研究起草了《关于做好建筑业企业内部营改增准备工作的指导意见》，现印发给你们。

希望广大建筑企业从实际情况出发，参照本指导意见，切实做好内部准备工作。各建筑业协会和建设会计学会，应积极组织举办研讨会、学习班和专题讲座，总结、交流先进经验，帮助建筑企业解决实际问题，推动建筑企业内部营改增准备工作取得实效。

中国建筑业协会　中国建设会计学会

2016年1月5日

建筑企业自身内部营改增准备工作指导意见

营改增是一项重大税制改革，对企业的经营和管理将产生深远影响。为推动建筑业营改增试点顺利、平稳、健康实施，特对建筑企业自身内部的营改增准备工作，提出如下指导意见。

一、建筑企业自身内部的营改增准备工作十分重要

自《营业税改征增值税试点方案》(财税〔2011〕110号)颁发以来,我们通过调查研究,从完善财税政策和改革工程造价计价规则等方面,提出了稳妥推进建筑业营改增试点的政策建议,得到了领导同志和有关部门的重视。但是,仅有上述政策层面的准备工作是不够的,建筑业企业还必须积极主动地做好自身内部的准备工作,即要有计划、有组织地学习有关法规政策,积极开展企业内部的调查摸底和模拟运转,找出不适应增值税管理与核算的问题,有针对性地调整内部体制和机制,完善内部管理和控制,与此同时,保持与税务等管理部门的经常沟通和协调。做好上述各项准备工作,既有利于建筑业营改增试点顺利实施,也有利于推动企业提升经营管理水平,促进企业实现转型升级。

二、要把学习法规政策贯穿于准备工作的始终

建筑企业要有计划地组织自身内部税务、财会、经营、合同、材料等业务管理人员,认真学习《中华人民共和国税收征收管理法》和《中华人民共和国增值税暂行条例》等法律法规;着重学习营改增试点以来诸如《财政部国家税务总局关于将铁路运输和邮政业纳入营业税改征增值税试点的通知》(财税〔2013〕106号)、《国家税务总局关于在全国开展营业税改征增值税试点有关征收管理问题的公告》(国家税务总局公告2013年第39号)、《国家税务总局关于全面推行增值税发票系统升级版有关问题的公告》(国家税务总局2015年第19号)等一系列有关文件。通过学习,确保企业自身内部的准备工作始终在相关法规政策指导下进行。

三、要组织开展模拟运转,以保证把准备工作做得准确、全面和系统

营改增模拟运转,是指建筑业企业在目前仍然实施营业税管理和核算的情况下,参照对已经实施营改增行业企业增值税的征收管理规定,进行全过程的增值税模拟管理和账外核算。根据实际情况,模拟运转的可以是一个企业,也可以是企业中的一个或几个基层单位、一个或几个工程项目。模拟运转要严格依据增值税管理的实际情况,对工程投标报价、合同协议管理、货物劳务采购、发票管理传送、会计稽核核算、实施报税清缴

等管理环节进行全面审查，准确、具体、全面地找出不适应增值税征收管理的各种实际问题，以便系统地、有针对性地做好自身内部各项准备工作。

四、应对方案既要全面，又要突出重点，注重做实

目前，建筑业营改增实施办法和相关政策规定还没有出台，加之企业之间现有自身内部管理水平差别较大，在这种情况下，面对诸多准备工作，既要全面制订应对方案，又要从实际情况出发，突出重点，注重做实。例如：

——关于增值税管理的基础条件问题。企业是否增设内部税务管理机构，如何选配内部纳税业务管理人员，购置哪些有关设备和相关税务管理软件，要纳入企业整体工作计划提前予以考虑和安排。

——关于调整完善"项目法施工管理"问题。为适应增值税征收管理要求，企业对包括"项目法施工管理"在内的内部管理体制和运行机制是否需要调整完善，怎么调整完善，要反复研究，做出方案，择时付诸实施。

——关于投标报价问题。在有关部门尚未明确改变建设工程造价计价规则的情况下，根据增值税是价外税的属性，企业怎样对新承接工程进行投标报价，要统一思想，形成自己新的投标报价策略方案。

——关于合同协议问题。在签订新的合同协议时，如何体现营改增给甲乙双方关系带来的新变化，怎样反映增值税征收管理的新要求，要形成企业统一策略，制定出合同条款的具体样本。

——关于某些长期性政策规定的具体解释和具体落实问题。根据建筑企业的产品、生产、管理、经营特点，怎样具体认定纳税人、纳税义务发生时间、纳税期、纳税地点，怎样具体进行进项税发票的认证和增值税的会计核算等，要形成基本意见，制定具体做法，并积极主动地与当地主管税务部门沟通、汇报、协商。

五、要在模拟运转中有选择地验证某些过渡性政策建议的有效性

过去，建筑业在进行政策层面的准备工作中，各企业曾经提出过不少政策建议。在模拟运转中，要有选择地对某些政策建议的有效性作进一

步验证，并制定具体操作办法。比如：

——“老工程老办法”。这项措施对企业在过渡期的税负有何影响，影响程度多大，要在模拟运转中进行具体测算。

另外，对具体操作中如何区分和认定新、老工程，如何确保能把新、老工程的进项税额和所用材料设备等区分清楚。要在管理和核算上制定具体办法，并主动与税务部门沟通协调。

——“甲方供料”。针对现实条件下无法避免的甲方供料问题，采取什么具体办法从销项税税基中予以扣除，要设计具体操作办法，并与税务部门协商。

——“商品混凝土税率调整”。若商品混凝土简易计税办法调整为一般计税办法，整体上对企业有什么影响，企业税负可否减轻，减轻幅度如何，要依据模拟运转的实际情况分析研究，并制定出本企业的应对策略。

——“固定资产进项税额的扣除”。建筑企业新购进的生产用固定资产，其进项税额分十年予以扣除与分二十年予以扣除相比较，对企业税负有没有影响，其影响有什么不同，要在模拟运转中据实进行测算分析。

——“建筑劳务税率”。如果对建筑劳务企业实行简易纳税政策，对建筑企业税负有没有影响，影响程度如何，对建筑企业劳务管理体制和运行机制是否有影响，要在模拟运转中据实进行测算，并制定本企业使用建筑劳务的对策方案。

六、企业自身要加强领导

建筑企业自身内部的准备工作是一项系统工程。企业领导要亲自动手，以税务、财会管理人员为骨干，成立有预算、合同、物资、设备、项目管理等各方管理人员参加的准备工作领导小组或办公室，与自身内部其他改革发展长远建设工作紧密结合，重点对营改增准备工作做出统一安排并具体组织实施。